U0541411

吉林师范大学学术著作出版基金资助
吉林省教育厅人文社科研究项目
(项目编号：JJKH20210468SK) 研究成果

中国百年师范教育制度研究

霍东娇 著

中国社会科学出版社

图书在版编目（CIP）数据

中国百年师范教育制度研究/霍东娇著. —北京：中国社会科学出版社，2024.5
ISBN 978-7-5227-3435-4

Ⅰ.①中… Ⅱ.①霍… Ⅲ.①师范教育—教育制度—研究—中国—近现代 Ⅳ.①G659.22

中国国家版本馆 CIP 数据核字（2024）第 073777 号

出 版 人	赵剑英
责任编辑	党旺旺
责任校对	马婷婷
责任印制	王　超

出　　版	中国社会科学出版社
社　　址	北京鼓楼西大街甲 158 号
邮　　编	100720
网　　址	http://www.csspw.cn
发 行 部	010-84083685
门 市 部	010-84029450
经　　销	新华书店及其他书店
印　　刷	北京君升印刷有限公司
装　　订	廊坊市广阳区广增装订厂
版　　次	2024 年 5 月第 1 版
印　　次	2024 年 5 月第 1 次印刷
开　　本	710×1000　1/16
印　　张	19.25
字　　数	296 千字
定　　价	99.00 元

凡购买中国社会科学出版社图书，如有质量问题请与本社营销中心联系调换
电话：010-84083683
版权所有　侵权必究

前　　言

百年大计，教育为本；教育大计，教师为本。无论是对师范教育进行历史维度上的梳理，还是对其进行制度维度上的考察，都是为进一步推动师范教育整体发展而进行的必要研究。通过对百年师范教育制度发展历程的回顾，既为实现中国特色师范教育制度的本土创生，增强师范教育制度实践指导力提供了历史依据，同时也是在全球化背景下保持师范教育制度的民族特性、提升教育理论话语权的必然选择，以及帮助教师教育理论研究走出困境的现实需求。

本书以历史的视角，对中国百年师范教育制度的变迁进行考察。从师范教育制度的总体和各个基本组成部分变迁历程着手，结合全面与局部的师范教育的一般发展概况，综合运用文献研究法、历史研究法以及比较研究法等，发现变迁过程中的师范教育制度发展的路径选择，阐释师范教育制度嬗变的启示，为当下师范教育制度改革过程中出现的困境，进行历史性的合理解读，从而达到以史鉴今的目的。

本书主体分为三部分，首先，在以学制为师范教育制度动态调整依据的基础上，总括百年师范教育发展的一般态势。以时间推移为阶段划分，本书对师范教育在清末时期的初创，民国时期的定型，中华人民共和国成立后的不断革新和完善历程进行全面而系统的回顾、梳理，以展现师范教育制度发展的缩影。

其次，根据师范教育制度的基本组成要素分类，对师范教育政策、师范教育课程制度、教师培养模式以及教师资格制度分别进行制度变迁的内容梳理、特点分析，并以此为切入点，最终归纳出在百余年的历史发展进程中，师范教育政策、师范教育课程、教师培养模式以及教师资格制度的变迁路径，实现对师范教育制度嬗变历程的深度把握。

最后，在对中国百年师范教育制度变迁内容梳理的基础上，本书得出结论，即在师范教育制度生成的过程中，既包含着基于政治、经济、文化等因外生性因素的不断变化所带来的演进更迭，同时也深受其内生性因素，即制度本身的价值追求、功能的调整以及与周边关系调整所带来的影响，这两种因素交叉融合，推动中国师范教育制度的不断发展与完善。与此同时，在百余年的变迁历程中，师范教育制度自身更是在平衡国家利益与个人价值追求、调试资源配置效率与公平之间的关系，打破制度失范弊端以及寻求师范教育制度前瞻性建设等方面，积累了丰富的经验。

探赜索隐，以史为鉴，本书通过多层面、多角度对我国百余年师范教育制度的分析，从而提出当下师范教育制度发展的方向，即在完善师范教育政策体系下，夯实师范教育制度政策根基；在推动师范教育课程结构优化的同时，打造师范教育制度内涵式发展，并不断创新师范教育模式，凸显师范教育制度专业化方向，规范教师资格制度，实现师范教育制度公平化建设，最终为社会主义现代化建设做出新的历史贡献。

霍东娇
2023 年 9 月

目　录

第一章　引论 ·· 1
　一　研究的缘起 ······································ 1
　二　研究的问题 ······································ 4
　三　文献综述 ·· 5
　四　相关概念界定 ································· 27
　五　研究的价值 ···································· 31
　六　研究方法 ······································· 32
　七　创新与不足 ···································· 33

第二章　中国百年师范教育制度变迁的历史进程 ··········· 35
　一　启蒙与肇端：清末师范教育制度的发轫 ··········· 36
　二　扬弃与发展：民国师范教育制度的确立 ··········· 48
　三　变革与调试：改革开放前师范教育制度的探索 ····· 67
　四　完善与革新：改革开放后师范教育制度的建设 ····· 77

第三章　中国百年师范教育政策的演进 ··············· 88
　一　百年师范教育政策的演进历程 ···················· 88
　二　百年师范教育政策演进的特点 ···················· 98
　三　百年师范教育政策演进的路径 ··················· 109

· 1 ·

第四章 中国百年师范教育课程制度的嬗变 …… 116
　　一　百年师范教育课程制度的嬗变历程 …… 116
　　二　百年师范教育课程制度嬗变的特点 …… 145
　　三　百年师范教育课程制度嬗变的路径 …… 150

第五章 中国百年师范教育模式的变迁 …… 156
　　一　百年师范教育模式的变迁历程 …… 156
　　二　百年师范教育模式变迁的特点 …… 181
　　三　百年师范教育模式变迁的路径 …… 185

第六章 中国百年教师资格制度的沿革 …… 190
　　一　百年教师资格制度的沿革历程 …… 190
　　二　百年教师资格制度沿革的特点 …… 223
　　三　百年教师资格制度沿革的路径 …… 226

第七章 中国百年师范教育制度变迁的影响因素 …… 230
　　一　百年师范教育制度变迁的外生性影响因素 …… 230
　　二　百年师范教育制度变迁的内生性影响因素 …… 237

第八章 中国百年师范教育制度变迁的历史经验与启示 …… 246
　　一　百年师范教育制度变迁的历史经验 …… 246
　　二　百年师范教育制度变迁的当代启示 …… 252

结　语 …… 280

参考文献 …… 282

后　记 …… 300

第一章 引论

一 研究的缘起

完善的制度化体系建设,是保障教师教育科学发展的重要前提,是教师教育得以取得成效的重要基石。科学系统的教师教育制度,是促进教师教育全面发展的必要载体,是教师教育发展的必要依托。如何把握教师教育制度内容,挖掘教师教育发展过程中的经验与教训,规避教师教育发展过程中的失误与不足,是当代教师教育研究的重要课题。

(一) 教师教育制度建设的理论诉求

1. 教师教育制度体系发展的内在需要

从教师教育制度体系发展的内在需要看,我国现阶段教师教育制度的建设与发展,带有社会转型和体制转轨时期的明显特色,一方面,经济社会的急剧变革和教育事业的快速发展,社会利益格局的迅速调整和利益相关者的参与博弈,影响着教师教育制度适时调整和变动;另一方面,由于法制体系尚不健全,教师教育制度选择与运用的环境处于发展进程中,影响着教师教育制度的制定、执行和评价,教师教育制度将处于持续变化和完善的过程之中。因此,加强对师范教育制度问题的研究,既有着深刻的理论关注,同时也是对教师教育改革发展的一种时代呼应。

2. 教育制度史学研究的需要

从历史研究的意义方面来看,从清末师范教育初创至当下百年的变迁历程中①，师范教育制度的发展，经历了数次政权的更迭，多届政府的交替。在不同的历史时期，师范教育制度呈现出不同的样貌，展现了师范教育制度从无到有、从被动到主动、从关注生存到注重发展这样一个不断深化发展的过程。因此，梳理从近代以来师范教育制度的变迁历程，正是对师范教育制度发展过程中的本质问题进行抽丝剥茧。

3. 教师教育理论研究的需要

从本土教师教育理论研究的需要方面来看，在师范教育制度发展的历程中，仿日、鉴美、亲苏模式，为我国师范教育制度的发展打上了深深的烙印。时至今日，我国的教师教育制度建设，仍处在待完善的发展阶段，需要借鉴他国的经验成果，但同时我们也清楚地认识到，借鉴却不能依赖，必须注意到本国的经验与特点，我们的师范教育制度，既要符合我国教师的整体水平，也要考虑到各民族之间、东西部之间、城市与农村教师之间的差异，并且要与我国的经济社会发展水平相适应。因此，进行中国特色教师教育制度的本土创生，既是增强师范教育制度实践指导力的需要，也是在全球化背景下保持教师教育制度的民族特性、提升教育理论话语权的必然选择，亦是使教师教育理论研究走出困境的现实需求。

综上，加强对师范教育制度的研究，无论从历史研究的角度，还是从构建具有中国特色的教师教育制度来看，都是对当今我国的教师教育改革与发展具有重大的理论启示与借鉴价值的。本书也正是基于对百年教师教育制度发展历史的回顾，从中探寻我国教师教育制度发展的特点，把握教师教育制度发展脉络，分析规律，总结经验，并最终用以指导、促进我国教师教育制度发展更加的专业化、科学化。

（二）教师教育制度研究的现实需要

百年大计，教育为本；教育大计，教师为本。对教师的培养和塑造，

---

① 1897年，上海南洋公学师范斋创办，开我国师范教育之先河，截至2024年本书出版前，中国师范教育共经历127年的发展历程，为统一说法，本书将其概括为百年发展历程。

是保证教育高效有序开展的首要条件，缺乏好的教师教育制度体系建设，无论是基础教育的开展，抑或是高水平教育人才的培养，都成为无稽之谈。从师范教育创立之日起，对于师范教育的研究，就得到了普遍的关注，尤其在师范教育渐趋专业化的今天，对师范教育制度的研究，更成为教育界问题研究的主要领域之一。

教育部于 2022 年 9 月 14 日，发布 2021 年全国教育事业发展统计公报显示，全国现在共有各级各类专任教师 1844.37 万人。这一庞大的群体，直接影响着数以亿计学生的成长和发展。可见，如何培养合格的教师，如何构建科学的教师教育制度，已是师范教育发展的最重要议题。与此同时，现实的需求也迫切要求对教师教育制度进行研究，主要表现在以下几个方面。

1. 应对基础教育深入发展对教师教育制度提出的严峻挑战

20 世纪末期，随着基础教育改革呼声的日益高涨，以及高等教育的快速发展，人们对高素质、高层次教师的需求日益增长，但此时的教师教育制度，却因其发展的滞后，带来了许多的弊端：教师教育课程理想与现实产生严重的偏离；教师资格制度的时效性、有效性及融通性不强；教师教育评价方式单一，教师教育保障体系不健全，教师培养职前职后衔接不畅等，都成为影响基础教育发展不可忽视的因素。因此，为提高我国教师教育的总体水平，适应时代建设的需要，必须加快教师教育改革进程，加大对教师教育制度的建设力度。

2. 现行的教师教育制度的内容缺失影响教师教育质量的提升

我国上千万教师的整体质量，对于教育改革的成败至关重要，与此同时，教师质量的良莠，更是关乎社会主义现代化的实现速度。在教师教育改革的过程中，对教师质量的关注，即是对社会主义教育事业源头的保障。

中华人民共和国成立以来，我国的教师教育制度，先后经历过几次较大的调整，从封闭型向开放性过渡，从三级模式向二级模式转轨，从师范院校独立培养到综合性大学介入等。但是，在教师教育制度改革的过程中，也存在着一定的偏颇，概括来说，主要体现在教师职业专业性地位不高、职业待遇偏低、教师教育实践匮乏、教师教育标准陈旧等问题突出。

因此，如何完善我国教师教育制度内容，提升我国教师教育制度层次，是关乎教师教育能否持续性、专业化发展的重大命题。

3. 教师教育事业的理想追求迫切需要改革教师教育制度

教师在社会发展中的重要地位，决定了在社会改革的大潮中，关注人才成长发展就更应该关注教师的全面发展和提高这一命题，也就更应该抓住教师教育制度改革的契机，宽角度、多层次、立体化地促进教师教育制度的成熟完善。1999年教育部出台《关于师范院校布局结构调整的几点意见》、2010年《国家中长期教育改革和发展规划纲要（2010—2020年）》实施、2012年国务院颁行《关于加强教师队伍建设的意见》、2014年教育部颁布实施《关于实施卓越教师培养计划的意见》等一系列政策措施，这些政策措施的出台，都体现着国家对教师教育制度建设的重视。因此，为顺应教师教育制度改革的社会大潮，紧扣时代脉搏，对教师教育制度进行多角度研究，也是必要和紧迫的。

综上，梳理百年师范教育制度发展的历史，不仅要使人们建立起与过去的联系，更是要借助对历史的回顾与解析，解答今天教师教育发展过程中的疑惑，启发未来教师教育发展的方向。研究百年师范教育制度的发展历程，不仅仅是单独的史实梳理，更是要建立起历史的、连贯的发展路径，通过对百年历史的师范教育制度的梳理，总结出对当今更有意义的启发借鉴价值。进行百年师范教育制度变革研究，探究其发展特征、总结其发展规律，寻求与我国当前教师教育制度发展相契合的有益经验，探赜索隐，以史为鉴，最终为我国当前教师教育的改革完善与超越，储存智慧、启迪思绪。

二 研究的问题

将研究视域确定在百年师范教育制度这一明确的、具体的对象之后，即需要对其进行历史发展逻辑的梳理与剖析。鉴于对既有研究成果与资料的了解和分析，笔者对我国师范教育制度研究，按照是什么、为什么、怎么样的内在联系和逻辑顺序展开。因此，将研究聚焦到三个核心问题上。

一是梳理中国百年师范教育制度的变迁发展轨迹和基本特点。对其发展的历史过程进行考察，分析其变化的原因及其路径。解决"中国百年师范教育制度是什么，怎样嬗变、演进"这一问题。这主要涉及对历史应然问题的考察，即对制度进行事实分析。同时，本书还将结合社会学、历史学、政策学的研究成果，对中国百年师范教师制度的具体内容，包括教育政策、教师资格制度、教师培养制度、教师教育课程制度、教师教育模式，以及教师教育的保障制度等，进行历史进程梳理，对"百年师范教育制度"进行价值分析，即解答"制度怎么样"的疑问。

二是从师范教育制度实施的过程入手，发现师范教育制度在运行和变革过程中变化的路径、规律，以解答"百年师范教育制度为什么会这样"的问题。

三是从师范教育的未来发展方向着手，对师范教育制度实施的主体包括政府、师资培养机构、中小学校、教师，在师范教育制度发展过程中的关系与矛盾进行分析，以期对百年师范教育制度进行"规范性分析"，即回答"应该是什么""应该怎么样"的疑问。

因此，本书首先要客观呈现百年师范教育制度的发展历程，分析其阶段性发展特点；其次要对百年师范教育制度的各个组成部分的横向、纵向结构及其样态进行考察，再现百年师范教育制度的设计和实施情况。在此基础上，给予百年师范教育制度以客观、公正的评价。

三 文献综述

（一）关于师范教育制度史的研究

随着师范教育发展时间跨度的加大，对师范教育制度的整体研究层出不穷。其中具有代表性的著作主要有：中华人民共和国成立以前，张达善《师范教育的理论与实际》，李之欧《各国师范教育概观》、罗廷光编著《师范学院教科书　师范教育》，李超英著《中国师范教育论》，罗中权著《非常时期之师范教育》，常道直著《师范教育论》，郭鹤鸣著《师范教育》，王昌著《新师范教育史》，胡长骐、宋志龙编《师范教育制度与本省师范教育之设施》等，都介绍了中国师范教育的沿革和学制，以及西方国家包括英、法、德、意、苏、美等国的师范教育发展概况、师范教育组织、师范学校课程、师范学校教师、师范生实习、师范生待遇与服务、师范学校训练和实习等内容。

中华人民共和国成立后，1963年林本的《世界各国师范教育制度——我国师范教育制度之研究》，1984年刘问岫主编的《中国师范教育简史》，1989年杨之岭的《中国师范教育》，1990年吴定初的《中国师范教育简论》，1996年苏林和张贵新的《中国师范教育十五年》，1998年宋嗣廉和韩力学主编，由东北师范大学出版的《中国师范教育通览》，2001年教育部师范教育司的《师范教育工作资料汇编》，2002年刘婕、谢维和的《栅栏内外：中国高等师范教育百年省思》，2003年马啸风主编的《中国师范教育史1897—2000》，2006年崔运武编著的《中国师范教育史》，2008年梅新林主编的《中国教师教育30年》，2010年梅新林主编的《聚焦中国教师教育》，2009年朱旭东编著的《中国教育改革30年·教师教育卷》，王维新等人编著的《中国百年师范教育图志》，2011年钟秉林主编的《教师教育标准体系研究》，2014年出版的丛小平《师范学校与中国现代化：民族国家的形成与社会转型：1897—1937》等，都是教师教育研究的重要著作成果和参考史料。

在期刊论文方面，2015年李拉的《我国师范教育制度发展的历史与研究现状》，2013年荀渊的《1949年以来我国教师教育的制度变迁》，2009年管培俊的《我国教师教育改革开放三十年的历程、成就与基本经验》，2008年陆道坤的《我国师范教育的历史省思——20世纪前半叶中国师范教育发展研究》，2005年李宝峰的《中国教师教育的百年沧桑》，2007年王娟的《清末民国时期师范教育研究（1897—1927）》，杨跃的《回顾与展望：教师教育改革研究30年》，徐建华的《从封闭走向开放——历史视野下的中国教师教育改革研究（1978—2008）》，张斌贤和李子江的《改革开放30年来教师教育体制改革的进展》等，均是以时间为线索，对师范教育制度进行整体把握，进行史料梳理、特点探析、规律总结以及展望启示。

这些著作、文章都是从时间断代的角度出发，将教师教育发展放置在社会大历史背景下，梳理了师范教育制度演变的历史过程。通过对资料的整理可以看出，大多数作者大致将师范教育的发展，划分为以下4个时间段：清末师范教育的发轫阶段、民国时期师范教育的发展阶段、中华人民共和国成立初期的师范教育以及改革开放后的师范教育制度。通过对各个阶段师范教育的主要特点及重大影响事件的分析、归纳，概括出师范教育发展过程中的规律、存在的问题，并探寻问题解决的基本观点和主要方法等，并为后人编撰、出版各种中国师范教育史资料汇编提供了历史资料与分析思路。

（二）关于师范教育制度理论基础的相关研究

1. 终身教育理论

终身教育理论是教师教育发展的重要理论基础，随着终身教育理念的不断推广与普及，终身教育思想在教师教育制度领域产生了深远的影响。其中关于将终身教育理念运用在教师教育改革中的研究成果不胜枚举。

其中，具有代表性的主要有：韩雪松指出，我国的教师教育课程改革，需基于终身教育的理念，论文从在终身教育理念指导下教师教育课程目标的确立及课程体系建设两方面展开论述。谢海燕提出，我国教师教育体系的建设要始终坚持在终身教育理念的指导下进行。论文从我国教师教育体系的现状与问题出发，以终身教育理念背景下教师教育体系的未来发展趋势为目标，着力提出终身教育时代，我国教师教育体系应如何构想与创建。李军认为，要在终身教育视角下建设教师教育体系。陈永明提出，要以终身教育理念构建教师教育体系，要实现从终身教育到终生学习最后实现终生研究的目的。党亭军指出，我国的教师教育在管理模式、教学理论、课程设置、教学方式以及人才培养方面都存在一定的问题，要想解决这些问题，必须要在终身教育的时代背景下，实施教师教育一体化发展，这是教师教育可持续发展的理性思路。

国卉男在其博士论文中指出，终身教育的理念从初创到被世界众多国家所接纳并践行，经历了漫长的发展时期。在这一过程中，由理念到具体实施政策的出台，美、英等西方国家一直走在前列。不可否认，在这一建设的过程中，中国也在不断探寻解决路径，实现终身教育理念的本土化路径。① 王爱玲指出，终身教育理念下的教师教育变革是一项系统的综合性工程。为培养合格的基础教育师资，地方师范大学应立足于地方社会和教育发展的需要，构建终身教师教育体系，创新人才培养模式，优化教师教育课程结构，改进教学方法和手段。②

2. 教师职业发展阶段理论

教师发展阶段理论是源于职业生涯发展的理论。具有代表性的教师发展阶段理论主要包括富勒的关注阶段理论、卡茨的教师发展时期理论、伯顿的教师发展阶段理论以及休伯曼的教师职业周期主题模式。通过对国外理论的理解和消化，我国的学者对教师发展阶段理论的理解，主要表现在三阶段论、四阶段论和五阶段论以及六阶段论、八阶段论。

四阶段论：邵宝祥依据教师教育教学能力发展的程度水平，认为教师专业成长应划分为适应、成长、称职和成熟四个阶段。梁文鑫等提出教师专业发展可划分为四个阶段：生态突变期的学习、模仿与尝试使用阶段，生态进化期的困惑、怀疑阶段，生态融合期的确定应用阶段和生态平衡期的创新应用阶段。③

五阶段论：叶澜、白益民根据教师自我专业发展意识、教师专业结构更新以及改进的规律性作为划分依据，将教师职业发展阶段划分为"非关注""虚拟关注""生存关注""任务关注"和"自我关注"5个阶段。④ 刘娜认为，在教师专业发展过程中存在以下5个阶段，包括求生存阶段、胜任阶段、职业倦怠阶段、自我更新阶段、专家阶段。⑤ 钟祖荣、张莉娜从实践调查中得出，按照教师素质和能力表现，结合教龄，可将教师专业

---

① 国卉男：《中国终身教育政策研究——基于政策文本的分析》，博士学位论文，华东师范大学，2013年。

② 王爱玲：《终身教育理念下的教师教育变革》，《内蒙古师范大学学报》（教育科学版）2015年第10期。

③ 梁文鑫、余圣泉、吴一鸣：《面向信息化的教师专业发展阶段描述与促进策略研究》，《教师教育研究》2008年第1期。

④ 叶澜、白益民：《教师角色与教师发展新探》，教育科学出版社2001年版。

⑤ 刘娜：《基于教师专业发展阶段的教师培训研究》，硕士学位论文，河北师范大学，2009年。

发展划分为 5 个阶段：初步适应期、适应和熟练期、探索和定位期、教学成熟期以及专家期 5 个阶段。①

其他阶段主要有李壮成的六阶段论和裴跃进的八阶段论，均详细划分了教师专业成长的阶段。

3. 教师专业发展理论

近年，教师专业发展的相关问题备受关注，成为教师教育研究的重点领域之一。教师专业化更是成为教师职业发展的必然走向，如何促进教师专业化发展也成为教师教育理论界探讨的重点。

针对教师专业发展理论，其成果主要集中在朱旭东、单中惠等人的研究中。其中，单中惠在《教师专业发展的国际比较》一书中，对包括英、法、美、德等 10 国的教师专业发展进行了个案研究，同时将《西方早期教师职业历史发展》作为"附录"，进一步拓展了对西方教师专业发展的研究视野。

朱旭东在《教师专业发展理论研究》中，系统完整地介绍了国外教师专业发展理论，包括教师信念理论研究、教师感情理论研究等 13 个教师专业发展理论，从不同方面对教师专业发展进行指导，同时探讨了相同问题、国内外学者的不同研究概况。

与此同时，唐玉光提出，教师专业化是教师职业发展的必然趋势，对提升教师专业化地位、教师政策制定均有重要作用。朱旭东、周韵试图从本体论和多学科的角度以及研究方法方面，来梳理我国教师专业发展的基本轮廓，为教师专业发展研究提供一个较为完整的知识图景。2014 年，朱旭东在教师专业发展理论的基础上，又进一步提出了教师专业发展的理论模型建构。

4. 教育生态理论

以生态化的理念对教师教育的发展进行分析和理解，是一个全新的研究视角。将教育生态学的理论运用到教师教育改革的进程中，是教师教育发展的进一步深入。

---

① 钟祖荣、张莉娜：《教师专业发展阶段的调查研究及其对职后教师教育的启示》，《教师教育研究》2012 年第 6 期。

范国睿认为，在当下理论研究与实践变革双向发展时期，对我国学校教育的生态系统进行历史性的梳理，对推动学校系统发展具有重要意义。与此同时，范国睿在其著作《教育生态学》中不仅阐释了教育生态学的相关概念，同时更是将教育生态与可持续发展教育相结合，为推动教育改革提供了理论范式。吴鼎负等编著的《教育生态学》中在对教育的生态功能、教育生态学的基本原理、基本规律进行论述后，同样将教育生态理论与可持续发展相结合。周培植指出，在高品质的教育生态背景下的教师教育建设，对于推动教育改革的探索实施，具有理论和实践双重意义。同时，他强调，教育生态学是一门科学，教育生态学研究是一门学问。与此同时，沈南山、吕耀坚等均将教育生态理论运用到具体的实际学校案例分析中，更具体直观地运用理论，发现问题、解决问题。

（三）关于教师教育制度具体内容的相关研究

1. 关于教师教育政策的相关研究

（1）基于教师教育政策文本的相关研究

在对教师教育政策的研究中，关于政策文本内容的研究最为关键和基础。

祝怀新对20世纪90年代以来的教师教育政策文本进行了研究，对职前教师培养、在职教师培训、教师教育一体化等方面的政策，进行了分别梳理。对不同时期的具有代表性、关键性作用的政策进行重点分析与阐释，并在此基础上提出我国教师教育政策的未来发展趋势，即由单一走向多元、由效率走向公平。[1]

陈永明等根据教师教育发展的逻辑顺序，对政策内容进行了职前培养、职后培训的维度划分。并分别对不同分类下的具体政策进行分析阐释，对不同类型政策的重要性进行概括，更进一步地细化了对教师教育政策文本的解读。[2]

吴文胜试图在整个社会发展转型的宏观背景下，通过对教师发展及其

---

[1] 祝怀新编著：《封闭与开放：教师教育政策研究》，浙江教育出版社2007年版。
[2] 陈永明等：《教师教育学》，北京师范大学出版社2012年版。

政策演变的梳理、概括与分析反思，深入剖析，探究问题。吴文胜将共和国政策的演变进行梳理，分为四个时期：探索期（1949—1966年）、停滞期（1966—1976年）、恢复期（1976—1992年）、科学发展期（1992年至今）。从政策执行的政治背景、政策的具体内容与实施两大方面对不同阶段的教师教育政策进行梳理，以期呈现共和国时期教师政策的动态发展史。①

此外，在期刊论文方面，以改革开放为时间节点，袁柏福以改革开放为时间界限，对师范教育政策的发展历程进行梳理，归纳特点，总结启示。他将改革开放后我国教师教育政策概括为恢复和调整、巩固和提高以及发展和创新三个阶段。对阶段中较有影响力的政策内容进行概括分析，总结特点，最终得出要提高对教师教育政策的重视、加大教师教育政策执行力度以及规范教师教育评价的三条建议。② 王芳对教师教育政策文本进行了实践性的解读。基于对教师的培养、认定和培训政策文本的实践解读，梳理出教师教育政策对教师专业生活的影响因素，并以此为基础，实现对政策文本的实践性反思，并最终为完善教师教育政策提出实践性的反思。③

蔡首生通过对不同历史时期政府的宏观布局角度出发，将改革开放以来的教师教育政策发展演变进程划分为恢复、改革和快速发展三阶段，并在此基础上，对我国教师教育政策近30多年来的发展历程进行分析，通过对教师资格制度、免费师范生制度以及中小学教师国培制度进行评析概括，并提出完善我国教师教育政策的思路，为促进教师教育政策的完善提供借鉴。④

曲铁华、崔红洁以教师教育政策文本作为研究对象，基于对文本资料的翔实占有和系统分析，梳理了改革开放以来我国教师教育政策发展演变的历史进程，对相关政策文本按照时间顺序进行了分析和解读，总结出教

---

① 吴文胜：《教师发展与政治文化研究：基于教师政策演变的分析》，浙江大学出版社2013年版。
② 袁柏福：《改革开放以来我国教师教育政策的变迁及其启示研究》，《黑龙江教育学院学报》2010年第12期。
③ 王芳：《教师教育政策文本的实践解读》，硕士学位论文，首都师范大学，2006年。
④ 蔡首生：《我国改革开放以来教师教育政策的反思》，硕士学位论文，湖南师范大学，2012年。

师教育政策在发展演变过程中,所遵循的价值取向的变迁路径。[①] 秦凌[②]、彭鹏[③]、苏国安[④]均基于对南京国民政府时期教育法规的制定以及影响因素,进行文本的分析与解读,通过历史文本的解读,以期提供对当代教师教育政策制定的有益借鉴。

(2) 基于教师教育政策价值取向的相关研究

在教师教育政策的研究中,政策的价值取向问题得到了越来越多学者的关注。刘复兴在对现有政策文本的搜集和查阅基础上,选择典型的政策文本进行分析,以获取当前教育政策现状,包括政策价值关系、价值取向、政策主体与利益主体及其关系等。[⑤]

王小红提出,教师教育政策的好坏,关涉每个教师的自身发展。从伦理学的角度进行分析,我国的教师教育政策应具备三种价值取向,即追求公平的价值取向、追求人道的价值取向以及追求理性的价值取向。她认为,教师教育政策的制定与发展,必须遵循自身的逻辑伦理规范。[⑥] 罗红艳认为,当和谐社会成为一种道德化的社会状态,教师教育政策便迫切需要凸显其伦理精神,摆脱其一定程度上的伦理缺失,复归其政策的教师权利本位、建立健全教师的利益表达机制与民主参与制度以及统筹城乡教师教育的均衡发展。[⑦]

吴尊民、傅蕾对教育政策的价值提出了两种观点,其一是内在价值;其二是外在价值。他指出,自改革开放40多年来,我国对教育政策的价值

[①] 曲铁华、崔红洁:《我国教师教育政策价值取向变迁的路径分析与特点——基于1978—2013年政策文本的分析》,《现代大学教育》2014年第3期。

[②] 秦凌:《民国时期立法研究(1912—1949年)》,博士学位论文,湖南师范大学,2014年。

[③] 彭鹏:《南京国民政府教育法规规定与影响研究(1928—1937)》,硕士学位论文,湖南师范大学,2014年。

[④] 苏国安:《南京国民政府时期学校教育政策研究》,博士学位论文,河北大学,2010年。

[⑤] 刘复兴:《教育政策的价值系统》,《清华大学教育研究》2003年第2期。

[⑥] 王小红:《关涉教师幸福:教师教育政策的伦理诉求》,《现代教育论丛》2008年第1期。

[⑦] 罗红艳:《和谐社会视野下教师教育政策的伦理诉求》,《现代教育管理》2011年第1期。

取向也主要体现在从工具本位向教育本位移行、从阶段性向整体性转换、从一元化向多样性转变、从效率到均衡的提倡。① 李帅军认为，公平是教师教育政策首要的伦理价值。而目前我国的教师教育存在着以城市为中心的价值取向，这也成为城乡教师教育发展不均衡的一个重要影响因素。②

杜智华基于对 1978 年后重要教育政策文献的研究，将教师教育价值取向划分为政策制定阶段的价值取向、政策实施过程中的价值实现两大部分。从政策主体价值取向的变迁、政策价值目标、政策手段方式的取向变迁来表现教师教育政策在制定阶段价值取向的变迁路径。并从政策实施过程中价值目标的有效实施和价值失真两方面来表现教师教育政策在实施过程中的价值实现，并最终得出建立"以人为本"的教师教育政策的合理价值取向。③

(3) 基于教师教育政策历史分期与特点的研究

对教师教育政策特点的研究与把握，主要基于对教师教育政策文本的分析以及教师教育政策嬗变历程的概括总结得出。张旸将中国百年教师教育政策的演变及特点概括为四方面：1897—1921 年的日本师范教育体系模式；1922—1948 年以美国师范教育体系为仿鉴对象的开放型师范教育模式；1949—1995 年以苏联师范教育模式为模板的独立封闭的师范教育体系以及 1996 年以来最终确立的中国特色的教师教育体系。④

王立科指出，改革开放 30 多年来，教师教育政策的发展大致经历了 20 世纪 70 年代末至 90 年代初的调整与发展时期以及 20 世纪末至今的开放教师教育体系初步形成时期。⑤ 袁柏福将改革开放以来，我国教师教育政策的发展划分为恢复和调整阶段（1978—1984 年）、巩固和提高阶段

---

① 吴遵民、傅蕾：《我国 30 年教师教育政策价值取向的嬗变与反思》，《杭州师范大学学报》（社会科学版）2011 年第 7 期。

② 李帅军：《教师教育政策公平的现实困境与有效路径》，《东北师大学报》（哲学社会科学版）2012 年第 2 期。

③ 杜智华：《我国教师教育政策价值取向研究——以改革开放后重要教育政策文献为蓝本》，硕士学位论文，湖南师范大学，2010 年。

④ 张旸：《中国百年教师教育政策的演变及特点》，《河北师范大学学报》（教育科学版）2011 年第 4 期。

⑤ 王立科：《我国教师教育政策发展三十年回顾与展望》，《国家行政学院学报》2009 年第 1 期。

(1985—1999 年) 以及发展和创新阶段 （2000 年至今），并在此基础上，总结出我国在改革开放以来的 30 多年的教师教育政策的几个比较明显的特点。

檀慧玲等在对近十年我国教师教育政策调整的梳理与归纳基础上，展望未来十年我国教师教育政策创新的五大趋势。① 葛军、陈剑昆通过对百余年教师教育政策的变迁历程进行分析、解读，考察了教师教育政策的影响因素，同时归纳得出政策发展的历史特征。②

2. 关于教师资格认证体系的相关研究

在《教育大百科全书》中，对教师资格制度界定为教师资格制度是国家对教师实行的特定的职业许可制度。通常规定教师资格基本条件、资格认定、丧失和撤销的原则，以及认定教师资格的程序。教师资格一经取得，即在规定范围内具有普遍适用的效力，非依法律规定不得随意撤销。

（1）基于资格认证体系的国际比较研究

近年，随着世界信息一体化趋势的逐渐加深，对外国经验的借鉴与学习，成为促进我国教师资格认证制度发展的重要手段之一。因此，在国际教师资格制度方面，国内学者始终给予了高度的关注，李广平即从国家教师资格制度的发展趋势角度，通过分析美、英、法、德、日、韩等发达国家的教师资格证书制度的现状和发展趋势，找到完善我国教师资格证书制度途径，即将各类教师资格的起点学历提高到大学程度、利用多种检测手段确保教师的质量、采用试用制度、发挥教师资格证书的激励作用、实施临时教师证书制度以及对教师教育机构和教师教育课程等多方面做出规定和考核。③

汪明帅、谢赛基于教师入职标准的教师准入制度视角，通过对美国、英国、澳大利亚、加拿大等西方国家教师入职标准的实践与经验的梳理，

---

① 檀慧玲、王晶晶：《近十年我国教师教育政策的调整及未来发展趋势》，《湖南社会科学》2012 年第 4 期。

② 葛军、陈剑昆：《我国教师教育政策的历史透视》，《黑龙江高教研究》2005 年第 7 期。

③ 李广平：《从国际教师资格制度的发展趋势看我国教师资格证书制度的完善》，《外国教育研究》2004 年第 3 期。

得出我国要建立教师入职标准、以教师入职标准统贯教师准入制度的经验启示。① 龚兴英、安春梅、沈鸿敏、刘学智、朱俊博,均基于对日本教师资格制度的嬗变路径和发展特点出发,通过比较分析,提出对我国教师资格制度发展的有益借鉴。其中,周晓燕、陆露指出,目前我国实施的终身制的教师资格制度存在诸多弊端,借鉴日本教师更新制度的实践和经验,完善我国教师资格分类基准,规定教师资格有效期限,搭建教师资格更新与继续教育的桥梁,对推进符合我国国情的教师资格更新制度,改革和完善我国教师资格证书制度有重要的启示。②

刘翠航③,齐泽旭④,李洁、陈宝娟⑤等主要从对美国教师资格制度的实施机构、美国教师的资格标准、美国教师的资格认证程序,以及美国教师资格制度的特点等几方面着手,以期推动我国教师资格制度的完善与发展。袁丽、李育球梳理分析澳大利亚教师资格制度对我国的影响。⑥ 覃丽君提出,德国教师教育见习及第二次国家资格考试制度,对我国教师资格制度的发展具有重要的启示意义。⑦

(2) 基于资格认证体系实施存在的问题研究

我国教师资格认证制度在建立之初,为提高教师队伍整体水平、保障教师职业权益做出了重要贡献,但随着社会对教师要求的不断提高,固定不变的教师资格认证制度面临着诸多的不适应。主要表现在三个方面。

第一,理论层面。教师资格制度在确立和实施的过程中,缺乏一定的

---

① 汪明帅、谢赛:《基于教师入职标准的教师准入制度:国外的经验与启示》,《教育发展研究》2011年第8期。
② 周晓燕、陆露:《教师资格更新制度:日本的经验及其对我国的启示》,《教育理论与实践》2012年第9期。
③ 刘翠航:《美国教师资格认证的现状及发展》,《比较教育研究》2001年第5期。
④ 齐泽旭:《美国高校教师资格制度的现状和发展趋势》,《外国教育研究》2008年第11期。
⑤ 李洁、陈宝娟:《反思与改革:美国教师资格证书制度的特点及对我国的启示》,《继续教育研究》2014年第1期。
⑥ 袁丽、李育球:《论澳大利亚教师资格制度的发展》,《比较教育研究》2014年第8期。
⑦ 覃丽君:《德国教师教育见习及第二次国家资格考试制度研究》,《教师教育研究》2015年第4期。

专业化理论进行支撑，与此同时更是缺乏与教师发展相关的其他各项制度相联系的体系建设。因此，表现出缺乏科学规范的操作系统与客观标准的评价系统。

第二，制度层面。吴全华认为，我国教师资格制度的实施时间过长，稳妥有余，积极性不足，造成教师资格制度的时效性不强。同时，存在资格认定机构单一、认证标准偏低、缺乏足够灵活性等问题。[1] 李玉琴指出，当下的教师资格制度建设还依然停留在对规则体系的建设和完善中，缺乏应对新问题、新困难的机制与手段。[2] 陈向明提出，要想实现教师资格制度的现代化，就要考虑到我国教师工作的复杂性、艰巨性和特殊性。要提升教师资格制度的灵活性与创新性，建立其动态化调整机制，打造开放、发展的教师资格制度。[3]

第三，实践层面。在资格制度实施的过程中，存在的问题主要集中在教师资格制度的时效性、融通性、有效使用范围、教师资格认证机构管理不规范等方面。

（3）基于资格认证体系的发展趋势研究

教师资格制度的发展趋势主要表现在问题解决和对新的资格认证体系的建构两大方面。在问题解决方面，李子江、张斌贤从修订教师资格相关法律出发，提出要逐步完善教师资格制度标准，划分证书类别与等级。[4] 鲁素凤等指出，要想提升我国教师资格的有效性，应从明确教师资格分期，加强教师资格时效性出发，明确种类划分，实现资格融通。[5]

闫建璋、郭赟嘉则从改革教师资格考试制度的角度出发，阐述了当下我国双轨制的教师资格考试制度的弊端，指出从双轨制走向单轨制是教师资

---

[1] 吴全华：《意义与问题——对我国教师资格制度的解读》，《华南师范大学学报》（社会科学版）2001年第4期。

[2] 李玉琴：《中国教师资格制度述评》，《西南民族大学学报》（人文社科版）2004年第9期。

[3] 陈向明：《教师资格制度的反思与重构》，《教育发展研究》2008年第4期。

[4] 李子江、张斌贤：《我国教师资格制度建设：问题与对策》，《教育研究》2008年第10期。

[5] 鲁素凤、杨建华、沈惠君：《我国教师资格有效性存在的问题及其对策》，《教师教育研究》2005年第1期。

考试制度的历史发展必然,并进一步提出具体策略。① 与此同时,闫建璋等基于教师专业化的视角,指出终身制下的教师资格制度的种种弊端,并提出在教师专业发展理论指导下,实现发展的教师资格认证体系建设。②

3. 关于教师教育模式的相关研究

(1) 基于教师教育模式的内涵的研究

对于教师教育模式的内涵概念,不同的学者有不同的见地。刘捷、谢维和指出,改革开放后,基于教师教育的培养方式来看,我国教师教育模式基本属于"定向型"培养模式;基于教育过程或阶段来看,属于职前培养与在职培训两大体系。③ 王赛扬认为,教师教育模式应分为四类:定向型、开放型、混合型和其他类型。④ 宁静认为,对教师教育模式的阐述应从以下四个方面出发,即培养目标、教育体制、职业发展性质以及培养活动方式,才能将教师教育模式说清楚,她从这四个方面出发,重点阐释了我国民国时期和革命根据地时期的教师教育模式。⑤

徐晓艳提出,我国的教师培养经历了由"定向型"到"混合型"再到"定向型"的发展过程,并且绝大部分时间是定向培养师资的。⑥ 靳希斌认为,对于教师教育模式的阐释,应从教师教育模式演进变化的路径出发,渐进式地阐述什么是教师教育模式。⑦

(2) 基于教师教育模式的发展历程研究

针对中华人民共和国成立之前的教师教育模式的研究,主要有宁静对从清末师范教育初创到革命根据地时期的教师教育模式进行梳理和分析,通过对各个时期教师教育模式的培养目标、教育体制、职业发展性质,以

---

① 闫建璋、郭赟嘉:《从双规走向单轨:我国教师资格考试制度的应然路向》,《当代教师教育》2013 年第 2 期。
② 闫建璋、郭赟嘉、赵英:《教师资格认定制度研究——基于教师专业化的视角》,《教育理论与实践》2014 年第 4 期。
③ 刘婕、谢维和:《栅栏内外:中国高等师范教育百年省思》,北京师范大学出版社 2002 年版。
④ 王赛扬:《我国教师教育模式发展研究》,硕士学位论文,南京农业大学,2002 年。
⑤ 宁静:《我国近代教师教育模式的历史变迁》,硕士学位论文,河北大学,2004 年。
⑥ 徐晓艳:《我国教师教育模式的改革与发展研究》,硕士学位论文,兰州大学,2007 年。
⑦ 靳希斌主编:《教师教育模式研究》,北京师范大学出版社 2009 年版。

及培养活动方式四部分进行梳理，并指出近代教师教育模式变迁对当代教师教育改革的启示。

中华人民共和国成立后，针对教师教育模式的发展开始出现较为清晰的时间分段。第一个发展阶段是中等师范教育模式即小学教师、幼儿园教师培养模式。传统中等师范教育模式：虽然中等师范学校为我国培养了数以万计的优秀师资，为社会主义师范教育的发展起到了举足轻重的作用，但随着社会经济的发展，其模式的弊端逐渐暴露。其一，在这种模式下，中师学生学历起点较低，且包含社会青年，学生成分复杂，素质良莠不齐。其二，在这种课程设置下，科目众多且学科专业性不强，容易使学生缺乏对教育理论的系统认识，造成专业视野狭窄，自身发展缺乏后劲。其三，在校学习期限较短，很难形成良好的教师素养。幼儿及小学教师教育模式变革：靳希斌将这一时期的小学教师教育模式概括为：5年一贯制与"3+2"小学教育模式。5年一贯制模式是指在师范院校就读5年，直接获得专科学历。"3+2"模式则是在前3年学习普通高中文化和进行小学教师的基本技能，完成3年中师课程后，经过甄选，再继续学习2年的大专课程。[①]

黄葳[②]、祝怀新[③]认为，这一时期的教师教育模式转变为以大学本科为主的小学教师教育模式。1998年9月，南京师范大学、杭州师范学院等本科院校开始招收高中毕业生为起点的小学教育专业学生，学制4年，获大学本科学历。随后，东北师范大学、首都师范大学、上海师范大学、天津师范大学也相继开办了本科学历小学教育专业。至此，我国小学教育专业本科生的培养模式发生了质的变化，凸显了其在当代教师教育培养中的优势，其日臻完善的模式，更加促进小学教师教育的快速发展。通过对政策文本的梳理，以及学者对这一时期教师教育模式的阐述，我们可以看出，教师教育模式的转型，是以社会经济发展水平为依托，对教育实践的关注以及提升教师学历层次的迫切要求，已经成为这一时期教师教育模式发展

---

① 靳希斌主编：《教师教育模式研究》，北京师范大学出版社2009年版。
② 黄葳：《教师教育体制——国际比较研究》，广东高等教育出版社2003年版。
③ 祝怀新：《封闭与开放：教师教育政策研究》，浙江教育出版社2007年版。

的主要趋势。

第二个发展阶段主要是从师范专科学校教师教育向师范学院教师教育过渡：初级中学教师培养模式变革。师范专科教师教育模式：1993年，原国家教委师范司司长金长泽在《面向农村深化改革培养合格初中教师》的讲话中，对师范专科教育工作的开展进行了全面的回顾，肯定了师范专科教师教育模式对改善当时我国师资资源短缺状况的重要贡献。但是，由于专科师范修业年限较短，且主要针对农村生源，导致专科师范底子薄、发展困境多等问题逐渐暴露。其中包括个别院校布局、课程结构设置不尽合理；生源质量需进一步提高；德育工作尚待提高等。升格后的师范专科教师教育模式：师范学院教师教育模式。其中包括"3+1"模式、"2+2"模式等。

同时，靳希斌、何元、沈有禄①，刘德敏②认为，这一时期还存在其他教师教育模式。包括北京大学的"3+1+3"模式、"3+1+2"模式以及"3+1"模式，华东师大的"3+1"模式、"4+1"模式以及"4+2"模式，南京师大的"2+1+0.5+0.5"模式，四川师大的"2+2"模式，还有"4+0""4+3"等模式。虽然在实践过程中，师范教师素养并不会在1年或2年就可以形成，而是通过数年的教师教育理念的培养和潜移默化才可以形成，但这种"2+2"模式的探索，凸显出我国教师教育理念的一种发展与完善。

第三阶段主要是高等师范院校本科的挑战与转型。方洪锦、严燕③，母小勇④，靳希斌等认为，这一时期的教师教育模式中，具有较大影响的模式还包括"4+2"教师教育模式、"4+2+1"教师教育模式以及"3+3"教师教育模式。

4. 关于教师教育课程体系的研究

（1）基于教师教育课程历史变迁的研究

自清末创办师范学堂伊始，再到向师范学校转变，师范学校的课程得

---

① 沈有禄：《试论我国教师教育模式变革的路径与政策》，《黑龙江高教研究》2007年第1期。

② 刘德敏：《我国高师院校教师教育模式创新研究》，硕士学位论文，四川师范大学，2012年。

③ 方洪锦、严燕：《我国综合性大学师范教育办学模式探析》，《高等教育研究》1998年第6期。

④ 母小勇：《教师教育模式：走向开放》，《教育理论与实践》2005年第17期。

到了逐渐完善。对这一时期教师教育课程的研究多散见于对民国时期师范教育整体发展研究过程之中。李华兴在其《民国教育史》一书中，阐述了关于清末至民国时期教科书的编写与审定的内容。他指出，这一时期的教科书是按照国家规定的课程设置、教学大纲（或课程标准）和不同级别学生的认识特征而编写的各门学科供教学之用的学生用书。①

马啸风对幼儿师范教育的课程体系的变迁进行了分析整理。他认为，清末初创时期，由教会创办的幼儿师范教师课程设置中宗教类课程的比重过大，成为这一时期的鲜明特色。随着时间的推移，由清政府独立创办的幼儿师范教育课程中师范性不足，仅有教育类课程涉及幼教，成为这一时期课程体系的重要特征。民国后期，这一状况才得到有效缓解，并出现了一系列著名的幼儿师范教育家。②崔运武在其《中国师范教育史》中对中等师范学校课程的设置也进行了细致的阐述。③

期刊论文方面主要有：魏莹在对民国时期乡村师范教育进行研究时，对民国乡村师范教育课程进行了论述。主要介绍了三年制简易师范学校的课程设置、四年制简易乡村师范学校的课程设置、乡村师范学校的课程设置以及乡村师范特科的课程设置。④阚敏在其硕士论文中，为我们清楚展现了从清末至新中国课程改革后的教师教育课程发展脉络，从清末的发端、民国初期的确立、国民政府时期的改良到新中国成立后的重建，教师教育课程体系展现了鲜明的特色与曲折的发展历程。并通过对 21 世纪教师教育课程改革现状以及个案的分析，最终从观念变革、制度变革、技术变革三个角度对我国教师教育课程改革提出有益对策。⑤

（2）基于教师教育课程改革的研究

课程是教师乡村教育发展的核心要素，对教师教育改革的成功与否起着关键性的作用。为了进一步明确教师教育课程改革的方向，进一步推动

---

① 李华兴主编：《民国教育史》，上海教育出版社 1997 年版。
② 马啸风主编：《中国师范教育史：1897—2000》，首都师范大学出版社 2003 年版。
③ 崔运武：《中国师范教育史》，山西教育出版社 2006 年版。
④ 魏莹：《民国时期乡村师范教育研究》，硕士学位论文，东北师范大学，2013 年。
⑤ 阚敏：《我国教师教育课程的历史变迁与改革研究》，硕士学位论文，福建师范大学，2007 年。

我国教师教育课程发展，王宪平探讨了在课程改革视野下教师教学能力如何更好地发展的问题。通过对教师教学能力发展路径及影响因素的分析，以及对教师教学能力的问卷调查与分析，得出促进教师教学能力发展的行动策略。①

基于对新教师教育课程标准的解读、反思以及教师教育课程改革的国际经验借鉴两方面的研究主要有：张翔通过对《教师教育课程标准（试行）》的解读，以教师专业发展的教师教育课程选择为视角，论述了教师教育课程在课程目标定位、课程内容设置、课程实施和管理等方面内容。②

教师教育课程标准专家组通过对中国和英、美等七个国家和地区的教师教育课程标准在研制背景、内在逻辑和基本理念以及课程设置与管理方法等方面进行了比较，以期为我国制定和施行教师教育课程标准提供理论支持与实践参照。③ 与此同时，张文军、钟启泉也探讨了教师教育课程改革的国际趋势。通过对美、英、日等发达国家教师教育课程改革的理念和实践，展开比较分析，指出教师教育课程改革的国际趋势。④

5. 关于教师培养体系的研究

（1）基于教师职前培养的研究

职前教师培养作为教师教育的重要基石，具有不可忽视的重要地位。在对职前教师培养的研究中，主要集中在对职前教师培养现状、问题以及职前教师教育未来趋向的研究。王凤秋等指出，在基础教育课程改革全面推广的阶段，教师职前教育的传统培养模式暴露出了许多缺陷，诸如培养目标的不适应、培养观念的不适应、培养方式的不适应以及培养内容的不适应，为应对基础教育改革对师资培养提出的要求，教师的职

---

① 王宪平：《课程改革视野下教师教学能力发展研究》，博士学位论文，华东师范大学，2006年。
② 张翔：《基于教师专业发展的教师教育课程选择——兼论〈教师教育课程标准（试行）〉》，《教师教育学报》2014年第4期。
③ 教师教育课程标准专家组：《教师教育课程标准的国际比较》，《全球教育展望》2008年第9期。
④ 张文军、钟启泉：《教师教育课程改革的国际走向》，《教师发展研究》2012年第10期。

前培养改革势在必行。① 关文信等在我国当前职前教师培养现实的基础上，结合先进的教师教育理论，提出了在实践取向下，小学教师职前培养的理念与路径。②

曲铁华、李娟指出，改革开放以来，教师职前教育迅速发展，但随着教育形式的不断更新，教师职前教育发展也不断面临新的任务与挑战，主要表现在师范生选择教师职业的动机问题、教师教育发展滞后于中小学教育实践以及教师职前培养教育专业课程缺乏。③

余国良针对我国教师职前教育管理等方面的问题，提出建立沟通教育行政部门与中小学、师范院校的有效组织机构，消除问题来源，改善教师工作环境与待遇。④ 杨燕燕指出，在传统的教师职前实践教学理论中存在着"基于学校"和"基于大学"两种取向，因此造成师范生教育理论与实践出现偏差，要想解决这一问题，就要坚持实践取向。⑤

（2）基于教师职后培养的研究

20世纪90年代以来，随着基础教育改革不断向纵深处迈进，关于教师职后教育的研究也逐渐得到教育研究者的关注。其关注点主要集中在中小学教师继续教育内容梳理、问题分析以及教师职后教育发展趋势的研究。侯贵宝基于终身教育理论以及教师专业化的视角，对当前我国中小学教师职后教育的现状进了梳理，分析了教师观念滞后、缺乏自觉意识、公共政策缺失、制约机制乏力以及利益驱动不足、缺乏足够引力等造成职后教育薄弱的困境的原因，同时提出实现高质量职后教育的四条策略。⑥

董江华梳理了中华人民共和国成立后50余年（1949—2000年）中小

---

① 王凤秋、马洪丽：《论基础教育课程改革背景下教师职前培养》，《黑龙江高教研究》2005年第12期。

② 关文信、李伟诗：《职前教师培养的新模式：教师成长协作团》，《东北师大学报》（哲学社会科学版）2007年第1期。

③ 曲铁华、李娟：《教师职前教育的理念创新与战略实现研究》，《东北师大学报》（哲学社会科学版）2009年第3期。

④ 余国良：《教师职前教育的问题分析与重建构想》，《内蒙古师范大学学报》（教育科学版）2012年第2期。

⑤ 杨燕燕：《论教师职前实践教学的取向转换》，《教育研究》2012年第5期。

⑥ 侯贵宝：《当前我国中小学教师职后教育面临的困境及对策研究》，《中小学教师培训》2005年第8期。

学教师职后教育体系的形成与发展历程全貌。最终得出在当今中小学校教师职后教育中具有重要影响的两个问题，即自上而下、满足社会需求的职后教育的推动力对新中国中小学教师职后教育的影响；知识观的转变对新中国中小学教师职后教育发展的影响。[1]

王明高指出，教师职后教育是其专业发展的关键期，但现今依然存在将教师仅仅看成被教育的对象、教育内容上注重工具主义倾向、对教师职后教育评价注重决定性和终结性、缺乏针对性等误区。要想促进教师职后教育科学规范发展，也必须从误区着手，转变观念，丰富配需方式，运用过程性和多元化的评价方式。[2] 张南对改革开放以来中小学教师职后教育政策进行研究。他将改革开放后中小学教师职后教育划分为3个阶段，恢复与重建（1977—1989年）、规范化和全面发展（1990—1999年）、改革与创新（2000—2010年）。通过对不同阶段的重要政策的阐释，展现各阶段特征，并最终得到对我国中小学教师职后教育政策演变的经验与反思。[3]

（3）基于教师教育一体化的研究

对教师教育一体化的研究，离不开对师资培养政策的解读和分析，自2001年《国务院关于基础教育改革与发展的决定》公布伊始，直至2010年的《教育规划纲要》，以建设现有师范院校为主体、其他高等学校共同参与、培养与培训相衔接的开放的教师教育体系为根本目标的教育一体化从未中断，虽然在过程中困难重重，但其作为师资培养的历史必然发展趋势势不可当。其中对于教师教育一体化内涵的理解、实现路径的探索、对一体化建设的问题的反思以及一体化视域下教师教育课程的构建都成为重点研究领域。

肖瑶、陈时见认为，教师教育一体化的内涵要实现职前职后教育一体化，一方面表现为教师职前培养和职后培训针对教师发展的不同阶段，有

---

[1] 董江华：《新中国小学教师职后教育发展研究（1949—2000）》，硕士学位论文，华东师范大学，2007年。
[2] 王明高：《教师职后继续教育的几个误区及对策研究》，《中国成人教育》2010年第15期。
[3] 张南：《改革开放以来中小学教师职后教育政策研究》，硕士学位论文，东北师范大学，2013年。

着不同的内容和特征，具有阶段性；另一方面教师职前培养和职后培训虽然是教师教育的不同阶段，却是相互连接和相互支持的，具有整体性。虽然对一体化内涵和概念有了一定深度的理解，但教师教育一体化在实行过程中依然存在一定问题。①

（4）基于教师教育体系的国际比较研究

发达国家根据本国的情况和时代变迁，对教师教育体系做出了一系列的调整与改革，这些改革所取得的经验与教训，为我国教师教育体系的完善提供了宝贵的经验。陈时见从对教师职后教育概念的比较分析着手，将美、英、德、日、俄罗斯发达国家的教师职后教育状况进行总体的概述，并归纳出教师职后教育在发达国家所呈现出的法制化、综合化、地方化、多样化的共同倾向。②

陈永明通过与美、英、法、德、日的师范教育体系相比较，指出我国的师范教育制度从初创至今，对他国经验的模仿和学习占据了较大的历史篇幅，因此，要想提升我国师范教育制度发展的灵活性和多样性，就要在把握国际师资培养趋势的基础上，系统提升师范教育培养水平。③ 与此同时，谢攀峰在梳理美、俄、日的教师职前培养模式的基础上，提出针对我国教师职前培养模式改革的有效建议。④

6. 关于教师教育质量保障体系的研究

（1）教师教育质量保障体系的内涵

教师教育质量保障体系是教师教育研究领域的一项崭新而重大的课题。目前，在对教师教育质量保障体系的内涵进行界定的过程中，呈现出两种界定方式。第一种观点主要以朱旭东为主要代表的一部分学者，根据英、美等发达国家对教师教育保障体系的内涵进行的释义，认为教师教育体系主要包括四部分，即教师资格证书制度、教师资格认证制度、教师资格认证标准以及教师资格考试制度。第二种观点主要是针对我国的教师教

---

① 肖瑶、陈时见：《教师教育一体化的内涵与实现路径》，《教育研究》2013 年第 8 期。
② 陈时见：《发达国家教师职后教育之比较》，《教育科学》1997 年第 3 期。
③ 陈永明：《师资培养教育的国际比较》，《外国教育资料》1998 年第 2 期。
④ 谢攀峰：《美、俄、日三国教师职前培养模式的发展及对我国的启示》，《广西师范学院学报》（哲学社会科学版）2009 年第 3 期。

育质量保障体系现状所提出的,如邹立波提出基于校本培训模式的教师教育质量保障体系的研究,主要是指培训学校按照既定的质量目标实施的各种质量保障措施及监控手段组成的有机整体。这一整体中包括输入保障、过程保障、输出保障。其中,输入保障由观念支持、基地建设、课程资源以及培训队伍组成;过程保障主要由过程管理及培训策略组成;输出保障由质量评价和对象素质评价组成。[1]

文玉等指出,教师教育质量保障制度的基本内容包括教师培养制度、教师资格制度以及政策法律制度三部分内容。[2] 林必武提出中小学教师继续教育质量保障体系的构建应从内、外两部分进行构建,创建学习型学校和内、外部质量保障体系的有机结合。其中所谓的内部体系主要包括法制、经费、质量评估与管理四部分;外部体系则主要是提升中小学校教师和管理者的相关意识,培养学习型教师。[3]

余正松提出,要建立多元的质量监管主体,充分调动学校、政府、教师和学生的主动性、积极性和创造性,结合自身办学传统和优势,突出质量管理特色的质量保障体系。[4]

(2) 教师教育质量保障体系的研究现状

对我国教师教育质量保障体系的研究目前呈现出两种鲜明的趋势。一是对我国现有的教师教育质量保障体系构建重要性的反思,以及如何构建具有中国特色的教师教育质量保障体系;二是对其他发达国家的教师教育质量保障体系进行介绍并为我国教师教育质量保障体系构建提供借鉴与帮助。在对发达国家借鉴和学习的过程中,尤以学习美国最多,如洪明对美国教师质量保障体系历史演进进行研究、李克军基于质量保障的视角对战后美国教师教育改革与发展进行研究、陈昭昭对美国幼儿教师教育质量保

---

[1] 邹立波:《教师继续教育质量保障体系研究——院校培训模式质量保障体系探索》,硕士学位论文,华东师范大学,2002年。
[2] 文玉、陈树生:《论教师教育体系保障制度的构建》,《北京化工大学学报》(社会科学版) 2004年第4期。
[3] 林必武:《中小学教师继续教育质量保障体系研究》,硕士学位论文,江西师范大学,2004年。
[4] 余正松:《扩招后高师教育质量保障体系的构建与实施》,《西华师范大学学报》(哲学社会科学版) 2005年第1期。

障体系进行研究、张文对美国基础教育教师质量保障体系进行研究等。此外，还包括徐尹倩对香港教师教育质量保障体系的研究、孟靖岳对新加坡教师教育质量保障体系的研究、于喆对德国教师教育质量保障体系的研究、朱剑对英国教师教育内部质量保障体系的探析等。

综上所述，对于我国教师教育制度的相关研究成果是深入和丰富的。通过对相关文献的整理可以看出，我国教师教育制度研究的现状主要特点表现如下。

第一，对教师教育制度的相关研究，多停留在 21 世纪初期，对教师教育飞速发展的近十年鲜少涉及。同时，对教师教育制度发展的薄弱环节，如教师教育质量保障制度，仍主要是以介绍和简单借鉴国外先进经验为主，其实施效果也多以个案的形式加以呈现，对推动我国教师教育制度的进一步发展收效甚微。

第二，大部分的著作和期刊论文对教师教育制度的研究，均将教师教育制度划分为若干条块，根据作者主观的选择对教师教育制度内容进行取舍。虽在一定程度上也表现了教师教育制度的历史发展脉络和未来发展趋势，但由点到点的研究并不能全面展现教师教育制度的全貌。

第三，对滞缓教师教育制度发展的因素进行了一定程度的探讨和分析，并适当提出解决问题的对策，但如何从理念、制度、实施、监管等多维度、立体化的角度进行问题剖析与尝试解决还有待进一步加强。

第四，研究方法的单一成为教师教育制度研究的一大遗憾，大多数学者均是基于对文献、政策的文本梳理进而得出结论，但随着研究方法的不断交叉，统计学、新制度经济学等研究方法逐渐融入教育史研究当中，为教师教育制度的研究打开了新的视角。

第五，对教育理论的运用并不能融会贯通，现在的教师教育制度的理论基础大多数来自西方的教育理论，其对我国教师教育制度发展的适切性、密切性都有待进一步地融合和提升，以期实现最大化的理论指导实践。因此，进一步拓宽对教师教育制度研究的角度、方法成为当下的研究热点和难点所在。但通过对教师教育制度过往研究的综述总结，依然有助于从宏观和微观上把握教师教育制度的研究现状，为本书提供理论依据和现实指导。

四　相关概念界定

关于百年师范教育制度的相关研究，从初创的 1897 年到今天，是一个历史跨度较长和研究内容较多的时间范围，其中涉及的师范教育、教师教育、教育制度、教育政策等相关概念的重要性尤为突出，高质量的教师教育研究需要澄清基本的核心概念，这是进行有效学术探讨和教师教育实践的前提，同时对全书的整体研究起到了奠基性的作用，因此严谨科学的概念是研究、写作的基石和基础。

（一）师范教育

师范教育作为 19 世纪末的舶来品，是由英文 Teacher Education 翻译而来，其意为教师教育。随着我国师范教育的不断完善和发展，关于"师范教育"的概念也呈现出渐趋一致和统一的特点，其中具有代表性的界说主要有三种，其一，指培养师资的专业教育，包括培养新师资的职前教育和培训在职师资的职后教育。该界说在我国出版的有关辞书、词典及著作中均可看见。其中在以顾明远主编的《教育大辞典》以及《中国大百科全书〈教育卷〉》为代表的教育工具书中即把师范教育定义为"培养师资的专业教育"，包括职前教师培养、初任考核适用和在职培训。其二，有学者指出师范教育即指为培养和提高基础教育师资的专门教育。其三，也有一部分学者认为，师范教育是为各级各类教育机构培养和培训师资的机构、体制的整合。

（二）教师教育

2001 年《国务院关于基础教育改革与发展的决定》（以下简称《决定》）颁行，提出"完善以现有师范院校为主体、其他高校共同参与、培养培训相衔接的开放的教师教育体系"，从而取代了长期使用的"师范教育"这一概念。至此，我国的教师培养开始从关注职前教育向重视职前职后一体化方向转变，进入了教师培养的新阶段。

在对教师教育进行概念梳理的过程中，可以发现，在维基百科全书、教学和教师教育国际百科全书等工具书中，均将教师教育的概念界定为更具有全局性意识的概念。教师教育相对于师范教育单纯以培养教师为主的职前教育形式，扩展到职前教育、入职教育和教师发展三个连续发展的过程阶段。

黄葳、钟启泉、陈永明等学者也支持这一概念的界定。黄葳在《教师教育体制：国际比较研究》一书中指出教师教育是培养与培训师资的专业教育。[①] 陈永明等提出："教师教育是师范教育与教师继续教育相互联系、相互促进、统一组织的现代体制，是实现教师终身学习、终身发展的历史要求"[②]。与此同时，康晓伟从内容上、培养顺序上以及形式和层次上对教师教育的概念进行了确认。

通过对国内外相关教师教育概念的文献梳理，本书将教师教育的概念界定为：教师教育是对教师培养和培训的统称，是指在终身教育思想指导下，按照教师专业发展的不同阶段，对教师实施职前培养、入职培训和职后培训等可持续发展的、一体化的教育过程。与此同时，本书在叙述过程中会以时间的顺序交替使用"师范教育"和"教师教育"两个概念。从清末南洋公学师范院创办至中华人民共和国成立前，均使用师范教育的概念。中华人民共和国成立至2001年《国务院关于基础教育改革与发展决定》首次出现"教师教育"前，统一使用"师范教育"概念，具体指中等师范院校、师范学院以及高等师范大学对教师实施的培养和培训。2001年，《国务院关于基础教育改革与发展决定》颁行后，统一使用"教师教育"概念，具体包括中等师范学校、师范学院、高等师范大学对教师职前职后一体化的培养。其中，1999年《教育部关于师范院校布局结构调整的几点意见》下发后，中等师范学校开始逐渐退出历史舞台。2008年后，师资培养尤以高等师范大学以及综合性大学中的教师教育学院为主要机构。

（三）教育制度

要想厘清教师教育制度的概念，教育制度便成为不可逾越的先导概念。因教育制度在不同语境、不同领域内所涵盖的内容不同，因此，对教育制度

---

① 黄葳：《教师教育体制：国际比较研究》，广东高等教育出版社2003年版。
② 陈永明等著：《教师教育学》，北京大学出版社2012年版。

的概念界定也存在着诸多版本。李国钧、王炳照在《中国教育制度通史》中，将教育制度划分为13个部分：教育方针、学制、教育行政体制、办学体制、学校行政管理体制、学校工作制度、国家教育考试制度与学业证书制度、研究生教育和学位制度、教育立法、教育投资体制、教育督导制度和教育评估制度、教育对外交流与合作制度和香港、澳门、台湾的教育制度。①

荀渊指出，对制度的理解从最早的拉丁文词源到古典政治学范畴再到近现代政治学，乃至20世纪三四十年代制度被排除在政治学视野之外，制度的概念不断更迭、演进。作为新制度主义重要流派之一的历史制度主义，将制度界定为嵌入整体或政治经济组织结构中的正式或非正式的程序、规则和惯例。②

综上，笔者认为，教育制度即是指一个国家各级各类实施教育的机构体系及组织运行的规则，它包括相互联系的两个基本方面：一是各级各类教育机构与组织；二是教育机构与组织赖以存在和运行的规则，如各种相关的教育法律、规则、条例等。

（四）师范教育制度

关于师范教育制度的概念，大多是在对教育制度的概念进行阐释的基础上，进行细化和补充。顾明远主编的《教育大辞典》中，将师范教育制度界定为"师范教育目的、方针、体系、设施和机构的总称"③。王劲军指出："师范教育制度是国家规范师范教育机构及其职能的立法"④。别林业提出，目前世界各国的师范教育制度大体可分为三种类型，即"定向型""非定向型"以及"混合型"师范教育制度。⑤ 李拉指出："师范教育制度

---

① 李国钧、王炳照主编：《中国教育制度通史》，山东教育出版社2000年版。
② 荀渊：《1949年以来我国教师教育的制度变迁》，《教师教育研究》2013年第5期。
③ 顾明远主编：《教育大辞典》，上海教育出版社1990年版，第68页。
④ 王劲军：《中国近代师范教育制度的建立及其积极意义》，《天津师大学报》（社会科学版）1995年第1期。
⑤ 别林业：《中师布局调整和师范教育制度的逐步开放——关于我国师范教育体制改革的政策建议》，《教育研究》2000年第7期。

是制度的一种，它是一套正式设计的行为规则"①。

因此，基于对教育制度以及师范教育内涵的理解与整合，本书的师范教育制度的主要内容包括师范教育政策、师范教育课程、师范教育模式以及教师资格认定四部分内容。其中师范教育政策作为师范教育制度的发展与完善的导引，是师范教育制度的最基本组成部分，师范教育课程以及师资培养模式，是师范教育制度开展的必要抓手与根本载体，因此，在师范教育制度中占有举足轻重的地位。与此同时，作为以培养合格师资为根本任务的师范教育，其成员的资格认定，为其稳定发展提供了源头与保障。因此，本书遵循师资培养的逻辑顺序，即目标明确—培养课程—实施方法—检定评价，从实质处把握师范教育制度的概念。

（五）教师教育制度

朱旭东将师范教育划分为师范教育时代和后师范教育时代，他指出，后师范教育时代的一个重要特征，是有关教师培养和培训话语的多元性共存。②周洪宇认为："教师教育制度是教育发展的根本制度之一，直接关系到各类教育特别是基础教育的质量，关系到未来教师培养与教育家的造就，关系到中华民族的伟大振兴"③。杨天平指出，所谓的现代教师教育制度，是包罗与教师培养相关的概念的统一体，是制度系统。它具有专业性、定向性、开放性、综合性、实践性、终身性、多元性。④

陈永明等在对七国教师教育制度进行比较时，将师资养成机构、教师聘用资格、教师研修制度（新教师进修、在职教师研修）三大方面，作为教师教育制度的主要内容进行比较阐述。⑤

综上所述，可以认为，教师教育制度是一系列被制定出来的规则、守

---

① 李拉：《我国师范教育制度发展的历史与现状研究》，《当代教育科学》2015 年第 15 期。
② 朱旭东：《论我国后师范教育时代的教师教育制度重建》，《教育学报》2005 年第 2 期。
③ 周洪宇：《教师教育制度顶层设计的若干思考与建议》（上），《教师教育论坛》2013 年第 7 期。
④ 杨天平：《论中国特色现代教师教育制度建设》，《中国教育学刊》2009 年第 6 期。
⑤ 陈永明等著：《教师教育学》，北京大学出版社 2012 年版。

法程序和行为的道德伦理规范，其目的是对教师行为进行引导与规范，增加对教师教育行为的预期，最终达成教师教育的效用最大化。主要包括教师教育政策、教师资格制度、教师教育课程、教师教育办学制度以及教师教育保障制度等具体内容。

（六）师范教育制度与教师教育制度辨析

从"师范教育"到"教师教育"并不是单纯的概念更迭，而是标志着具有中国特色的教师培养进入了一个新的发展阶段，是教师培养内在需求与外在趋势的必然结合。通过对师范教育和教师教育概念的单独把握，我们可以看出，二者虽然针对的均是教师培养，但其在本质上仍存在一定的差别。

"教师教育"较于"师范教育"的概念外延更为丰富、全面，既包含了教师的职前培养阶段，同时也囊括了教师的职后培训，实现了教师培养一体化。因此，实现"师范教育"向"教师教育"的转变，更大程度上地提高了教师职业精神、敬业精神、专业精神，成为更高层次上的师资培养目标。由于"教师教育"首次出现在2001年颁布的《国务院关于基础教育改革与发展的决定》，因此，在行文过程中，2001年之前的历史叙述均会使用"师范教育"，2001年之后则会使用"教师教育"这一概念。

五　研究的价值

（一）理论价值

首先，从对当前已有的研究分析来看，教师教育制度的热点，时段上偏重于改革开放后，内容上偏重于问题的发现与启示的挖掘，对于由点到面、全方位梳理教师教育制度变迁历程的研究，显得薄弱和缺乏。因此，本书以百年师范教育制度为研究对象，延长了研究时限，同时在梳理发展历程的过程中发现问题与探寻启示，扩充了研究内容，不仅是对现有研究的有效补充，也为师范教育制度研究的整体构建进行了有效尝试。

其次，从当前师范教育制度的研究角度来看，当下的研究仍然局限在对师范教育制度具体组成部分进行分类研究，缺乏对于百年师范教育制度的整体性分析。要知道，师范教育改革要想取得突破性的进展，局部的成功并不能代替整体结构的和谐、均衡。本书重点从师范教育制度整体着手，分析、整合师范教育制度各个组成部分的变迁发展，客观、全面地展现师范教育制度发展变迁的全过程，同时为全面了解中国师范教育制度问题提供一定的历史镜鉴与现实启迪，也为学术研究体系的完善进行了有益补充。

（二）现实意义

历史活动本身就具有连贯性、继承性。当前我国正处于教师教育改革的关键期，为了保证教师教育稳步发展，取得突破性成效，就需要我们一方面从教育改革中勇于突破，另一方面也要从历史的发展中寻求经验。

展开对师范教育制度的百年历程探索，打破以改革开放为界限的短期研究，可以说是本书的出发点之一。教育问题的产生并非凭空而来，任何教育制度受到批评，除去其固有的惯性和保守性外，也会有来自其内部的刺激，用以更新和改进教育制度本身，促使它渐趋现代化。认清这一点，对于摆脱就问题论问题的传统分析逻辑，从更加客观、全面的大背景下去寻找问题的根源是大有裨益的。

本书基于对师范教育制度百余年历史发展进程的回顾，从宏观的历史背景出发，探寻当下师范教育制度发展的历史渊源，提炼教师教育制度的发展路径与变迁特征，以期进一步完善师范教育制度体系，推动师范教育制度改革纵深化。

六　研究方法

（一）文献研究法

基于对一手史料梳理的文献研究法，是研究历史的最行之有效的方法之一，也是历史研究中应用最为广泛的方法。本书在对民国期刊、书籍以及相关资料的搜集整理的基础上，尽可能地掌握师范教育制度领域的研究成果、发展历史等信息,并对此进行系统的分析、整合、归纳。同时,对与教师教育制度有关的历史资料、最新研究成果等,按照时间发展的顺序逐一分析。

(二) 历史研究法

历史研究的根本出发点在于,将事物放归至特定的历史背景之下,在此基础上,对事物进行基于历史的还原与解读。历史研究法要求研究者尽量对研究对象的本体及所处环境进行全方位、立体式的还原。本书着眼于整个教师教育制度发展历程,时间跨度长、历史场景多变是其主要特点。因此,在研究过程中应注意在动态研究的基础上,以时间为节点,把握不同时期的历史发展脉络,将动态与静态结合,以全面反映教师教育制度数百年间的发展变化。

(三) 比较研究法

通过对研究对象纵向时间上与横向不同组成要素的交叉分析,可以发现研究对象本身的特点与发展趋势。本书在对各个阶段的教师教育制度梳理过程中,对不同发展阶段特点进行比较、国内外发展趋势进行比较。除定性比较之外,本书也结合一些基于数量的统计与计算,对一些问题进行了定量研究比较,如不同时期教师数量与变化、师范学校规模与数量等。

七 创新与不足

(一) 创新点

1. 在选题方面,本书以百年师范教育制度为研究对象,以完整的师范教育发展历程为考察阶段,系统梳理师范教育制度发展演变过程。尤其对那些现实中存在,但却在过往研究中不明晰的史料进行挖掘。洞悉师范教育制度的特点和变迁路径,对于推动师范教育制度学术史的梳理具有十分重要的意义。

2. 在研究视角方面,当今的教育史研究大多从微观史学的角度出发,但不可否认的是，宏大的历史叙事研究亦是不可代替的。本书侧重从师范教育制度内部寻找原因，探讨了师范教育制度自身所存在的发展趋向和发展逻辑问题。

3. 在研究内容方面，本书基于对百年师范教育制度各基本组成要素变迁历程梳理的基础上，就中国师范教育制度变迁的影响因素进行研究分析，打破了以往普遍从政治、经济、文化维度出发的研究视角，而是从内源性与外生性的角度进行分析，以期更为客观、全面地展现师范教育制度嬗变的影响因素。

（二）研究的不足之处

宏观与微观研究的不足难以避免。本书面向近现代时间段长、内容多的整个师范教育制度。因此，本书不可避免地带有宏大叙事的痕迹。同时，如何将零散的师范教育制度内容统筹整合起来，是一个极为困难的问题。本书虽然极力避免以点带面、失之偏颇，但在具体分析和行文中，还是难以做到二者的兼顾。

第二章　中国百年师范教育制度变迁的历史进程

但凡制度的变迁，总是在原有制度基础之上的一种扬弃与革新。正如马克思所言："人们自己创造自己的历史，但是他们并不是在他们自己选定的条件下创造，而是在直接碰到的、既定的、从过去继承下来的条件下创造。"① 中国师范教育和中国教育的现代化，是同步发展的，师范教育始终肩负着"革旧习，兴智学"、定"群学之基"的历史重任，至今已走过百余年的历程。师范教育培养了一批又一批的教师，缓解了发展现代教育所面临的"教者既苦乏才，学者亦难精择"的突出矛盾，发挥着"导其源而清其流，正其基而固其构"的巨大作用。谓其功不可没，几乎无人可置喙。②

殷忧启圣，多难兴邦。中国百年师范教育的滥觞，裹挟着西方列强疾风骤雨般的入侵与先进中国人的觉醒，破茧而出。面对这"数千年未有之变局"，觉醒的先驱们认识到"国之兴，在于兴学；学之兴，系乎教师"，"欲革旧习，兴智学，必以立师范学堂为第一义"③。1897年，盛宣怀在上海创办南洋公学师范斋，开我国师范教育之先河。

---

① 《马克思恩格斯选集》第1卷，人民出版社1995年版，第585页。
② 马啸风主编：《中国师范教育史1897—2000》，首都师范大学出版社2003年版，第1页。
③ 梁启超：《论师范（1896年）》，载朱有瓛《中国近代学制史料·第1辑》（下），华东师范大学出版社1986年版，第980页。

一　启蒙与肇端：清末师范教育制度的发轫

（一）师范教育产生的历史动因

1. 封建政治格局的打破

鸦片战争中的失利，使得清末的中国不得不打开尘封已久的国门。晚清社会开始面临这"数千年未有之强敌"带来的巨变。无论是被动接受还是主动迎合，自诩为天朝大国的旧中国，都被西方列强带入了近代资本主义世界体系中去，中国固有的农业经济格局被打破，在新旧文明的矛盾加剧与不断冲突下，中国传统教育也开始面临变革。

19世纪60年代，以"自强求富"为己任的洋务运动爆发。在以曾国藩、张之洞等为首的洋务派带领下，晚清社会开启了以"师夷长技以制夷"兴军事、建工厂、办学堂为主要手段的近代化进程。1862年，京师同文馆的设立，更是将"教育"带入了近代社会变迁的历史旋涡之中。外语学堂、技术学堂、军事学堂等带有浓厚"中体西用"色彩的新式学校开始不断涌现，冲击着中国的传统教育，中国近代教育开始打破以通晓儒学为主的封建教育的藩篱。可以看出，此时的新式学堂虽然规模有限，但依旧打破了科举制度的窠臼；派遣的留学生虽人数有限，但依然为洋务事业的发展培养了一大批具有系统西方科学知识的新式人才。这些近代新式知识分子也最终成为中国社会迈向近代化的人才储备。如果说洋务运动带来了清末传统教育目标，从培养重德轻艺的政治型人才，向培养具有专门的、实用的科学技术型人才的根本转变，带来了中国传统教育与资产阶级性质的近代化教育的碰撞与对话，那么，甲午战争之后为应对中国出现的民族危机而出现的维新教育，则将中国近代教育的变革引入纵深处。

1895年"甲午战争"失败，以康有为、梁启超为代表的维新派，主张进行国家体制的革新，要求改制立宪，变法维新，提倡从学"西艺"到效"西政"，扩大向西方学习的范围。在教育上，康、梁主张开民智，兴教育，以期普及教育、培养新民。而针对传统的师资培养方式难以满足新式学堂对师资的急需状况，许多有识之士提出兴办师范教育，改革传统的带教方式,设置专门培养和训练教师的机构——师范学堂。"谋兴教育,而立师范"成为当时社会具有远见卓识的知识分子的共同希望和诉求。

2. 洋务教育施行的需要

师资的问题自洋务运动伊始,便始终困扰着整个洋务教育的施行,即"如何找到新式课程的教师来办在中国不曾有过的新的教育"①。在兴办洋务教育的30余年,外聘洋教习成为洋务派解决师资问题的主要方法。根据《〈同文馆题名录〉关于历任汉洋教习的记载》② 以及《同文馆西教习名录》③ 统计,除教授汉文的29名中国籍教师外,其余55位教师,有40余人为外籍教师,其中接连任总教习的丁韪良、欧礼斐均为外籍人士。

洋务教育在实施开展的过程中虽以聘请外籍教师为其重要特色所在,但不可否认,这是当时国内新式师资缺乏的必然之举,也是后近代化国家在发展过程中取材外邦从而得到先进教育的惯用之法。但洋务教育中所聘请的外国教员中,不乏滥竽充数者,梁启超指出:"其聘用西人者,半属无赖之工匠,不学之教士,其用华人者,则皆向诸馆之学生,学焉而未成,成焉而不适于用者也。"④ 再者,聘用外国教习,费用昂贵,加剧了洋务教育的经费开支。从奕䜣等《酌给外国教习奖赏片》中可见一斑,"同文馆延订外国教习,奏明每年给车马纸张费银一千两"且"俄馆教习面请酌加薪水……外国教习前次岁考后既有酌加薪水之请"。⑤

因此,摆脱此种境遇,培养属于中国自己的师资,成为推动中国师范教育兴起的巨大诱因,中国师范教育应运而生。

---

① 崔运武:《中国师范教育史》,山西教育出版社2006年版,第13页。
② 高时良、黄仁贤编:《中国近代教育史资料汇编洋务运动时期教育》,上海教育出版社2007年第2版,第71—75页。
③ 高时良、黄仁贤编:《中国近代教育史资料汇编洋务运动时期教育》,上海教育出版社2007年第2版,第176—178页。
④ 梁启超:《学校余论》,载高时良、黄仁贤编《中国近代教育史资料汇编洋务运动时期教育》,上海教育出版社2007年第2版,第37页。
⑤ 奕䜣等:《酌给外国教习奖赏片》,载高时良、黄仁贤编《中国近代教育史资料汇编洋务运动时期教育》,上海教育出版社2007年第2版,第62页。

3. 西方教育思想的深入

（1）教会教育思想的传播

近代西方教会学校在中国的生根、发芽，给处于危机之中的中国封建教育提供了向近代教育转变的范式与契机。这种来自外部的现代教育因素，作为西方宗教文化传播的有利工具，虽在殖民入侵的大背景下进行，但由此带来的影响远比其初衷更为深远和具有意义，在一定程度上，为清末民初的师资培养方式的转变，提供了一种可资借鉴的样例。教会教育对中国近现代教育的影响，通过其学校数量增长与规模扩大可见一斑。

据1877年"在华基督教传教士大会"的报告统计，自1842年至1877年，35年间基督教会在华开办学校共350所，学生5975人。到1889年，学生人数达到16836人。① 这一数字虽然较当时接受中国传统教育学生的数量少得多，但其成倍的增长速率也确实是不容小觑的。尤其在高等教育领域，1879年，美圣公会在雅培书院和度思书院的基础上，建立了梵王渡英语专科学校（圣约翰大学前身）；1885年，美以美会在卫理学堂的基础上，建立了北京汇文大学（燕京大学前身之一）；1895年，北长老会在贝满女学堂的基础上，创办了华北协和女子大学。② 特别是1890年"中国教育会"的成立，成为基督教新教在华教育事业的协调和管理机构，这一带有明显"官方"色彩机构的出现，对西方在华传教事业进行了一定的规范，包括明确教学术语、规范课程标准、编写和出版教科书、通报信息等，同时对传播教育理论与方法、讨论教会教育中遇到的实际问题，也起到了重大的指导作用。

教会办学的专业化和世俗化，一方面提高了毕业生的近代化科学知识水平，打破其原有的中国传统教育的旧式体系，为近代化思想的传播准备了人才；另一方面成为展现西方教育优势最好的宣传途径，促使国人对近代西方教育进行了解。传教士通过办报纸、创刊物、翻译书籍等形式，直接推动了西方教育思想的传播。这种无论是数量上还是规模层次上的思想

---

① 《全国基督教教会学校学生历年增进表》，《新教育》1922年第5期。
② 曾煜编著：《中国教师教育史》，商务印书馆2016年版，第21页。

传播，都无疑为我国师范教育的产生奠定了思想基础。

（2）日本模式的引进

日本模式之所以以一枝独秀的姿态，闯入近代国人的视野中，与其在甲午战争中的胜利不无关系。在面对昔日同样闭关锁国的日本崛起时，以梁启超为代表的有识之士，不得不放下天朝大国的颜面，转而对日本的师范教育模式进行研究和效仿。始于19世纪60年代的日本明治维新运动，为日本开启了输入西学、启迪民智的大门，并最终帮助其摆脱沦为半殖民地的境遇，促使其走上资本主义道路，跻身世界列强之位。尤其是日本在面对西学冲击时，所秉持的"和魂洋才"的教育观，为中国教育如何处理本土化与西方化关系之间的难题，提供了可资借鉴的范例。日本以忠君爱国、发扬"大和魂"的民族精神为宗旨，谨慎地制定和执行西方技术手段与东方传统文化相分离的政策，即教育的道德目的由传统的民族哲学来阐述，西化只在课程结构、教学方法和学校组织等技术和实践的范围内进行。[1]

1872年，日本参照法国中央集权式的教育制度，颁布《学制》，从法律上明确了师范学校的性质、任务以及人才培养的规格与要求。随着1886年《师范学校令》和1897年《师范学校规程》的相继颁行，日本确立了两级师范教育制度。最早向国人介绍日本学制模式的梁启超认为，对中国当下的师范教育应"略依其制而损益之"，故梁启超依照日本寻常师范课程规制，提出了我国师范学校应开设之课程，"一须通习六经大义，二须讲求历朝掌故，三须通达文字源流，四须周知列国情状，五须分学格致专门，六须仂习诸国语言"[2]。

19世纪末，清政府开始着力向日本派遣留学生，并通过指派多人赴日考察，介绍日本相关教育法规，对日本的教育书籍进行大范围的编译，同时聘请日本教习来华任教。在赴日留学生中，学习师范教育者居多，他们在日本接受师范相关的教育，感受先进理论的鼓舞，逐渐改变原有的传统

---

[1] 刘婕、谢维和：《栅栏内外：中国高等师范教育百年省思》，北京师范大学出版社2002年版，第54—55页。

[2] 朱有瓛主编：《中国近代学制史料（第1辑）》（下），华东师范大学出版社1986年版，第980页。

心态和陈旧的教育观念。回国后，他们提倡发展新式教育，大力引进日本的先进教育思想，并躬身实践，为中国师范教育体制的建设做出了贡献。

当然，日本师范教育理论与制度的输入，自然包含着清政府对当时中国现状的考量与思索。对建立和发展于资本主义条件下，成熟的日本师范教育制度进行调整，使之与我国的传统教育相结合，是符合清政府利益的。因此，"以日为师"逐渐成为朝野上下的共识。

（二）南洋公学的创建

南洋公学创办的意义，并非仅仅在于其开中国师范教育之先河，更在于其在当时的社会历史背景条件下，提出的关于师范教育的一系列思想，为日后中国近现代化师范学堂的创建，提供了重要范例。

1897年2月，盛宣怀以"人才之盛皆由于学堂"为初衷，在上海创办南洋公学。公学一改清朝旧式教育体制，以"视西国师范学校肄习师范教育管理学校之法"为宗旨，以"明体达用，勤学善诲"为旨归，将学生班次等级分为"五层格"进行培养，分别制定每一层的培养目标，"第一层为学有门径、才堪造就、志慕远大、性近和平等；第二层为勤学诲劳、抚字耐烦、先公后私等；第三层为善诱掖、有条理、能操纵、能应变等；第四层为无畛域计较、无争无忌等；第五层为性厚才精、广博学识、行正度大、心虚气静等"[①]。每三月一小试、每周年一大试，达到第一层合格后发给第一层的凭据，据此递进升级。在课程安排上，鉴于当时入学的学生中文程度尚可的现状，师范院不开设专门的国语课，而实行国学自行研究，可自选"经史子集"内容自行研修。同时，师范院设数学、格致、科学教育、动植物学、生理学、矿学、地理学以及外语等课程；在学生待遇方面，公学给予师范生一定优厚的待遇，入学后，学生的食宿杂费均由学校供给，每月还按照层级发给津贴，一层级每月津贴六两，进一层加银一两，十两为上限。此外，对学习成绩优良的学生给予额外的奖学金奖励。

---

① 崔运武：《中国师范教育史》，山西教育出版社2006年版，第20页。

南洋公学师范院从创立至1903年裁撤，历时6年，共培养师范生71人。① 南洋公学师范院虽然在其教学程度、师范特性以及日常管理等方面均与现代师范院校存在较大差距，但其作为中国近现代师范教育之发端是功不可没的。它勾勒了近代中国师范教育的雏形，标志着中国的师范教育开始走上探索与发展之路。在此之后，京师大学堂、湖北师范学堂、直隶师范学堂等相继成立。这些零星的、不成体系的师范学堂的设立，虽然规模有限、影响范围有限，但其为中国造就了第一批具有真正近代意义的师资，深刻践行了"师范学堂为教育之端"的理念，虽然缘起日本，但其精神实质仍为培养中国特色师资。毋庸置疑，这些规模体系尚不完善的师范学堂，为中国师范教育的制度化建设奠定了基础，也由此拉开了百年师范教育兴衰沉浮的历史大幕。

（三）清末师范教育制度的肇始

清末师范教育的肇始，以《钦定学堂章程》（即"壬寅学制"）的颁布为标志。1902年，张百熙呈请《进呈学堂章程折》，奏请拟定《京师大学堂章程》，并《考选入学章程》，颁发各省以《高等学堂、中学堂、小学堂章程》各一份，指出"天下之事，人与法相维，用法者人，而范人者法。今学堂图始之时，关系于学术人才者甚大"②。张百熙意图通过立法形式，稳固教育发展的各项事宜。这些章程规定了各级各类学堂的培养目标、修业年限、入学条件以及课程设置等相关内容，但由于种种原因，《钦定学堂章程》未及施行便废止。

1903年，张百熙、荣庆、张之洞提出《学务纲要》（以下简称《纲要》），指出当务之急即应创办师范学堂，《纲要》指出："此时大学堂、高等学堂、省城之普通学堂，犹可聘东西各国教员为师。若各州县小学堂及外府中学堂，安能聘许多之外国教员乎？此时惟有急设各师范学堂。"③基于此类原因，张百熙等人提出，要以初级师范学堂培养初等小学、高等

---

① 马啸风主编：《中国师范教育史 1897—2000》，首都师范大学出版社2003年版，第6页。
② 舒新城编：《中国近代教育史资料》（上册），人民教育出版社1961年版，第196页。
③ 舒新城编：《中国近代教育史资料》（上册），人民教育出版社1961年版，第200页。

小学师资，优级师范学堂用以培养中学及初级师范学堂师资。各省应根据初级师范学堂章程、优级师范学堂、简易师范科以及师范传习所各章程办法迅速行动，创设师范学校，以快速达到培养师资人才的目的。

1904年1月，《奏定学堂章程》（即"癸卯学制"）颁布，以日本师范教育为蓝本的中国独立的师范教育制度正式建立。在以"中体西用"思想为根本指导原则建立的各级各类学校，遵循"无论何等学堂，均以忠孝为本，以中国经史之学为基，俾学生心术一归于纯正，而后以西学瀹其智识，练其艺能，务期他日成材，各适实用"[1] 的教育宗旨，以《初级师范学堂章程》《优级师范学堂章程》《实业教员讲习所章程》为具体实施准则，师范教育按照其培养目标的不同被划分为初级师范学堂、优级师范学堂、实业教员讲习所以及师范传习所四类，并建立了相对应的政策体系、课程体系、教师资格认定体系、权利义务体系等，至此，我国师范教育制度得以正式确立。

1. 初级师范学堂

初级师范学堂以造就小学师资为主。根据"癸卯学制"的规定，每州县必设立初级师范学堂1所，但囿于当时的社会形势所限，可先于省城暂设1所，待省城师范学堂有合格毕业生后，再于各州县依次增设。

由于初级师范学堂的创建是为快速弥补基础教育师资不足的情况，因此，创办之际，以5年期为修业年限，同时特设1年期毕业的简易师范学堂。初级师范学堂学生人数的设立，省城为300人，各州县为150人，学班视学生人数而定，每班以60人为限。

在师范生选录方面，《奏定初级师范学堂章程》规定："选初级师范学生入学之定格，须取品行端谨、文理优通、身体健全者。"[2] 其中完全科学生年龄为18岁以上25岁以下；简易科学生年龄为25岁以上30岁以下。

在学费方面，初级师范学堂由各地筹备款项以待备用，师范生无须缴纳学费，各学堂允许设私费生，但其数额由学堂实际情形酌定，并须得到

---

[1] 马啸风主编：《中国师范教育史1897—2000》，首都师范大学出版社2003年版，第9页。

[2] 舒新城编：《中国近代教育史资料》（中册），人民教育出版社1961年版，第687页。

地方长官允准。在服务年限上，凡初级师范学堂毕业生，皆有充当小学教员的义务，官费毕业生，完全科生服务6年，简易科生服务3年；私费毕业者，完全科生服务3年，简易科生服务2年。

同时，《奏定初级师范学堂章程》对初级师范学堂的课程设置、教员资格、学堂管理、毕业生奖惩等均进行了详细的规定。因此，初级师范学堂以"造就教小学之师范生，尤为办学堂者入手第一义"的极大优势地位，肩负起历史赋予的为中国初等教育的现代化建设培养师资的重大使命和任务。

2. 优级师范学堂

"癸卯学制"规定，各省可视需要设立优级师范学堂，用以培养初级师范学堂和普通中学堂教员。根据《奏定优级师范学堂章程》的规定，"优级师范学堂，京师及各省城宜各设一所"。[①] 学生名额数可暂定为240人，日后可渐增。

在师范生选录方面，优级师范学堂主要招收三类学生，一是初级师范学堂及官立中学堂毕业生。二是私立中学堂的毕业生，同时规定，私立中学堂毕业生"必其所学学堂之学科程度，经本省学务处验明与官立中学堂相等者，始准考录入学。但亦可招集学业与初级师范及中学相等者详加考验，准其一体入学"[②]。三是若当地无初级师范学堂或中学堂之毕业生以备选录，应酌选本省举贡生员中有中学根底，年龄在18—25岁之间者。

在学费方面，公共科及分类科学生以及加习科学生若是有分类科毕业生选取者，学费均由官费支给；其余情况则为自费。在服务年限上，优级师范学堂的毕业生，须服务本省或全国教育事业6年。

除对优级师范学堂的课程设置、教员资格、学堂管理等常规问题进行规定外，优级师范学堂还须附设中学堂、小学堂以供学生教育实习之用。同时增设教育博物院，搜罗中外学堂建筑模型、图式、教学用具、教育图书等以供本学堂学生及外来人员参观，以达到普及和改善教育的目的。

3. 实业教员讲习所

1903年，《奏定实业教员讲习所章程》颁行，旨在培养各种实业学堂

[①] 舒新城编：《中国近代教育史资料》（中册），人民教育出版社1961年版，第691页。
[②] 舒新城编：《中国近代教育史资料》（中册），人民教育出版社1961年版，第701页。

及实业补习普通学堂、艺徒学堂教员的实业教员讲习所成立。根据规定，"实业教员讲习所分为农业教员讲习所、商业教员讲习所、工业教员讲习所三种"①。同时规定，实业教员教习所应附设于农工商大学或农工商业学堂之内，学生之数额，由各省学务处考察本地实情，进而酌定。

在学生选录方面，各讲习所入学的讲习生，须年满17岁，且为初级师范学堂、中学堂或与同等以上的实业学堂的合格毕业生。但同时为了适应当时讲习所初创的实际，《章程》特别规定，"难得此等合格的学生，应酌量变通，选学生年十七岁以上二十五岁以下，文理明通者，先补习一年普通学科，再入正科学习"②。在修业年限方面，农业和商业教员讲习所以2年为限；工业教员讲习所完全科为3年，简易科为1年。

同时，《奏定实业教员讲习所章程》对讲习所的课程、学费等进行了规定，凡讲习所学生，学费均由官方供给，毕业后服务年限为6年，同时各讲习所还需附设实业补习课堂，以供学生练习实地授业之法。

4. 师范传习所

1904年，《奏定初级师范学堂章程》颁行，规定，"各州县于初级师范学堂尚未齐设之时，宜急设师范传习所，择省城初级师范学堂简易科毕业生之优等者，分往传习"③。1910年，因简易师范毕业生的水平不足以达到小学师资的要求，遂下令停办。1911年，清政府宣布"预备立宪"，为推动义务教育的普及，清政府在初级师范学堂内重开小学教员养成所，并对其修业年限、修业程度进行了规定，"学生凡向在乡村市镇以教授蒙馆为生业，而品行端谨、文理平通，年在三十以上五十以下者，无论生童，均可招集入学传习，限定十个月为期，毕业后给以转充付教员之凭照，即令在各乡村市镇开设小学"④。

师范传习所的开设，对于广设小学、快速弥补师资不足具有一定的意义，但由于生源质量的参差不齐以及修业时间的短暂，师范传习所的师资

---

① 舒新城编：《中国近代教育史资料》（中册），人民教育出版社1961年版，第778页。
② 舒新城编：《中国近代教育史资料》（中册），人民教育出版社1961年版，第782页。
③ 舒新城编：《中国近代教育史资料》（中册），人民教育出版社1961年版，第673页。
④ 舒新城编：《中国近代教育史资料》（中册），人民教育出版社1961年版，第673—674页。

培养标准较低,遂根据《奏定初级师范学堂章程》规定,"俟各省城及各州县初级师范学堂毕业有人,传习所可渐次裁撤"①。

以上4类师资培养机构的设立,将师范教育体系从普通教育系统中剥离出来,开始独立培养师资,并从政策、制度上予以保证。虽然在师资培养上依然存在诸多问题,但这也是我国近代独立封闭型师范教育体制轮廓初建时的必然表现,依然对我国师范教育的发展具有重大的意义。自此,师范学堂在各地纷纷建立,中国的师范教育事业开始发展起来。随着清末师范教育制度的确立,我国的师范教育发展,开始进入了第一个相对规范和快速的发展期,突出表现在以下两方面。

第一,师范教育体系初步形成,师范学堂数量普遍提升。师范教育经创立开始便得到了清政府与有识之士的普遍关注与重视,1906年,清政府颁行的《通令各省推广师范生名额电》中指出:"方今振兴教育,以小学堂为基础,而教员亟待养成,故师范尤要。现在请以全力注重师范,五个月内本部当派视学官分省巡视"②。同时,对成绩优异的优级师范学堂毕业生根据《奏定各学堂奖励章程》,给予举人、优贡等官衔奖励。

1907年,《学部奏定师范奖励义务章程折》规定,对近年来筹办师范教育简易科,以振兴教育的部分省份,"似亦略予奖励,以资鼓舞"③,并明确了初级师范学堂、优级师范学堂以及优级师范选科和初级师范简易科的毕业奖励。1909年,《学部奏酌拟出洋学习完全师范毕业奖励折》《学部奏变通边省及海外华侨学堂教员奖励并师范生义务年限折》相继颁行,以上一系列的支持、奖励政策的出台,推动了各省建立师范学堂的步伐,加快了师范学堂的建设速度。据统计,截至1907年,有据可查的学堂数全国各地有541所、师范生36091人(见表2-1),师范生人数可谓是颇具规模。

---

① 舒新城编:《中国近代教育史资料》(中册),人民教育出版社1961年版,第674页。
② 璩鑫圭、唐炎良、张守智编:《中国近代教育史资料汇编——实业教育师范教育卷》,上海教育出版社2007年第2版,第595页。
③ 璩鑫圭、唐炎良、张守智编:《中国近代教育史资料汇编——实业教育师范教育卷》,上海教育出版社2007年第2版,第604页。

表 2-1　　　　　　　　1907年各省师范学堂、学生统计　　　　　单位：所；个

省\类别	优级师范学堂 完全科 学堂	优级师范学堂 完全科 学生	优级师范学堂 选科 学堂	优级师范学堂 选科 学生	优级师范学堂 专修科 学堂	优级师范学堂 专修科 学生	初级师范学堂 完全科 学堂	初级师范学堂 完全科 学生	初级师范学堂 简易科 学堂	初级师范学堂 简易科 学生	传习所、讲习科等 处所	传习所、讲习科等 学生	合计 学堂处所	合计 学生
直隶		177				304		722		3885		243	原表未详	5331
奉天			1	150	2	94	3	207	6	321	25	973	37	1745
吉林							1	71	1	93	5	186	7	350
黑龙江									2	115	4	119	6	234
山东	1	77	1	140		52	9	291	6	270	56	856	75	1686
山西			1	246			1	88	10	346	11	406	23	1086
陕西			1	89			1	242	4	188	17	496	23	1015
河南			1	266			3	355	10	479	77	2466	91	3566
江宁	1	273		230		32	6	596	3	423	3	132	13	1686
江苏			1	34		85	2	302	3	262	7	250	13	933
安徽									2	323	4	123	6	446
浙江							7	319	18	753	8	292	33	1364
江西			1	86	1	54	3	138	12	611	4	212	21	1101
湖北					1	120	3	646	3	350	17	1287	24	2403
湖南							8	1050	11	625	8	444	27	2119
四川			1	632			1	334	29	1762			31	2728
广东			1	223	1	110	3	282	31	2345	8	499	44	3459
广西									8	697	8	303	16	1000
云南			1	226			8	301	6	605	2	195	17	1327
贵州							2	255	3	412	3	62	8	729
福建			1	191	1	43	3	191	8	821	8	285	21	1531
甘肃			1	90					2	106	1	15	4	211
新疆									1	41			1	41
合计	2	527	12	2603	8	894	64	6390	179	15833	276	9844	541	36091

资料来源：琚鑫圭、唐炎良、张守智编《中国近代教育史资料汇编——实业教育师范教育卷》，上海教育出版社2007年第2版，第640—641页。

第二,女子师范学校建立。女子师范学校的创建,是打破传统女子家庭式教育模式的重要举措,对于提升女子教育的整体水平,有着举足轻重的意义。但女子师范学堂的创建并非一帆风顺。1903 年,《奏定初级师范学堂》中指出,"未便于公所地方设立女学,止可申明教女关系紧要之义于家庭教育之中"①。1903 年,荣庆、张之洞等在《学务纲要》中指出,"至蒙养院及家庭教育、尤为豫教之原。惟中西礼俗不同,不便设立女学即女师范学堂"②。诸如此类的言论颇多,可见在当时,女子教育是没有地位可言的,但很多的有识之士在创办女学的过程中,感到女教员的紧缺,因此女子师范学堂冲破封建礼教的束缚,破茧而出。

1906 年,学部奏定官制,将女子师范教育列为普通司师范教育科组成之一。同年,天津设立北洋女子师范学堂。1907 年,学部《奏定女子师范学堂章程》出台,规定:"初级女子师范以州县为原则,初办时仅限于省会及府城,以高小毕业女子为入学资格,修业高小二学年者亦可收入,惟须补习一年,修业年限为四年,毕业后之服务与男子师范同"③。这一规定的施行,标志着女子师范正式被列入学制系统。1908 年,北京设立女子师范学堂,此后湖北、江西、江苏、浙江等地也先后开设女子师范学堂。

可以说,《女子师范学堂章程》的颁布、女子师范学堂的创设,为近代中国社会的女子开启了步入社会之门,虽然进程之中困难重重,但其进步意义是不言而喻的。有学者指出:"当第一批女学生从 1907 年章程公布以后的女子小学堂毕业,女子师范学堂就成为她们接受中等教育、寻求职业、走向社会、赢得自立的主要途径。"④

---

① 舒新城编:《中国近代教育史资料》(中册),人民教育出版社 1961 年版,第 6674 页。
② 舒新城编:《中国近代教育史资料》(上册),人民教育出版社 1961 年版,第 202 页。
③ 琚鑫圭、唐炎良、张守智编:《中国近代教育史资料汇编——实业教育师范教育卷》,上海教育出版社 2007 年第 2 版,第 597 页。
④ 丛小平:《从母亲到国民教师——清末民族国家建设与公立女子师范教育》,《清史研究》2003 年第 1 期。

二 扬弃与发展：民国师范教育制度的确立

任何的历史事件都并非单独、零星的存在。民国时期的师范教育也不例外，它承袭了清末师范教育发展的成果，在北洋政府时期充实与完善，最后在南京国民政府时期得以成型和确立。悠悠40余载的历史进程，漫漫几代教育人的探索追求，最终收获了民国时期师范教育的丰硕果实。

（一）民国师范教育宗旨的流变

1911年，辛亥革命推翻了清王朝的封建统治，以孙中山为首的南京临时政府，为进一步推进资产阶级思想传播，增强国家实力，在国家建设的各个方面，进行了大量革故鼎新的改造。教育方面，在第一任教育总长蔡元培的领导下，开始对清末制定的"忠君、尊孔、尚公、尚武、尚实"的教育宗旨进行修正，并提出"五育并举"的教育方针。1912年7月，临时教育会议在北京召开，全国教育改革的序幕由此拉开。1912年9月，以"注重道德教育，以实利教育、军国民教育辅之，更以美感教育完成其道德"[1]为主要内容的教育宗旨公布。

辛亥革命后不久，袁世凯窃取革命果实，在教育上掀起了一股封建复辟的逆流，为了迎合其政治上封建复辟的需要，在教育宗旨上袁世凯政府提出"法孔孟"，自此"尊孔""读经"热潮再现。1914年9月，袁世凯发布《祭孔告令》，强调"是以国有治乱，运有隆污，惟此孔子之道亘古常新，与天无极"[2]。1914年12月，教育部颁布《整理教育方案草案》，规定各中小学校要进行读经课程，将圣贤微言大义，发扬光大。各学校要注重训育，以孔子为模范人物，保存固有之道德，发挥先哲之学说。

---

[1] 舒新城编：《中国近代教育史资料》（上册），人民教育出版社1961年版，第226页。
[2] 璩鑫圭、唐炎良编：《中国近代教育史资料汇编·学制演变》，上海教育出版社2007年版，第743页。

1915年1月，袁世凯发布《特定教育纲要》，指出，"各学校应崇奉古圣贤以为师法，宜尊孔以端其基，尚孟以致其用；中小学教员宜研究性理，崇习陆王之学，导生徒以实践，教科书宜采辑学案，以明尊孔尚孟之渊源"①。同年1月，袁世凯颁定《教育要旨》，提出爱国、尚武、崇实、法孔孟的教育要旨，将教育上的尊孔复辟推向高潮。但这种倒行逆施的教育政策施行随着袁世凯的复辟失败而宣告结束。1916年10月后，教育部接连发布17、18、19、20号令，删去"读经"等相关内容。

复辟逆流敦促中国的有识之士，加快了寻求先进思想的步伐。因此，新文化运动的开展成为历史的必然，代替尊孔读经逆流的平民教育、实用主义教育、工读主义教育等思想不断涌入。在这些倡导教育民主化、教育与生产、生活紧密相连的思想的指导下，教育界提出了革新教育宗旨的要求。

1919年4月，蒋梦麟等人提出了《教育宗旨研究案》，主张以"养成健全人格，发展共和精神"为教育宗旨。1919年10月，全国教育联合会通过《全国教育联合会呈教育部请废止教育宗旨宣布教育本义案》，认定"养成健全人格，发展共和精神"为教育宗旨。虽然这项议案并没有被教育部所采纳，但其精神却为1922学制7项标准的颁发提供了可资借鉴的新思路。

1922年，在新文化运动的推动下，"壬戌学制"经历了长久的酝酿和研究，正式颁布，成为我国近代史上持续时间最长、影响最为深远的学制之一。教育界人士的积极参与，为新学制的制定奠定了科学的基础。为破除旧有学制在指导思想上的片面性，新学制提出了7项标准作为新的教育宗旨。

1927年，南京国民政府成立，在确立新的统治秩序的同时，也确立了三民主义的教育宗旨，并根据这一宗旨对新学制进行了调整，使各级各类教育逐步走向规范化。经历了激烈的党化教育之争，南京国民政府最终于1929年3月颁布了《确定教育宗旨及其实施方针案》。同年4月，国民政

---

① 琚鑫圭、唐炎良编：《中国近代教育史资料汇编·学制演变》，上海教育出版社2007年版，第759页。

府令公布以三民主义为根据,以充实人民生活、扶植社会发展、发展国民生计、延续民主生命为主要目的的教育宗旨。① 同时,针对师范教育,国民政府提出了具体的实施方针,"师范教育,为实现三民主义的国民教育之本源,必须以最适宜之科学教育,及最严格之身心训练,养成一般国民道德上学术上之最健全之师资,为主要任务,于可能范围内,使其独立设置,并尽量发展乡村师范教育"。② 1931年6月颁行的《中华民国训政时期约法》中,三民主义再次被确立为中华民国教育的根本原则,并以法律的形式固定下来,直至1949年中华人民共和国成立前,国民政府一直致力于用这一教育宗旨指导和规范教育的发展。

纵观整个民国时期的教育宗旨,其变化的路线是清晰且明确的,从"民主共和"到"三民主义",每一次的变革无不杂糅着资产阶级思想的民主性与政党统治的权威性。这种民主与专治并存的局面,也使得民国时期的教育宗旨在实施过程中存在着诸多问题,这也成为教育界有识之士诟病的症结所在。

(二) 学制变革下师范教育独立地位的调整

随着中国民族资本主义的逐渐深入和教育事业的不断发展,从1912年到1922年,为革除旧学制的弊端,民国政府针对师范教育的实际问题提出了一系列学制上的变革。1922年新学制颁行,终将这场学制改革推向了高潮,之后在其基础上进行的补充或调整,最终构成了民国时期较为完善的师范教育制度。

1912年9月,教育部颁布《学校系统令》,次年对其进行了补充,统称为"壬子·癸丑学制"。该学制将师范教育划分为初级和高级两类,合计修学9年,"师范学校本科四年毕业,预科一年;高等师范学校本科三年毕业,预科一年"③,见图2-1。

---

① 于述胜:《中国教育制度通史》(第7卷),山东教育出版社2000年版,第73页。
② 于述胜:《中国教育制度通史》(第7卷),山东教育出版社2000年版,第74页。
③ 舒新城编:《中国近代教育史资料》(上册),人民教育出版社1961年版,第225页。

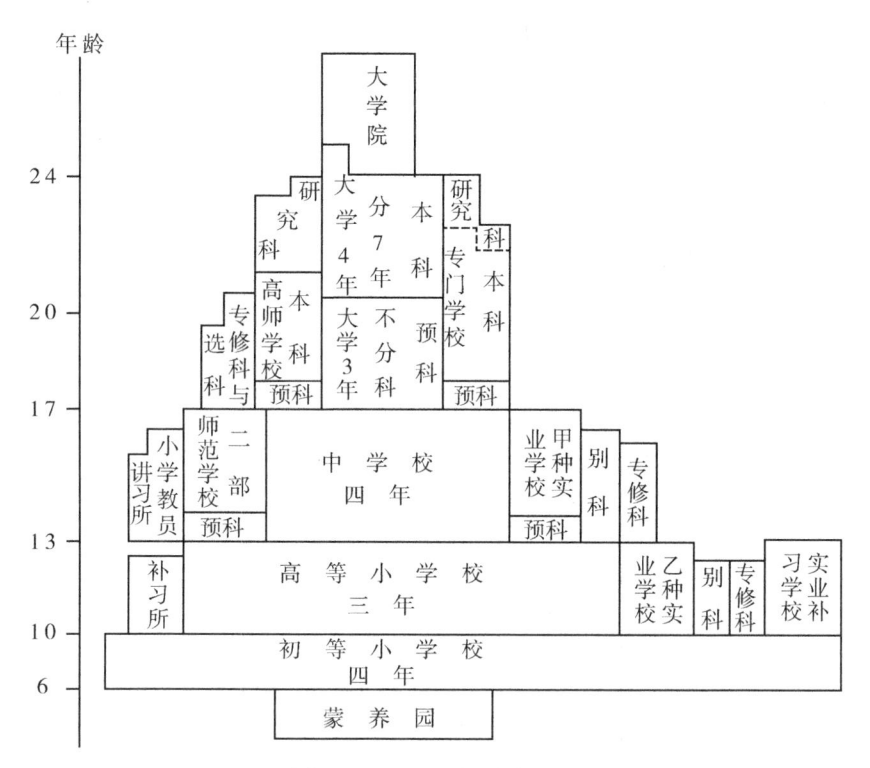

图 2-1 壬子·癸丑学制图示

1922年10月，教育部召开学制会议，通过《学制改革系统案》，同年11月予以公布，史称新学制或"壬戌学制"（见图2-2）。1922年，"壬戌学制"的颁布，结束了自辛亥革命以来教育上的混乱状态，确立了中国近代最为稳定的学制系统。新学制对师范教育进行了一定程度的调整。

第一，划分了不同修业年限与学校级别的师范教育，这6种区别不同年期的师范讲习所到高等师范教育的师范教育组织机构的明确，标志着师范教育的种类增多，办学机制趋于灵活。

第二，将师范教育纳入中等教育体系，提高了师范生的受教育水平，延长了修业年限，由旧制的预科1年、本科4年增加到6年。将传统的高等师范学校升级为4年制的师范大学，专设教育系，以高中毕业生为主要招收对象，提升师范大学的发展水平。

第三，在师范学校教育的后3年实行分组选修制。一方面，突破学历限制，实现对学生专业知识的培养，将科学知识学习与文化陶冶相结合；另一方面，减少必修科目，增加选修科目，以学分制的形式，灵活适应不同学生的能力水平、兴趣爱好和发展需要。

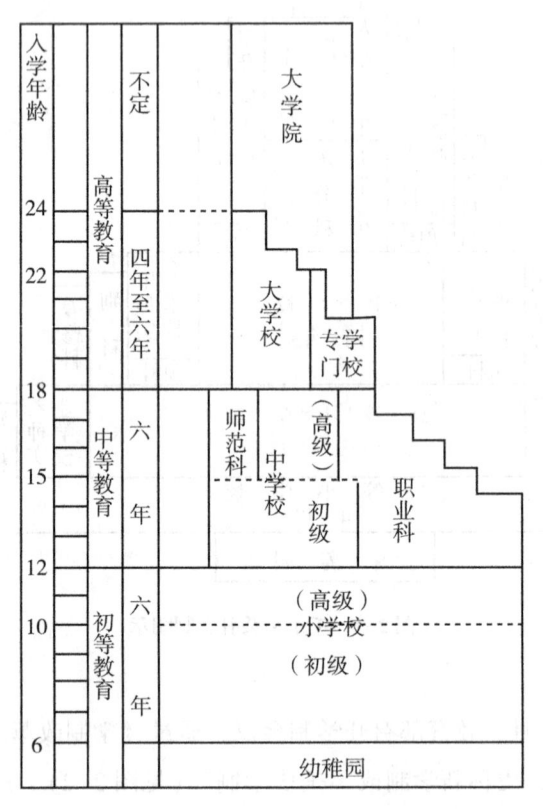

图 2-2 壬戌学制图示（1922 年"新学制"）

1928 年，为了适应社会发展的新需求，国民政府在 1922 新学制基础上进行了一些调整，形成了新的学制，称为"戊辰学制"（见图 2-3）。在师范教育领域，根据"戊辰学制"的要求，"改六年制师范为 6 年或 3 年，取消师范专修科及师范讲习所等名目，添设乡村师范学校"[①]。"戊辰学制"规定了三种中等师范教育，即高中师范科、师范学校和乡村师范学校，但其并没有单独规定师范大学的独立地位，而是笼统地将其归入大学

---

① 于述胜：《中国教育制度通史》（第 7 卷），山东教育出版社 2000 年版，第 88 页。

的组织系统之内。总之，1928年的"戊辰学制"与1922年的"壬戌学制"没有本质上的区别，只是新学制的一种变通而已。①

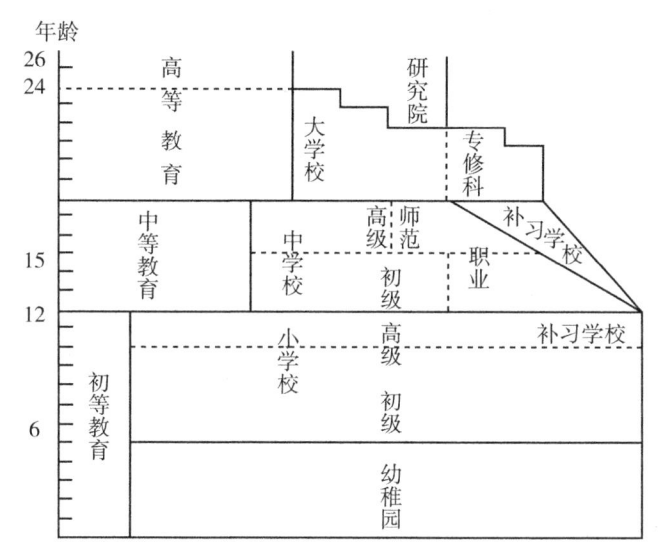

图2-3 戊辰学制系统图示

为进一步完善学制系统，在保持"六三三"制主体的基础上，综合"戊辰学制"系统，1947年，国民政府提出1947年学校教育系统图（见图2-4）。通过考察1947年的学校教育系统图可以看出，这一时期的学校类型更加丰富多样，修业年限也根据实际情况进行了灵活的调整，使得整个系统更加完善化、科学化。师范教育脱离中等教育体系，从而在制度上重新获得了独立地位的肯定。

综上，根据民国时期学制的嬗变，可以勾勒出整个民国时期师范教育制度变革的大致轮廓。民国时期的教育在1922—1947年获得了巨大发展。基于1922—1947年，资本主义经济稳步发展，资产阶级政权相对稳定，以及蔡元培等一些教育家坚持教育独立发展以及学术自由的思想，中国的师范教育在这一时期获得了较为稳定而持续的发展。这段时间，初等教育的四二制、中等教育的三三制，师范教育、职业教育和普通教育的协调和设

---

① 熊明安：《中华民国教育史》，重庆出版社1990年版，第120页。

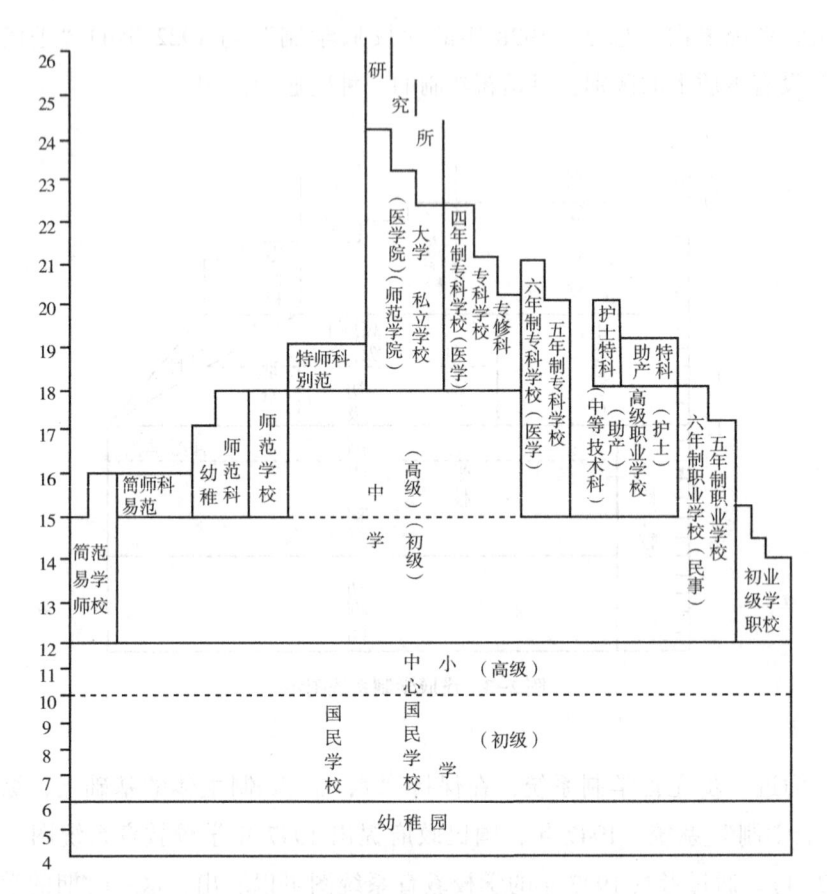

图 2-4　1947 年学校教育系统图示

　　置,都为创立我国的新型学制体系起到了积极的作用。

　　同时,在 1922—1947 年,国民政府和教育部颁布了各级各类师范教育的课程标准,以及组织管理等法律法规,为完善师范教育体系和学制系统提供了政策和法律上的支持。从整个民国时期师范教育发展情况看,无论是在教育规模、学校数量、教育教学活跃程度上,还是在保障学术自由、开展教育创新、推动学校自主办学方面,1922—1947 年,都是师范教育发展的黄金时期,亦为我国师范教育制度未来发展做出了开创性的贡献。

　　"在这一时期,师范教育制度的完善伴随着师范教育地位的独立与依附之争。师范教育独立与否,关乎师范教育的生存根本。依附于其他教育形式的师范教育难以自主发展,更无从自主选择教师。然而,师范教育独立的脚步举步维艰,四次关于师范教育展开的论争,三次发生在清末至民国时期。

1904年,爆发了关于师范教育独立性的第一次争论。其主要围绕师范学校有无单设之必要和师范学堂是隶属于京师大学堂还是单独设置展开讨论。论争的结果是师范学校被保留下来,并将师范馆改为优级师范学堂单独设立。

第二次论争开始于1922年新学制颁布之后,论争的焦点是关于师范学校应单独设置还是附属于普通大学和高中。1928年《请大学明文规定师范教育独立案》指出,师范教育独立'理由有一保存师范教育之尊严;二适合师范生之需要;三是三年师范教育年限过短;四师范生待遇不同'①。是年,江苏大学区师范科联合会提请《请确定师范教育制度案》,南京特别市教育局提请《师范学校应独立开办案》。1929年《中华民国教育宗旨及实施方针》颁布,争论告一段落。方针规定,全国师范学校在可能的范围内,令其独立。这才使师范学校有了恢复独立身份的依据。

第三次论争发生于1932年,这次主要针对高等师范教育,但其影响也波及了普通教育,实质上是取消或保留师范教育的论争。第三次论争的结束,不仅以北平师大作为独立的体制保存下来,同时师范学校也得以脱离高中而独立设立,从而使师范教育得到了恢复和巩固。1939年由西北联合大学提出的《初级师范教育应急谋独立完整与统制以造就优良小学师资案》指出:'自前期师范改为初中后,各师范区每年初中毕业人数过少。师范学校招生,常威投考人数不足,而无选取优材生之余地,以致降低师范生之程度,而间接降低国民教育之水准。'②

师范教育的独立并不是一帆风顺的,而是经历不断的质疑和论争,也正因这一次次独立与依附的博弈,推动师范教育进入一个新的发展阶段:提升了教师地位和待遇,增加了教师职业的吸引力,满足了社会对师范教

---

① 李友芝、李春年、柳传欣等编:《中国近现代师范教育史资料》(第2册),北京师范学院内部资料1983年版,第657页。

② 李友芝、李春年、柳传欣等编:《中国近现代师范教育史资料》(第2册),北京师范学院内部资料1983年版,第680页。

育培养师资的质量与数量要求。"①

（三）民国师范教育制度的发展

纵观民国40余载，在历史的长河中不过是沧海一粟，而在当时的中国社会中，却演绎出波云诡谲、繁复多变的多样色彩。在这样一个特殊的历史时期，教育作为社会变迁中不可忽视的重要因素，也被烙上了时代的印记。

民国初年，经过一系列的调整与整顿，师范教育有了较大的提升。到民国中期，1922—1932年师范教育制度屡遭变更，高等师范一度丧失独立地位，中等师范与中学合并，专业水准不断降低。1932年后，随着对师范教育重要性认识的逐渐加深以及有识之士的不断斗争，师范教育重回独立地位，取消合并，再一次恢复发展。1937年，抗日战争的爆发，师范教育在"战时须作平时看"方针的指引下，艰难前行。

1. 中等师范的探索与完善

民国初年的中等师范教育并没有彻底抹去清末"新政"印记，但不可否认的是，无论是从中等师范教育培养目标的确立，抑或是中等师范教育组织机构的建设，都有了一定程度的完善和进步。

第一，中等师范教育培养目标的细化与确立。1929年4月，《中华民国教育宗旨及其实施方针》确定了整个师范教育的培养目标为"养成一般国民道德、学术上最健全之师资为主要之任务"。② 1931年，第三届中央执行委员会通过《三民主义教育实施原则》，对师范教育培养目标的实施进行了更为细致的规定。1935年6月，《师范学校规程》公布实施，再一次指出，师范学校的培养目标在于"锻炼强健身体；陶融道德品格；培育民族文化；充实科学知能；养成勤劳习惯；启发研究儿童之兴趣；培养终

---

① 霍东娇、曲铁华：《清末至民国时期师范学校教师聘任政策的历史审视》，《中南大学学报》（社会科学版）2016年第5期。

② 中央教育科学研究所教育史研究室编：《中华民国教育法规选编1912—1949》，江苏教育出版社1990年版，第46页。

身服务教育之精神"①。

通过对师范教育培养目标的细化,在一定程度上明确了中等师范教育的培养方向,保障了师范生培养的标准化与规范化,突出了中等师范教育的特点,使得中等师范教育在民国时期始终保持较为一致的发展轨道,为当时初等教育的发展输送大量合格的师资力量。

第二,乡村师范教育的创设与发展。基于民国政府对乡村教育的关注与建设需求,以余家菊、陶行知等为首的教育实践家,开始将研究视野下移,并疾呼乡村教育运动间接就是救济全社会的危机、国家之富裕治安所赖于乡村者实大,极言乡村教育的重要性。与此同时,作为乡村教育运动第一发声人的余家菊更是指出,乡村师范教育是乡村教育的关键所在,"教育的发源地是师范学校,教育的根本是师范教育,纠正师范教育的错误,补足师范教育的缺点,乃是教育改进的要者"。② "师范教育不改进,乡村教育将无法改进。"③ "教育之效率,所系于教师之优劣者甚大。欲有好教育,必须有良师。欲办教育,必须先养教师。"④ 1927年后,随着陶行知创办的南京晓庄师范学校的出现,其独具特色的办学理念和办学实践,为乡村师范教育注入了新鲜血液,更是迫使教育界进一步认识到乡村师范教育的重要性,遂纷纷以晓庄为榜样,建立乡村师范学校,促使乡村师范教育的发展进入了一个崭新的实践探索期。

国民政府时期,政府对乡村师范教育发展提供了较多的支持。1928年,国民政府召开第一次全国教育会,会议通过《整饬师范教育制度案》,提出,"师范学校,收受初中毕业生,或相当程度学校肄业生之有教学经验,且对于乡村教育具有改革之志愿者"⑤。由此,乡村师范学校在师范教育体系中占了一席之地。同年8月,国民政府大学院草拟《训政时期施政

---

① 中央教育科学研究所教育史研究室编:《中华民国教育法规选编1912—1949》,江苏教育出版社1990年版,第490页。
② 余家菊:《余家菊景陶先生教育论文集》(上册),慧炬出版社1997年版,第418页。
③ 余家菊:《余家菊景陶先生教育论文集》(上册),慧炬出版社1997年版,第418页。
④ 余家菊:《乡村教育通论》,中华书局1934年版,第113页。
⑤ 李友芝、李春年、柳传欣等编:《中国近现代师范教育史资料》(第2册),北京师范学院内部资料1983年版,第655页。

大纲》，其中拟定，"以三年时间促进乡村师范的计划，即第一年择地试办乡村师范学校，第二年根据各地需要教员的人数，逐渐增加乡村师范学校的数量，第三年进行完善"①。

1929年，《中华民国教育宗旨及其实施方针》提出要"尽力发展乡村教育"。1930年，《中华民国教育宗旨》提出"应使其独立设置并尽量发展乡村师范教育"。1931年9月，国民党第三届中央执行委员会通过《三民主义教育实施原则》，提出"乡村师范教育应注重改善农村生活，并适应其需要，以养成切实从事乡村教育或社会教育的人才"②。

1932年，教育部公布《师范学校法》，1933年颁行《师范学校规程》，这两部法令明确规定了乡村师范学校的含义、目标、分类、课程设置等内容，乡村师范学校被正式列入师范教育体系中，并获得了学制上的独立地位，成为中等师范教育的重要组成部分。1935年，教育部先后公布《修正师范学校规程》和《乡村师范学校课程标准》《简易乡村师范学校课程标准》，进一步规范了乡村师范学校的筹设与课程体系建设等相关事宜。至此，民国时期乡村师范教育法律法规体系的保障建设基本完成，其后虽有所调整，但其轮廓架构并未发生根本改变。

由于南京国民政府对乡村师范教育的规划与设想，各省纷纷响应号召，掀起了乡村师范学校创办的高潮，据统计，截至1934年，至少有17个省建有乡村师范学校，全国共有乡村师范学校327所（见表2-2）。

表2-2　　　　全国17省份乡村师范学校数量统计表　　　　单位：所

省份	乡村师范学校	简易乡村师范学校	小计
江苏	8	7	15
浙江	1	1	2
安徽		2	2

---

① 苏刚：《民国时期乡村师范教育制度变迁研究》，博士学位论文，东北师范大学，2015年。
② 李友芝、李春年、柳传欣等编：《中国近现代师范教育史资料》（第2册），北京师范学院内部资料1983年版，第314页。

续表

省份	乡村师范学校	简易乡村师范学校	小计
江西	6	3	9
福建	8		8
湖南		41	41
湖北	3	1	4
四川		18	18
广东	10	16	26
广西		9	9
云南		32	32
河北		70	70
河南	1	43	44
山东	1	28	29
察哈尔		11	11
热河	1	5	6
贵州	1		1
合计	40	287	327

数据来源：根据民国教育部普通教育司编《全国中等学校校名地址一览表》，商务印书馆1935年版整理。

通过对乡村师范教育制度建设的概述可以看出，南京国民政府对乡村师范教育的建设，从制度层面上明晰了城市与乡村师范教育的区别，为当时基础教育师资的培养拓宽了渠道，扩大了师资培养的整体规模，是师范教育面向农村的重要变革。

第三，中等师范教育发展的波动。中等师范教育发展的波动从中等师范学校数量的变化中即可发现端倪。1915年，全国有直辖中等师范学校2所，各省报教育部备案的中等师范学校141所，均为省立。其中，奉天17所，列居首位；黑龙江、陕西、福建等省各3所，甘肃、广西各有2所，贵州仅有1所。到1918年，全国共有中等师范学校148所[1]，相比三年前

---

[1] 琚鑫圭、童富勇、张守智编：《中国近代教育史资料汇编——实业教育师范教育》，上海教育出版社2007年第2版，第910—911页。

略有涨幅，并出现了私立的师范学校，如北京私立尚义女子师范学校、湖南私立濂溪女子师范学校、广东私立教忠师范学校等。截至1922年，全国共有师范学校385所，学生43846名。①

但遗憾的是，这种持续增长的势头并没有持续保持。1922年新学制颁行后，由于当时中国社会经济水平的限制，缺乏主动发展师范教育的条件。因此，这一时期师范教育的实际情况与新学制制定者的初衷相去甚远，许多改革措施因为脱离实际而收效甚微，甚至造成中等师范教育的后退。据统计，1922—1928年，中等师范学校数量由385所减至236所，减少了38.7%；师范生人数从43846人降至29470人，减少了32.8%。②

1927年后，随着教育界有识之士对中国中等师范教育现实的进一步思考，逐步意识到"师中合并"的不足，一些省份开始恢复独立型师范学校的设置。根据表2-3，经过调整，中等师范学校数量以及在校学生数都得到了一定程度的恢复和提高，虽有小幅波动，但总体趋势一直呈上升状态。1937年，抗战全面爆发，中等师范教育再次受到社会形势的冲击，呈现出衰落的态势。

表2-3　　　　1928—1936年全国师范学校发展概况统计

年度	学校总数（所）	师范及乡师数（所）	简师及简易乡师数（所）	在校生总数（人）	师范及乡师在校生数（人）	简师及简易乡师在校生数（人）
1928	236			29470		
1929	667			65695		
1930	846			82809		
1931	867	584	283	94683	73808	20875
1932	864	518	346	99606	66477	33129
1933	893	245	648	100840	41834	59006
1934	876	186	690	93675	30825	62850
1935	862	190	672	84512	33946	50566

---

① 张燕镜主编：《师范教育学》，福建教育出版社1995年版，第64页。
② 李友芝、李春年、柳传欣等编：《中国近现代师范教育史资料》（第2册），北京师范学院内部资料1983年版，第802页。

续表

年度	学校总数（所）	师范及乡师数（所）	简师及简易乡师数（所）	在校生总数（人）	师范及乡师在校生数（人）	简师及简易乡师在校生数（人）
1936	814	198	616	87902	37785	50117

资料来源：中国第二历史档案馆编《中华民国史档案资料汇编（第五辑第一编）（教育）》（一）凤凰出版社2013年版，第532—533页。

从表2-4可以看出，1937年全面抗战爆发后，受战争影响，全国中等师范学校仅存364所、1369个班级、48793名学生。经国民政府的一系列战时政策的推广和实施，到1945年抗战胜利后，中等师范学校数量已增至770所、5180个班级、202163名学生，1937—1945年，中等师范学校数量增加1.1倍，班级增加2.78倍，学生增加3.1倍，教职员工增加2.76倍。在极端困难的抗战时期，中等师范教育取得如此成绩，可谓是实属不易。

表2-4　　1937—1945年全国中等师范学校发展概况

年度	师范学校数（所）	班级数（个）	在校生数（人）	毕业生数（人）	教职员工数（人）	岁出经费数（元）
1937	364	1369	48793	9396	5148	5312267
1938	312	1538	56679	11200	5693	5691929
1939	339	1588	59431	12478	5812	7392214
1940	374	1989	78342	18964	6973	15550164
1941	408	2301	91239	23065	8276	30856778
1942	455	2807	109009	22931	10166	48527198
1943	498	3223	130995	24525	11596	119113805
1944	562	3840	157806	26808	13347	361751058
1945	770	5180	202163	28163	19342	3534221572

资料来源：中国第二历史档案馆编《中华民国史档案资料汇编（第五辑第二编）（教育）》（一），凤凰出版社2010年版，第691—697页。

1945年后，全国教育善后复员会议召开，对抗战时期所建设的国立师范学校进行恢复和重建。中等师范学校得到了一定程度的恢复，甚至获得了小幅度的增长（见表2-5）。

表 2-5　　　　　　　　1946 年全国中等师范教育发展概况

学校类别	班级数（个）	在校生数（人）	毕业生数（人）	教职员数（人）
师范学校	1895	73852	15417	11753
乡村师范学校	80	3139	836	538
简易师范学校	3408	140888	26541	7511
简易乡村师范学校	617	27730	4990	1774
合计	6000	245609	47784	21576

资料来源：教育部教育年鉴编纂委员编：《第二次中国教育年鉴》，商务印书馆 1948 年版，第 1447—1453 页。

通过对民国时期中等师范学校数量的整理可以看出，教育气候的震荡是影响教育发展的重要因素。从辛亥革命推翻封建专制到军阀混战割据再到抗日战争，师范教育从创立之时，社会的转型便没有停止。这种从思想观念到社会制度都经历了长期阵痛和调整的大时代背景，为师范教育的发展带来了较为复杂的发展环境。一方面，政府为了应对频繁变换的政局形势，放松了对师范教育的管制，为师范教育发展提供了较为宽松的政治环境，使得许多教育界的有识之士将更多目光投向师范教育本身，以完善师范教育体制、制定师范教育政策、巩固师范教育成果；另一方面，混乱的社会秩序，不仅使得师范教育缺乏当政者的有力支撑，更使得师范教育的发展一度陷入非理性的政策指引中。①

2. 高等师范教育的曲折发展

民国时期高等师范教育的发展，既保有学习、借鉴西方经验的做法，同时也在积极探索具有本土化特色的实践举措。

首先，高等师范教育的曲折发展。辛亥革命后，高等师范学校以国立为原则，设于各省的优级师范学堂逐步升级为高等师范学校。1913 年 6 月，师范区制开始施行，全国被划分为 6 个师范区，每区设立高等师范学校 1 所，高等师范学校的校长除管理本校事务外，还要协助本区的教育行政机关办好中等教育。按照此实施办法，6 所国立高等师范学校成立。

---

① 霍东娇、曲铁华：《清末至民国时期师范学校教师聘任政策的历史审视》，《中南大学学报》（社会科学版）2016 年第 5 期。

在民国初国家财力有限的情况下，六大国立师范学校的设立，对于促进全国高等师范教育的整体发展，提升高等师范教育质量是极具积极意义的。集中国家财力和优秀师资的六大国立高等师范学校，也确实取得了一定的成绩（见表2-6）。

表2-6　　　　　　　1918年全国高等师范学校发展概况

学校名称	教员数（人）	在校生数（人）	经费概数（元）
北京高等师范学校	92	681	412056
武昌高等师范学校	34	262	110400
广东高等师范学校	46	248	65562
成都高等师范院校	40	388	100000
沈阳高等师范学校	35	253	82000
南京高等师范学校	36	279	119000
合计	273	2111	889 018

数据来源：琚鑫圭、童富勇、张守智编《中国近代教育史资料汇编——实业教育师范教育》，上海教育出版社2007年第2版，第937—942页。

1922年，新学制颁行，对高等教育领域进行了较大幅度的改革，国立高等师范学校仅剩北京师范大学（原北京高等师范学校）和北京女子师范大学（原北京女子高等师范学校）两所，其余各校纷纷升格为普通大学或与普通大学合并。1922年，南京高等师范学校并入东南大学；1923年，沈阳高等师范学校与文学专门学校合并为东北大学；同年，武昌高等师范学校改为武昌师范大学，1924年又改为国立武昌大学；1924年，广东高等师范学校与广东农业专门学校、广东法科大学合并，改为国立广东大学；1927年，成都高等师范学校改为国立成都师范大学，后又与其他学校合并，最终定名为国立四川大学。1927年，北洋政府以紧急困顿为由，对各大高等师范学校进行合并重组，最终导致民国初按6大区设立的高等师范学校尽数消失，至此，全国绝大多数的中等学校师资培养开始由各省市大学的教育学院和教育系来承担。

以上举措实施的直接后果，便是使当时的中等教育师资变得匮乏，普通教育难以为继，教师素质下滑严重。据1930年统计，当时全国中等学校教师中,师范大学毕业者占4.39%,高等师范专修科毕业者占11.42%,二者合计不足16%,而普通大学毕业者占24.83%,专科学校毕业者占20.74%,加上其他不同资格出身,约有80%以上的教师未受过专门的训练。[1] 综上,自1922年新学制施行以来,直到1932年,国民政府通过《确定教育目标与改革教育制度案》,规定师范大学应脱离大学而单独设立,至此恢复了高等师范院系独立设置的权利,高等师范教育持续了10年的低迷状况才得以缓解,并开始缓慢恢复发展。

1938年,国民党临时全国代表大会通过《战时各级教育实施方案纲要》,提出:"为养成中等学校德、智、体三育所需要之师资,并须参酌从前高等师范之旧制而谋设。"[2] 此后,教育部根据上述纲要的要求,针对高等教育发展过程中的弊病和抗战的需要,进行了一系列高等教育体制的改革,为高等师范教育走出低谷铺垫了道路。根据表2-7可以看出,1938—1946年,高等师范教育获得了一定的发展,学校数量开始增长,在校学生及毕业生数量也不断攀升。

表2-7　　　　　　1938—1946年高等师范学校概况

年度	学院数（所）	学系数（个）	专科及专修科数（个）	学生数（人）			毕业生数（人）		
				大学生	专科及专修生	合计	大学生	专科及专修生	合计
1938	6	45	—	996	—	996	—	—	—
1939	6	48	—	1591	—	1591	44	—	44
1940	7	55	—	2217	—	2217	119	6	125
1941	9	68	37	2653	642	3295	98	55	153
1942	9	69	40	3604	1765	5369	642	206	848
1943	10	73	49	4017	2359	6376	545	488	1033
1944	11	82	55	4622	3236	7858	803	540	1343

---

[1] 宋嗣廉、范源濂主编:《中国师范教育通览》(上),东北师范大学出版社1998年版,第58页。

[2] 中国第二历史档案馆编:《中华民国史档案资料汇编(第五辑第二编)(教育)》(一),凤凰出版社2010年版,第14页。

续表

年度	学院数（所）	学系数（个）	专科及专修科数（个）	学生数（人）			毕业生数（人）		
				大学生	专科及专修生	合计	大学生	专科及专修生	合计
1945	11	55	50	5672	3390	9062	674	712	1386
1946	15	91	67	9775	4723	14498	—	—	—

数据来源：教育部教育年鉴编纂委员会编：《第二次中国教育年鉴》（第7编），商务印书馆1948年版，第919页。

这一时期，由于师范学院制度的建立，及随后国民政府一系列有关高等师范教育法令法规的颁行，独立封闭的师范教育体制得到强化，高等师范教育在各方面都得到提升和增长。此后，随着内战爆发，国民政府在军事上的全线崩溃，导致其统治岌岌可危，更难以顾及教育制度的建设与实施，高等师范教育也不可避免地陷入了混乱与拮据的窘境之中。师范生待遇形同虚设，毕业生就业无门，教师更是食不果腹，各师范学校很难维系日常的教学与工作。高等师范教育在几经变迁后，再度陷入低谷。

其次，女子高等师范教育的萌芽与发展。孙中山先生曾大声疾呼："欲四万万人皆得受教育，必倚重师范，此师范学校所宜急办者也，而女子师范尤为重要。"[1] 同清末时期女子师范教育仅作为中等师范教育的一小部分存在的情况而言，民国时期的女子师范教育，获得了较大程度的发展。

在学校建设上，1912年，国民政府颁行《师范教育令》，明确提出设立女子高等师范学校的规定。1916年，全国教育会联合会召开，会上提出《请设女子高等师范学校》的议案，议案提出"从速筹设女子高等师范学校，先由北京设立，以后各省逐渐推广"[2]。基于社会各界的努力与推动，以北京女子师范学堂为改建对象的女子高等师范学校开始筹措建立。1919年2月，教育部正式颁布《女子高等师范学校规程》，进一步推动女子高等师范教育的发展。至1919年4月，北京女子高等师范学校正式成立，迎来了中国女子师范教育发展的新高潮。女子师范大学以养成中等师范学校

---

[1] 舒新城编：《中国近代教育史资料》（下册），人民教育出版社1961年版，第1017页。
[2] 李友芝、李春年、柳传欣等编：《中国近现代师范教育史资料》（第2册），北京师范学院内部资料1983年版，第631页。

师资为主要办学宗旨，修业年限为本科四年，预科二年。女师大校风严谨，管理严格，聘请的教师均为当时著名学者，也正是这些学者的教导，使得男女平等、妇女解放、反对封建道德伦理的新思想不断被践行，这些新型的知识女性，亦成为当时进步势力的重要力量。

在学校数量上，截至1918年，全国148所中等师范学校中，女子师范学校共有45所，占总数的30%。[1] 1930—1931年，全国高中师范有学生42155人，其中女生13942人，占33.073%；乡村师范学生25869人，其中女生3347人，占12.94%；短期师范学生25516人，其中女生5266人，占20.64%。[2] 截至抗日战争爆发前，女子师范学校的学生人数维持在较为平稳的状态。

在课程设置上，女高师与男高师课程呈现出一定的区别。表现在一般教学科目上，以军事训练为例，一般男高师强调军事训练和学习运动技能，而女高师侧重于军事看护。与此同时，女高师尤为注重对家事科的课程教学设置与安排。家事科课程中，主要包括伦理、教育、国文、家事以及缝纫、手艺、园艺、手工等13个科目。虽曾一度受到诟病，使家事科由必修变为选修课程，但充满女性特色的课程内容，从未被彻底取消过。

抗日战争爆发后，由于受到战争的影响，女子师范教育也受到了极大的冲击。直至1946年后，国民政明确提出，恢复师范学校独立设置地位，且"侧重扩充女子师范"政策的提出，女子师范教育在一定程度上才得以恢复。但这一短暂恢复再一次因内战的爆发而终止，原本较为薄弱的女子师范教育体制很快走向了衰微，再加之男女同校的实现，专门的女子师范教育体制开始淡出师范教育的历史舞台。

综上，民国时期的师范教育制度，对于百年师范教育制度的整体发展来说，是具有夯实基础、奠基根本的意义的。在40余年的民国历史发展进程中，师范教育制度的建设，承接着清末时期的传统，不断破旧呈新，不仅师范教育规模不断扩大，师范教育体系不断完善，更是逐渐向现代化的

---

[1] 琚鑫圭、童富勇、张守智编：《中国近代教育史资料汇编——实业教育师范教育》，上海教育出版社2007年第2版，第931—936页。

[2] 熊贤君：《中国女子教育史》，山西教育出版社2006年版，第314页。

师范教育体系不断进发。不可否认,在这一过程中,有着不断的沉浮与起落,但师范教育建设的脚步却未停滞。悠悠40余载的历史进程,漫漫几代教育人的探索追求,最终收获了民国时期师范教育的丰硕果实。

三 变革与调试:改革开放前师范教育制度的探索

1949年,中华人民共和国成立后,以提高人民文化水平,培养国家建设人才,发展为人民服务为主要任务的教育事业,开始成为新的历史时期教育发展的主要方向。百废待兴,百业待举,改造旧教育,培养大批适应新中国建设的人民教师,成为当务之急。

(一) 社会主义学制系统的厘定

中华人民共和国成立后,为了适应社会主义教育的新形势,首要任务即是对国民政府时期遗留下来的师范教育系统进行改造与规范。据统计,1949年中华人民共和国成立前夕,全国独立设置的高等师范院校共有12所,在校学生12039人,另有附设于大学的师范学院3所,在校学生4363人;中等师范学校610所,在校学生151750人,其中初级师范学校289所,在校学生90380人,占师范生总数的59.56%;中级师范学校321所,在校生61370人,占师范生总数的40.44%。[①] 如此规模的师范生体系,无疑是对新中国基础教育师资需求的一种极大考验。可以说,国民政府留下来的师范教育体系由于战争的涤荡,系统紊乱,校舍简陋,更遑论教师的专业素质和教育质量。因此,尽快满足社会主义建设的需要,抓紧改造旧师范教育体系,明确各级各类师范院校的目标与任务,成为社会主义教育改造的核心任务之一。

1949年12月,第一次全国教育工作会议在北京召开,会议明确了改造旧教育的方针步骤,并确定了新教育的发展方向。1950年1月,教育部连续颁行《关于改革北京师范大学的决定》《北京师范大学暂行规程》,为全国的高等师范教育改造与规范提供了基本方向,扭转了师范教育在方

[①] 宋嗣廉、韩力学主编:《中国师范教育通览》(上卷),东北师范大学出版社1998年版,第130页。

针、任务、学制等方面混乱不堪的局面，取得了较为显著的成果。

1951年10月，政务院颁行《关于改革学制的决定》，明确中华人民共和国成立初期的学制系统，划定了中华人民共和国成立之初的教育基本格局，同时也为师范教育的发展提供了较为完整的框架。这是新中国制定的第一个学制。根据新学制的规定，我国的学制可分为幼儿教育、初等教育、中等教育、高等教育四大类。其中，师范教育分为中等师范教育和高等师范教育两类。中等师范教育包括师范学校和初级师范学校、幼儿师范学校，师范学校和初级师范学校均得附设师范速成班，以培养初等教育（幼儿教育）师资；高等师范教育包括师范专科学校、师范学院和师范大学，以培养中等学校师资（见图2-5）。

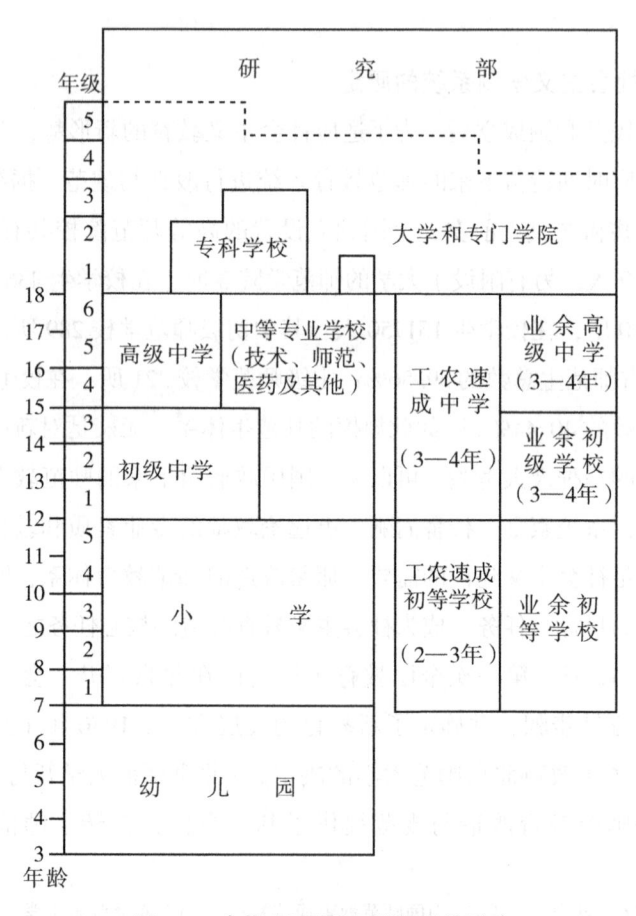

图2-5　中华人民共和国学校系统图示

这是中华人民共和国成立后首次以法律形式出台的包括师范教育在内的学制系统，在新的学制的指导下，师范教育得以恢复和发展，并为其进一步制度化奠定了基础。

（二）独立封闭的社会主义师范教育制度的确立

中华人民共和国成立后，政府为改造国民政府时期遗留下来的旧教育，培养适应社会主义建设需要的人才，确保师资供给，开始了以苏联师范教育体制为蓝本的师范教育体制的建设。我国的师资培养体制分为三个层次，即小学师资的培养由初级师范学校和中等师范学校承担、初中教师的培养由师范专科学校负责、高中教师的培养则由师范大学及师范学院承担。至此，任务明确的各级各类社会主义性质的师范院校得以确立，经过不断的实践，这套层次分明、布局合理、独立设置的封闭型师范制度体系，为我国培养了大批合格优秀的师资，支撑了世界上最庞大的中小学教育体系的发展，为新中国教育事业的恢复和发展做出了巨大的贡献。

与此同时，为了进一步维护和完善独立封闭型师范教育制度的发展，党和政府制定了《师范学校暂行规程（草案）》《关于高等师范学校的规定（草案）》《师范学院教学计划（草案）》《师范专科学校暂行教学计划（二年制）》等一系列规章制度。这些在学习苏联经验的基础上，结合我国国情逐渐完善提出的政策建议，不仅对教师培养的机构设置、目标任务、招生办法、修业年限等进行了明确的规定和说明，并且规范了师范院校教学计划，有力地推动了独立封闭型师范教育制度体系的进一步完善、发展。

1956年，我国的社会主义改造基本完成，中华人民共和国进入了全面建设社会主义的10年。在此期间，为突破苏联师范教育经验的局限，创立适合中国国情的社会主义师范教育制度，党和政府提出了"两条腿走路"的办学方针。根据试行两种教育制度的要求，有些地区试办了半工半读的师范院校，或者在师范院校的某些专业内试办半工半读的专修科。例如，福建省于1965年在7所中等师范学校中试办了42个半工（农）半读班级，学生1799

人，占 7 所学校 160 个总班级数的 26%、6650 名学生总数的 27%。①

总的来说，实行"两条腿走路"的办学方针，在一定程度上对促进教育与生产劳动相结合，还是具有一定的积极意义的，尤其是在当时教育资源紧缺的情况下，半工半读的教育制度对教育的普及也起到了推广作用。但不可否认的是，这种以生产劳动代替教学的行为，对师范教育产生了巨大冲击。

"文化大革命"时期，我国的师范教育发展遭遇挫折。直至 1976 年 10 月，历经十年的"文化大革命"宣告结束，师范教育至此进入全面恢复阶段。1978 年 4 月，教育部召开全国教育工作会议明确提出，"大力发展和办好师范教育，是建设教师队伍的根本大计"②。同年 10 月，教育部印发《关于加强和发展师范教育的意见》，提出恢复和建立三级师范教育体系，恢复独立封闭型师范教育制度。至此，全国各地开始逐步恢复师范教育体制建设，推动师范教育制度不断革新与完善。

（三）改革开放前师范教育的曲折发展

1. 整顿与恢复：中华人民共和国成立初期的师范教育制度

（1）中等师范教育的曲折前行

1951 年 9 月，第一次全国师范教育会议明确了中等师范学校的调整及设置原则，根据会议规定，此次调整原则主要包括两方面，一是在条件允许的情况下，以专属区或直辖市为单位，设立师范学校 1 所；二是在条件允许的情况下，有计划地提升初级师范学校规格，转为师范学校。③ 1952 年 7 月，《师范学校暂行规程（草案）颁布实施》，明确了中等师范教育的学校类别、培养目标、学校设置、招生对象、修业年限、课程设置等一系列相关内容。由于中华人民共和国成立初期，对基础教育师资的需求量较

---

① 宋嗣廉、韩力学主编：《中国师范教育通览》（上卷），东北师范大学出版社 1998 年版，第 158 页。

② 何东昌主编：《中华人民共和国重要教育文献（1976—1990）》，海南出版社 1998 年版，第 1615 页。

③ 何东昌主编：《中华人民共和国重要教育文献（1949—1975）》，海南出版社 1998 年版，第 128 页。

大，同年，教育部出台《关于大量短期培养初等及中等教育师资的决定》，提出以短期训练为主要培养方式，快速培养师资以满足中小学发展对师资的需求。然而，这种短期快速的师资培训方法，带来了初级师范学校的迅速膨胀，各种资源设备严重不足，最终导致中小学师资质量低下。针对上述情况，教育部开始对师范学校进行调整。

1954年6月，教育部发出《关于师范学校今后设置发展与调整工作的指示》，明确"中等师范教育今后的发展方针，应是有计划地发展师范学校，将现有初级师范学校逐步改办为师范学校或小学教师轮训班"[1]，并进一步决定对现有的初级师范学校进行收缩、合并，对规模较小的师范学校有计划地进行扩充。与此同时，教育部对中等师范教育的教学也进行了一定程度的改革，1952年颁布《师范学校暂行规程（草案）》（以下简称《草案》），1953年对《草案》进行修订，正式颁布《师范学校教学计划》和《幼儿师范学校教学计划》，以期更加符合小学、幼儿园对师资的需求。

自此，我国的中等师范教育形成了办学方针明确、教学计划稳定、具有一整套行之有效的规章制度的规范体系。截至1956年，全国共有中等师范学校598所、学生273417人，其中中级师范学校509所，学生234558人，占全国教师总数的85.79%；初级师范学校89所，学生38859人，占全国教师总数的14.21%。[2] 我国的中等师范教育办学层次已由中华人民共和国成立初期的以初级师范学校为主提升为以中级师范学校为主。这种教学机构层次的提升，也带来了中等师范教育质量的显著提高，中等师范教育整体水平得以普遍提升。

1957年后，为响应"县县办师范"的号召，以河南省为例，中等师范学校从1957年的35所增至1960年的130所，增长3.71倍。[3] 这种爆发式的增长，虽然带来了中等师范学校数量上的飙升，但办学质量下降了，学

---

[1] 刘英杰主编：《中国教育大事典（1949—1990）》（上），浙江教育出版社1993年版，第967页。

[2] 中华人民共和国教育部计划财务司编：《中国教育成就：统计资料（1949—1983）》，人民教育出版社1985年版，第147—149页。

[3] 中国教育年鉴编辑部编：《中国教育年鉴（1949—1981）》，中国大百科全书出版社1984年版，第994页。

生从教能力低下也成为不可避免的结果。然而，这种趋势愈演愈烈，尤其在《教育部关于1958学年度中等师范学校教学计划的通知》（以下简称《通知》）以及1960年在河南新乡召开全国师范教育改革座谈会后，达到了高潮。

《通知》和座谈会的中心是批判中等师范教育在实施过程中，过分偏重师范教育课程的教授，脱离了政治、脱离了实际，应按照"精简集中、切合实用"的原则，对师范教育课程进行缩减，并加强政治思想教育，这一举动极大地削弱了师范教育的"师范性"。直至1961年，中共中央的"调整、巩固、充实、提高"八字方针出台，中等师范教育才得到一定程度的调整和恢复，截至1965年，中等师范学校总数由1960年的1964所减少为394所，学生由838480人减少为155004人。[①]

（2）高等师范教育的改造与恢复

1950年，教育部出台《北京师范大学暂行规程》，对北京师范大学的培养目标、教学原则、专业设置等做出了具体规定，并把北京师范大学作为其他高等师范学校改造和调整的范本进行全国推广。这是中华人民共和国成立后由政府部门颁布的第一个高等师范教育的法规性文件，它的实施既为中华人民共和国高等师范教育制度的确立规划了蓝图，同时也为其他高等师范学校改革提供了重要参考。

1952年7月，教育部颁发《关于高等师范学校的规定（草案）》，"比较具体地规定了中华人民共和国高等师范教育的学校组织系统，从而奠定了我国高等师范教育学制的基本格局，为改造旧的高等师范教育和随后开展的院系调整提供了依据，也对建立我国独立完整的高等师范教育体系和加速中等教育师资培养起到了促进作用"[②]。这也标志着独立封闭的高等师范教育体制的确立。基于此，高等师范教育摆脱了过去依附于大学内的师范学院或教育学院进行人才培养的局面，恢复了独立发展。这对于提高高等师范教育整体水平，更好地为新中国教育事业服务提供了制度上的

[①] 中国教育年鉴编辑部编：《中国教育年鉴（1949—1981）》，中国大百科全书出版社1984年版，第981—982页。

[②] 宋嗣廉、韩力学主编：《中国师范教育通览》（上卷），东北师范大学出版社1998年版，第132页。

第二章　中国百年师范教育制度变迁的历史进程

保障。

高等师范教育在改造与调整的过程中，参考了苏联的高等教育办学经验，同时也考量了当时的基本国情。到1952年底，根据"以培养工业建设人才和师资为重点，发展专门学院，整顿和加强综合大学"的方针要求，全国独立设置的师范学院由调整前的17所增加3所；设在普通大学内的师范学院、教育学院、文教学院由调整前的13所减少5所；综合大学内设置的教育系调整为1个；师范专科学校增至16所。① 经过调整，全国高等师范院校均为独立设置的教学组织机构，不仅管理得到规范，同时包括校舍在内的各项教学设施也得到普遍改善和充实，据统计，截至1953年10月，全国共有独立设置的高等师范学校31所，其中师范学院（含师范大学）26所、专科师范学校5所。②

为巩固高等师范教育调整成果，不断推进高等师范教育进一步发展，1953年9月，教育部在北京召开第一次全国高等师范教育会议，对高等师范教育面临的任务和存在的问题，以及发展方向、改革的举措等，进行了讨论。1956年3月，第二次全国高等师范教育会议召开，会议提出发展高等师范教育要依赖地方力量，各省、市、自治区要根据自力更生的原则担负起培养各地区中等学校师资的任务。一时间，各地区纷纷开始扩充高等师范学校办学规模，升格原有师范专科学校，创办新的高等师范学校。

到1960年，高等师范院校达227所，比1957年增加了3.9倍，在校生达204498人，比1957年增加了55%。③ 这种盲目、急遽的增长，违背了教育发展规律，最终导致高等师范教育教学质量下降，独立封闭的师范教育体制受到冲击。直至"八字方针"和《高校十六条》的颁布施行，高等师范教育才得以重新确立培养目标，独立封闭的师范教育体制得以理性

---

① 刘英杰主编：《中国教育大事典（1949—1990）》（上），浙江教育出版社1993年版，第816页。

② 中央教育科学研究所编：《中华人民共和国教育大事记（1949—1982）》，教育科学出版社1983年版，第90—91页。

③ 刘婕、谢维和：《栅栏内外：中国高等师范教育百年省思》，北京师范大学出版社2002年版，第135页。

回归。在这种不断调整、不断规避失误的高等师范教育制度建设过程中，高等师范教育制度渐趋稳固，为国家迅速培养了一大批合格的中学教师，"成为新中国高等师范教育史上第一个黄金时期"[①]（见表 2-8）。

表 2-8　　　　1949—1956 年全国普通高师院校基本情况表

年份	学校数（所）	专业设置种数/个数	在校学生数（人）	招生数（人）	毕业生数（人）	专任教师数（人）
1949	12		12039	3442	1890	
1950	12		13312	3371	624	
1951	30		18225	6836	1206	
1952	33		31551	18145	3077	
1953	33		39958	20243	9650	5641
1954	39		53112	24374	10551	7649
1955	42	15/—	60657	21413	12133	8117
1956	55	15/—	98821	57274	17243	12961
1957	58	21/—	114795	33065	15948	15009
1958	171		157278	72034	31595	
1959	175		192285	75927	22352	
1960	227		204498	77710	52636	
1961	163		186841	37409	46918	
1962	110	40/696	137561	20041	53832	
1963	61		114296	22136	44452	20164
1964	59		97462	22849	38958	19284
1965	59	30/420	94268	25329	28966	18237

资料来源：刘英杰主编：《中国教育大事典（1949—1990）》（上），浙江教育出版社 1993 年版，第 800 页。

[①] 刘婕、谢维和：《栅栏内外：中国高等师范教育百年省思》，北京师范大学出版社 2002 年版，第 133 页。

2. 徘徊与混乱:"文化大革命"时期的师范教育制度

(1) 中等师范教育的大肆破坏

根据数据统计,1966—1969 年,全国中等师范学校有 373 所,虽仅比 1965 年减少了 21 所,但在校学生数比 1965 年的 155004 减少了 90%,仅剩 15234 人。① 1971 年,中等师范学校在校生人数较 1970 年激增 2.7 倍,由 32308 人猛增为 119590 人,这种超负荷的增长,带来的必然是中等师范教育质量的进一步衰落。1976 年,"文化大革命"宣告结束后,中等师范教育才开始得以恢复并重新发展。

(2) 高等师范教育的徘徊与动荡

1966 年 7 月,《中共中央、国务院关于改革高等学校招生工作的通知》发布,指出高等学校招生考试不利于吸收更多的工农兵革命青年进入高等学校,必须改革。② 1969 年,高等师范院校组织师生上山下乡。

截至 1970 年,全国高等师范院校的在校生人数从 1965 年的 94268 人下降到 9140 人,减少了 90%。③ 而同期的中学生人数激增,普通中学在校生人数从 1965 年的 933.79 万人增加到 1970 年的 2641.85 万人,增加幅度达 65%。④ 通过以上数据的统计可以看出,这一时期的高等师范教育系统根本无法满足中等教育对师资的需求,中等教育师资缺口严重(见表 2-9)。

表 2-9　　　　　　1965—1976 年全国普通高师院校基本情况

年份	学校数(所)	在校学生数(万人)	招生数(万人)	毕业生数(万人)	专任教师数(万人)
1966		72003		22265	
1967		48776		23227	

---

① 中华人民共和国教育部计划财务司编:《中国教育成就:统计资料(1949—1983)》,人民教育出版社 1985 年版,第 147—149 页。
② 何东昌主编:《中华人民共和国重要教育文献(1949—1975)》,海南出版社 1997 年版,第 1404—1405 页。
③ 中华人民共和国教育部计划财务司编:《中国教育成就:统计资料(1949—1983)》,人民教育出版社 1985 年版,第 55 页。
④ 中华人民共和国教育部计划财务司编:《中国教育成就:统计资料(1949—1983)》,人民教育出版社 1985 年版,第 183 页。

续表

年份	学校数（所）	在校学生数（万人）	招生数（万人）	毕业生数（万人）	专任教师数（万人）
1968		25078		23698	
1969		2516		22562	
1970		9140	9140	2516	
1971	44	16840	7890		19560
1972	44	33557	25552	5447	18104
1973	45	56365	30418	6349	19500
1974	57	78544	33106	13344	21278
1975	58	97362	39712	20516	22534
1976	58	109731	44167	32153	24622

资料来源：刘英杰主编：《中国教育大事典（1949—1990）》（上），浙江教育出版社 1993 年版，第 800 页。

纵观这一阶段的历史进程，因其特殊的社会背景和发展境遇，师范教育制度呈现出明显的变化特征，主要表现在以下两方面。

第一，仿苏与本土化初探。中华人民共和国成立后，如何将旧的师范教育体制改造成新的师范教育体制，成为新中国面临的重大挑战。面对这一挑战，在革命战争时积累下来的教育经验是难以应付的。因此，师法苏联成为社会主义教育建设的不二之选。毛泽东同志在《论人民民主专政》中指出："苏联共产党就是我们最好的先生，我们必须向他们学习。"[①] 正是基于这样的政治背景，大批苏联专家来华指导，至此"以俄为师"，仿效苏联的师范教育制度建设正式开始。

在这一时期，无论是师范教育理念、制度、方法还是形式、课程设置，甚至教材选编，都表现出浓厚的苏联色彩。不可否认，仿苏在中华人民共和国成立初期确实起到了极大的促进作用，为新中国的师范教育制度建设提供了较为优质的经验与范本，指明了前进的方向，为加快社会主义性质下师范教育制度建设提供了智力支持与理论指导。但由于在学习过程

---

① 中共中央政策研究室党建组编：《毛泽东、邓小平论中国国情》，中共中央党校出版社 1992 年版，第 360 页。

中，未能很好地结合中国的实际，照搬硬抄、缺乏创造性学习等问题不同程度存在，再加上受凯洛夫教育学的影响，师范教育普遍存在重知识、轻实践的现象。

1956年社会主义改造基本完成。教育界的专家也开始普遍认识到苏联师范教育体制的诸多弊端，如培养体系封闭僵化、培养模式单一狭窄，教学内容脱离中国实际等。因此，改革苏联模式下的师范教育制度，探索一条适合中国实际的师范教育发展之路，成为新中国师范教育建设的新课题。随后"两条腿走路"的办学方针出台，半工半读的教育制度应运而生。与此同时，在高等师范教育领域开展了一系列的制度与教学计划调整，普遍提倡将教育与生产劳动相结合，调整教育专业课程，丰富教师培训形式，对我国师范教育制度本土化建设进行了尝试和探索。

第二，师范教育与政治建设的结合。1949年10月中华人民共和国成立伊始，师范教育的恢复与发展，动荡与破坏均与社会政治运动变化有着不可剥离的关系。伴随着对农业、手工业和工商业为主的三大改造的开始，重建新民主主义的文化教育，改造师范教育制度也被提上日程。其中最为显著的即是加强政治思想教育，通过一系列的课程要求，最终使各级师范学生能够结合实际斗争认真学习马克思列宁主义、毛泽东思想著作，提高其共产主义觉悟和道德品质，树立工人阶级的世界观，并能真正为人师表。三大改造完成后，一大批思想过硬、合格优秀的中小学师资得以培养起来，活跃在教育教学的第一线。

四 完善与革新：改革开放后师范教育制度的建设

1976年10月，全国各项事业开始恢复和重建。师范教育更是因其"工作母机"的重要地位，迫切需要恢复正常秩序。截至1977年，全国新增小学教师的缺额达到60万人，新增中学教师的缺额更是高达240万人。其中，高中教师学历达到高等学校本科毕业的，由1965年的70.3%，下降为1977年的33.2%；初中教师学历达到高等学校专科毕业及以上的，由1965年的71.9%下降到1977年的14.3%；小学教师学历达到中等师范学校毕业及以上的，由 1965 年的 47.4%下降到 1973 年的 28%。[①]

（一）师范教育制度的恢复与重建

1978 年 10 月，教育部印发《关于加强和发展师范教育的意见》（以下简称《意见》），简单回顾了中华人民共和国成立初期至"文化大革命"前，我国师范教育取得的成绩以及当下师范教育制度所面临的巨大问题，并提出了一系列解决办法，即"一要明确培训中小学教师的要求；二要统筹规划，建立师范教育网；三要加强领导，认真办好师范教育"。[②] 培养目标的明晰，为师范教育的恢复发展指明了方向；师范教育网的建设，对于扩大招生，采取多种形式（包括举办电视教学、办分校、实行走读）快速提高师资质量以满足基础教育对师资的需求提供了可能。在此《意见》基础上，党和人民政府开始恢复三级师范教育体系，重建独立封闭型师范教育制度。

1. 中等师范教育的恢复与发展

"文化大革命"之后，我国的中等师范教育工作经过拨乱反正和初步调整，重新步入正轨。1978 年，全国教育工作会议召开，教育部颁发《关于加强和发展师范教育的意见》，要求各地要努力办好中等师范教育。到 1979 年底，全国中等师范学校已达到 1053 所，学生 48.45 万人，幼儿师范学校 22 所，学生 0.92 万人。[③] 1980 年后，《教育部关于办好中等师范教育的意见》《中等师范学校规程（试行草案）》《中等师范学校教学计划（试行草案）》等一系列规章、意见相继出台。截至 1985 年，全国共有中等师范学校 1028 所，在校学生 55.8 万人，比 1977 年的学生人数增加了 87%。[④]

改革开放后，为了进一步适应社会经济文化发展需要，中等师范教育继续进行了一系列的深化调整和改革。

首先，进一步明确教育目的。1986 年，国家教委教育司在湖南衡阳召

[①] 何东昌主编：《中华人民共和国重要教育文献（1976—1990）》，海南出版社 1998 年版，第 1649 页。

[②] 何东昌主编：《中华人民共和国重要教育文献（1976—1990）》，海南出版社 1998 年版，第 1649—1650 页。

[③] 中华人民共和国教育部计划财务司编：《中国教育成就：统计资料（1949—1983）》，人民教育出版社 1985 年版，第 147、149、179 页。

[④] 曾煜编著：《中国教师教育史》，商务印书馆 2016 年版，第 365 页。

开"全国中等师范学校培养目标研讨会",提出中等师范学校的培养目标应该突出时代精神,必须主动适应新时期小学教育改革与发展的需要。1987年4月,《中等师范学校培养目标(征求意见稿)》由国家教委印发各地。1989年,国家教委颁布《三年制中等师范学校教学方案(试行)》(以下简称《方案》),《方案》详细规定了中等师范学校的培养目标,明确了中等师范学校的教学任务,这是中华人民共和国成立后对中等师范学校培养规格比较完整的表述,更是体现了对中师学生素质的全面要求,为培养合格的中等师资指明了方向。

其次,继续调整中等师范学校布局。随着我国改革开放的不断深入,城市与发达地区高质量、高层次小学教师的需求日益增加,培养更高层次的小学教师,逐渐成为中等师范教育的新趋势。从1993年开始,中等师范学校规模不断缩减,特别是1999年《教育部关于师范院校布局结构调整的几点意见》下发后,各省、市、自治区都按规定进行了相应调整,主要表现为以下几种形式:一是中等师范教育并入高等师范学校;二是中等师范学校与其他学校合并升格为高等师范学校;三是中等师范学校并入职业技术学院;四是中等师范学校并入综合性院校;五是中等师范学校与教师培训机构合并或直接改为师资培训机构;六是中等师范学校改制为中等学校。通过调整,到2001年,中等师范学校由1993年918所、在校生72.2万人下降为570所、在校生66.2万人。[①]

由于师范院校的层次结构调整,我国的师范院校层次由三级向二级过渡,中等师范学校的发展规模,呈逐步缩减状态,教师培养数量持续减少,招生数量从1993年的28.4万人降至2001年的19.5万人,减少了31%(见表2-10)。[②] 中等师范学校的升格、合并、转制,提升了小学师资的学历层次,由综合性培养转入分科培养,更加强调了师范教育的学术性与专业性,升格后的中等师范教育在师范教育领域的作用也开始逐渐褪色,曾经为新中国建设培养过大批合格师资的中等师范教育,在2008年后逐渐退出历史舞台。

---

① 梅新林主编:《中国教师教育30年》,中国社会科学出版社2008年版,第234页。
② 梅新林主编:《中国教师教育30年》,中国社会科学出版社2008年版,第234页。

表 2-10　　　　　　　中等师范学校数据（1978—2005 年）

年份	学校数（所）	毕业生数（万人）	招生数（万人）	在校生数（万人）
1978	1046	11.3	17.9	36.0
1979	1053	10.2	22.6	48.4
1980	1017	20.9	21.5	48.2
1981	962	24.0	19.5	43.7
1982	908	20.4	17.8	41.1
1983	861	14.5	19.1	45.5
1984	1008	13.8	19.5	51.1
1985	1028	16.7	21.47	55.8
1986	1041	17.5	22.7	61.1
1987	1059	18.9	23.0	65.1
1988	1065	20.4	23.6	68.4
1989	1044	22.6	22.7	68.5
1990	1026	23.4	22.7	67.7
1991	948	24.4	22.9	66.1
1992	919	23.6	24.1	66.6
1993	918	22.8	28.4	72.2
1994	894	22.6	29.1	78.4
1995	897	24.5	30.8	84.8
1996	893	28.1	31.6	88
1997	892	29.4	32.5	91.1
1998	875	30.6	31.9	92.1
1999	815	30.9	29.1	90.5
2000	683	31.1	21.0	77
2001	570	27.8	19.5	66.2
2002	430	22.3	19.4	60.1
2003	317	10.2	10.1	31.7
2004	282	8.5	8.3	27.9
2005	244	8.0	9.0	25.8

资料来源：梅新林主编《中国教师教育 30 年》，中国社会科学出版社 2008 年版，第 234 页。

2. 高等师范教育的改造与革新

与中等师范教育相同，高等师范教育，在这一时期的首要任务便是恢复与调整。在《关于加强和发展师范教育的意见》的引领下，高等师范教育得到迅速恢复。1978 年，国务院批准恢复新建高等师范学校 102 所，高等师范学校总数量达到 157 所，招生 123996 人，在校生 249940 人[①]，成为我国教育史上开设高等师范学校最多的一年。1980 年，全国第四次师范教育会议召开，教育部先后下发《关于高等师范学校专业设置的意见（征求意见稿）》《教育部关于试行高等师范学校理科五个专业教学计划的通知》《教育部关于试行高等师范学校文科三个专业教学计划的通知》等一系列的文件，进一步规范高等师范学校的发展。高等师范院校在贯彻和执行文件精神、实施教学计划调整的过程中，不断扩充教育规模，推动高等师范教育的进一步恢复和发展。截至 1985 年，全国独立设置的高等师范学校达 253 所，比 1977 年的 59 所增加了 194 所；在校生 42.5 万人，比 1977 年的 16.5 万人增加了 26 万人。[②]

经过恢复和发展，高等师范教育层次结构日趋合理，专业设置日趋平衡，办学质量大幅提高。1986 年，国家教委在《关于加强和发展师范教育的意见》中提出一系列针对高等师范教育改革的方针和措施，包括高等师范院校的专业设置、教学计划等内容，在政策意见的督促下，高等师范教育加快了改革与建设的步伐。1987 年 3 月，国家教委召开高师工作座谈会，进一步明确高等师范教育办学的中心指导思想，提出高师本、专科的改革，必须紧紧围绕培养合格中学教师这一任务来进行。

1993 年，国务院批转《国家教委关于加快改革和积极发展普通高等教育的意见》，明确提出要对高等教育的管理体制进行改革，打破国家统一办学的单一模式，逐渐放宽办学形式，扩大高等学校办学自主权，改革招生和毕业分配制度，这无疑为高等师范教育的转型和升格提供了政策上的支持与保障。1998 年，《中华人民共和国高等教育法》颁行，进一步推动

---

① 中华人民共和国教育部计划财务司编：《中国教育成就：统计资料（1949—1983）》，人民教育出版社 1985 年版，第 51、69、55 页。

② 梅新林主编：《中国教师教育 30 年》，中国社会科学出版社 2008 年版，第 235 页。

了高等师范教育体系的逐渐开放化，为高等师范教育的深化改革和发展奠定了政策保障。

1999年，《教育部关于师范院校布局结构调整的几点意见》（以下简称《意见》）出台，提出高等师范学校布局调整的目标为："到2003年，普通高等师范院校达到300所左右；到21世纪初，高师专科院校在校生规模分别达到4200人和2000人以上。"① 根据调整，如表2-11所示，高等师范学校数量开始逐渐减少，招生人数开始逐年增多，逐渐摆脱单纯以学校数量增长作为高等教育发展与否的单一标准。与此同时，在《意见》的指导下，高等师范学校的教育目标得以明确，任务不断清晰，层次得到持续提高。总之，这种高等师范学校的调整与升格，顺应了时代发展和基础教育改革的需求，整合了师范教育的资源优势，提高了师范院校办学的层次与规模。

表2-11　　　　高等师范学校基本情况（1980—2006年）

年份	学校数（所）	毕业生数（万人）	招生数（万人）	在校生数（万人）
1980	172	6.19	8.9	33.82
1981	186	10.34	8.82	32.14
1982	194	12.94	9.72	28.94
1983	210	9.01	11.39	31.33
1984	242	8.1	12.80	34.57
1985	253	9.41	16.25	42.5X
1986	257	11.74	17.01	48.18
1987	260	16.34	18.95	50.8
1988	262	16.93	18.93	49.1
1989	256	16.87	17.18	49.21
1990	257	17.63	16.93	47.93
1991	257	16.77	116.64	47.02
1992	253	16.11	31.87	49.24
1993	251	15.38	22.51	56.66

---

① 何东昌主编：《中华人民共和国重要教育文献（1998—2002）》海南出版社2003年版，第241页。

续表

年份	学校数（所）	毕业生数（万人）	招生数（万人）	在校生数（万人）
1994	241	17.01	20.96	58.61
1995	236	20.39	21.09	58.29
1996	232	20.03	22.24	60.29
1997	232	18.96	22.92	64.25
1998	229	19.68	25.11	69.36
1999	227	19.26	43.42	84.54
2000	221	19.31	46.07	109.97
2001	210	20.88	50.82	135.04
2002	203	24.59	53.26	154.46
2003	188	32.53	55.17	167.32
2004	195	37.82	56.50	182.63
2005	182	45.96	60.01	204.2
2006		50.74	61.84	211.63

资料来源：梅新林主编《中国教师教育30年》，中国社会科学出版社2008年版，第235页。

进入21世纪后，随着我国教师教育政策和基础教育师资市场需求的变化以及师范院校转型目标的提出，各高等师范院校纷纷开展了教师教育培养模式的改革与探索。在多元化教师教育培养模式的推动下，高等师范教育基本满足了社会发展对教师的需求，为我国高等师范院校在综合化进程中实现教师专业化提供了制度保障与力量支持。

（二）师范教育制度的完善与革新

1978年党的十一届三中全会后，我国的教育事业得到了极大的恢复。但轻视知识、轻视人才的思想依然存在，教育工作不能完全适应社会主义现代化建设的局面还有待改善，教育领域仍存在诸多问题。如在教育管理权限上，政府对高等学校管理过死，学校缺乏自主权限，导致活力不足；在教育结构上，基础教育薄弱，学校数量不足，质量不高；在教学方法上，单一死板，缺乏培养学生独立思考的意识和手段，等等。这些现象不同程度地制约着师范教育的发展。为解决这些问题，党和人民政府进一步对师范教育制度进行改革，不仅确立了师范教育在发展教育事业中的战略地位，同时对当时的独立封闭型师范教育体制给予了充分的肯定，进一步夯实了师范教育制度的基本格式，并明确了改革框架。

1980年，全国第四次师范教育会议在北京召开。会议上不仅明确了师范教育作为全社会"工作母机"的重要地位，更是阐释了推动师范教育发展的重要意义之所在，明确当前的任务是进一步完善师范教育制度，建立一个健全的师范教育体系，使之在培养教育师资方面发挥更大的效用。原教育部副部长高沂同志在会议报告上再次重申，高等师范院校本科、师范专科学校、中等师范学校和幼儿师范学校的培养目标和任务，并强调，非经上级教育行政部门批准，不得随意变动。至此，我国独立封闭型的师范教育体制再度得以确认，三级师范教育体系进一步得到恢复和发展。

此后，国家颁布了一系列的政策法规，把师范教育工作作为教育事业的基础性工作，在办学经费、校舍建设、图书资料、实验设备、师资配备等各方面予以优先保障，从而使师范教育进入了一个良性发展的新时期。

1986年3月，国家教委颁布《关于基础教育师资和师范教育规划的意见》（以下简称《意见》），对我国三级师范教育体制对师范教育发展的重要作用进行了深入剖析。《意见》指出，"我国师范院校现有中师、师专、大学本科三级学制，为适应普及九年制义务教育的需要，三级师范都要充实、加强，分别稳定在各自的层次上做出贡献"[1]。同年，国家教委印发《关于加强和发展师范教育的意见》的通知，通知围绕师范教育的重要性、根本任务以及改革方向进行了深入阐释，充分体现了国家对推动师范教育改革与发展的决心。

1993年2月，国务院印发《中国教育改革和发展纲要》，再一次提出，

---

[1] 何东昌主编：《中华人民共和国重要教育文献（1976—1990）》，海南出版社1998年版，第2390页。

"其他高等院校也要积极承担培养中小学和职业技术学校师资的任务"①。同年 10 月,《中华人民共和国教师法》(以下简称《教师法》)颁布,规定,"国家鼓励非师范高等学校毕业生到中小学或者职业学校任教,非师范院校应当承担培养和培训中小学教师的任务"②。随着 1994 年 7 月《国务院关于〈中国教育改革和发展纲要〉的实施意见》的颁发以及 1996 年 4 月《全国教育事业"九五"计划和 2010 发展规划》的出台,国家开始积极鼓励更多的、优秀的非师范毕业生加入中小学教师队伍中来,封闭型的师范教育体制正在逐步被打开。

1996 年 6 月,全国师范教育工作会议召开,会议就如何办好师范教育,培养高质量的中小学师资队伍问题,进行了深入的探讨。会后,国家教委印发《国家教育委员会关于师范教育改革和发展的若干意见》提出:"健全和完善以独立设置的各级各类师范院校为主体,非师范类院校共同参与,培养和培训相沟通的师范教育体系"③。这是首次在政策法规上明确规定非师范院校在师范教育工作中的作用和地位,同时也标志着我国长期以来的独立封闭型师范体制已经被打破。

1998 年,国家教育委员会更名为教育部,并于 1999 年 3 月出台《教育部关于师范院校布局结构调整的几点意见》,明确提出建立混合开放型师范教育体制的思路,并从办学主体、教育层次以及教师培养等方面,明确了当下我国师范教育的发展趋势。调整师范教育层次结构,由三级师范向二级师范过渡。④ 至此,我国混合开放型的师范教育体制初步形成。据统计,截至 2002 年,全国共有 475 所高等学校招收师范类本专科学生,其中独立设置的师范院校有 217 所、非师范院校 258 所。⑤

进入 21 世纪后,师范教育面临巨大挑战。伴随着科学技术迅猛发展,

---

① 何东昌主编:《中华人民共和国重要教育文献(1991—1997)》,海南出版社 1998 年版,第 3472 页。

② 苏林、张贵新主编:《中国师范教育十五年》,东北师范大学出版社 1996 年版,第 29 页。

③ 梅新林主编:《中国教师教育 30 年》,中国社会科学出版社 2008 年版,第 34 页。

④ 何东昌主编:《中华人民共和国重要教育文献(1998—2002)》,海南出版社 2003 年版,第 241 页。

⑤ 曾煜编著:《中国教师教育史》,商务印书馆 2016 年版,第 465 页。

国外先进经验不断涌进，人才竞争日益激烈的社会形势，改革师范教育体制，提高师范教育层次，已经成为我国教育改革的又一项紧迫任务。2001年5月，《国务院关于基础教育改革与发展的决定》提出，"完善以现有师范院校为主体、其他高等学校共同参与、培养培训相衔接的开放的教师教育体系"①。从此，"教师教育"取代"师范教育"，并将教师的职前、职后教育划归为统一整体，着重强调了教师培养的连续性、统一性、终身性。

2002年2月，《教育部关于"十五"期间教师教育改革与发展的意见》颁布，为推进教师教育机构层次的升级转型，必须要继续推进教师教育结构的调整，实现对教育资源的高效组合，这一目标的实现不仅需要省市地方的师范院校进行参与，同时也要求其他有能力的教师教育机构进行配合，这明显提升了教师教育的一体化程度，特别是国家鼓励高水平的综合大学参与到教师培养培训中来，为教师教育层次的进一步提升提供了专业保障。2004年3月，国务院批转教育部《2003—2007年教育振兴行动计划》，进一步强调教师教育在国民教育体系中的重要基础地位，提出"构建开放灵活的教师教育体系"，进一步明确了我国教师教育改革的基本思路，对我国教师教育体系的建设具有重要的指导意义。

2007年5月，国务院正式公布实施《国家教育事业发展"十一五"规划纲要》，再一次明确构建灵活开放教师教育体系，提高教师教育层次和水平的改革要求，并从教师教育与培训、教师管理制度等方面，做出战略性的部署安排，明确了"十一五"时期教师教育体制的建设方向，巩固了教师教育在现代教育体系中的重要地位，为新时期教师教育的发展注入了强劲动力。

2010年5月，《国家中长期教育改革和发展规划纲要（2010—2020年）》出台。2012年8月，《国务院关于加强教师队伍建设的意见》颁行；同年9月，教育部、国家发展改革委、财政部印发《关于深化教师教育改革的意见》。以上法规政策的颁行，不仅为教师教育的改革与建设指明了

---

① 何东昌主编：《中华人民共和国重要教育文献（1998—2002）》，海南出版社2003年版，第890页。

方向，同时也为创新教师教育制度提供了政策思路与组织保障。

2014年，教育部颁发《关于实施卓越教师培养计划的意见》，提出建立高校与地方政府、中小学"三位一体"的系统培养新机制。2018年，《教师教育振兴行动计划（2018—2022年）》《教育部关于实施卓越教师培养计划2.0的意见》出台。至此，虽然从总体上，师范院校仍然是我国教师教育的主体力量，但非师范院校也已俨然成为师资培养的重要力量，混合开放型的教师教育体制已经得到了进一步的深化和发展。

综上，基于对改革开放后师范教育制度的梳理分析可以看出，我国的师范教育制度体系在这一时期得到了完善和提高。这种基于师范教育制度的规范化、科学化的发展趋势，为日后师范教育的发展提供了制度保障。

第三章 中国百年师范教育政策的演进

回顾百年演进历程，师范教育在历经了清末的半封建、半殖民地时期的艰难开端，到民国时期的转型发展，中华人民共和国成立稳定成型。基于社会结构变革而引发的社会关系的改变、利益分配上的优化重组，都在教育政策上得以集中体现，师范教育政策亦不例外。

在社会结构中透视师范教育政策，不难发现，它并非独自发挥作用，而是受到政治、经济各种因素的影响；在历史变迁的进程中理解师范教育政策，它并非固化不变，而是在各种因素的影响下发生着内涵丰富的变革。因此，只有在社会生活的动态变化中研究师范教育政策，我们才能打破师范教育政策只是条文规章的刻板印象，看到师范教育政策与其他社会因素紧密联系，并深刻影响人民生活的生动一面。

一 百年师范教育政策的演进历程

（一）清末时期师范教育政策的萌芽与兴起

1897年，盛宣怀在上海创办南洋公学师范斋，开中国师范教育之先河。1902年，京师大学堂师范馆开馆；1903年，张謇创办通州师范学校，同年，张之洞创建三江师范学堂。面对各地要求发展师范教育，兴办独立师范学校呼声的日益高涨，清政府被迫开始对师范教育进行政策上的规范与保障。

1903年6月，《钦定学堂章程》出台，经修订后确定为《奏定学堂章程》，成为清末首个由政府颁布实施的师范教育的行动依据和准则，用以满足对师范教育本身的规范与控制以及培养新式人才的需求。《奏定学堂章程》将师范学堂划分为优、初两级,规定了各级学堂的修学时间以及基本的培养任务。《奏定学堂章程》的颁布,明确了我国师范教育的独立地位,为推动师范教育的发展奠定了基础。

1905年,张之洞等奏请清廷,主张废科举,兴新学,同时指出,"师范宜速造就也。各省学堂之不多,患不在无款无地,而在无师。应请旨切饬各省,多派中学已通之士,出洋就学,分习速成师范及完全师范、并于各省会多设师范传习所。师资丰富,学自易兴,此为办学入手第一要义,不可稍涉迟缓"。[①] 1906年后,清政府推行新政,加快师范教育建设步伐,并进一步制定《优级师范学校选科简章》《女子师范学堂章程》等一系列规章政策。

作为师范教育政策体系的肇始,清末师范教育政策从无到有,化零为整,提出了中国近代师范教育政策的文本范例与基本规范,轮廓式地构建了师范教育政策体系,从师范学校的创设到培养目标的厘定、课程体系的搭建、教师选聘与检定的简拟以及师范生的权利与义务的规定,为师范教育政策勾勒出了发展的宏观格局,为师范教育政策的进一步完善奠定了基础。

(二) 民国时期师范教育政策的调适与丰富

民国时期的师范教育政策体系,在承袭清制的基础上,进行了较大程度的丰富,不但在政策数量上成果显著,而且优化了师范教育政策的结构,丰富了师范教育政策层次,扩大了师范教育政策的实施范围。为民国时期师范教育的整体发展,奠定了坚实的法律保障基础。

1. 发展与推进:民国初年的师范教育政策

清末民初,由于民族危机和社会环境的动荡影响,师范教育政策的整体设计与价值取向的选择,逐渐开始摒弃单一的传统儒学,开始向西方资本主义师范教育的发展模式靠拢。在这一过程中,以对日本、美国的模仿痕迹最为严重。"和魂洋才"与"中体西用"的解读和比较,实用主义教

[①] 陈学恂主编:《中国近代史教学参考资料》(上册),人民教育出版社1986年版,第578—579页。

育思潮与传统儒道思想的碰撞和糅合，不断冲击着师范教育政策的理论基础。

《师范教育令》（1912年9月）、《师范学校规程》（1912年12月公布，1916年1月修正）以及《师范学校课程标准》（1913年3月）三大政策相继出台，构架起了民初师范教育政策体系的基本框架，对清末师范教育政策的承袭，体现在国民政府对师范教育保持单一绝对的办理权，坚持师范教育在保持独立的基础上，进行师资培养的各种活动。

《师范教育令》对师范教育总的办学宗旨、培养目标、人员配备等进行了规定，《师范学校规程》作为《师范教育令》的具体实施细则，共分为7章、88条内容，详细阐述了师范教育的办学要旨、课程学习、编制系统以及学费服务等项目。其后《师范学校课程标准》出台，再一次对师范教育课程的安排进行规划。1913年2月，《高等师范学校规程》颁行；同年3月，教育部公布《高等师范学校课程标准》；1919年9月，《女子高等师范学校规程》实施。

通过对以上政策的简单梳理可以看出，《师范教育令》作为纲领式的文件对各级各类师范教育的办学宗旨、培养目标和基本的人员配备进行了提纲挈领的规定，并依据培养目标的不同，将师范教育划分为师范学校、高等师范学校（女子高等师范学校）以及实业教员讲习所，并依据此分类，配套出台相应的规程与课程标准。政策结构体系简洁、清晰，对师范教育主要内容进行了明确的规定，促进了师范教育政策体系的规范化建设。

与此同时，民国初年的师范教育政策还包括了针对教师管理的相关政策，主要包括两方面内容：第一方面，民国初期，主要形成了针对基础教育师资和师范毕业生方面的管理政策。对基础师资的管理，既包括对教师的选聘与检定，同时也包括对教师的奖励与薪俸规定。以小学教师为例，在教师资格的选聘与检定方面：1913年8月教育部颁行《各县酌设小学教员讲习所并注意单级教授》、1915年8月《甄别京兆各属小学教员规程》、1916年4月《检定小学教员规程》、1917年1月《施行检定小学教员办法》、1920年《教员许可状规程》等。在对小学教师的奖励与薪俸规定方面：1915年7月《模范小学设立奖励令》，1917年2月《小学教员褒奖规程》《小学教员俸给规程》，1920年8月《小学教职员给予隐退金规程》

《小学教职员慰劳金规程》等相继出台。

第二方面，对师范生的管理主要是针对其毕业服务期限的相关规定。教师管理政策的出台，不但丰富了师范教育政策的体系，扩大了政策制定的范围，同时反映出当时政府对师范教育、对教师的重视程度。

2. 完善与定型：南京国民政府时期的师范教育政策

1927年，南京国民政府成立以后，民国时期较为完整的教育行政机构得以确立，师范教育政策体系的建设获得了稳定的社会环境与组织机构支持。1922年后，"壬戌学制"取代"壬子·癸丑学制"，《学校系统改革案》出台并实施，开启了民国师范教育发展的新篇章。

南京国民政府时期的师范教育政策体系，可自上而下分为5个层次，处于第一层次的是民国宪法，是不可动摇的国家根本大法；其次是以《中华民国教育宗旨及其实施方针》为基础性法律的第二层次；第三层次是各级各类学校法，如大学法、初等师范学校法、高等师范学校法、女子师范学校法等；第四层次是各类教育行政法规和法律条文；第五层次是地方性师范教育法规。

1929年，经过激烈的辩驳与讨论，国民政府公布了《确定教育实施趋向案》《中华民国训政时期约法》以及《三民主义教育实施原则》和《依据训政时期关于国民教育之规定确定实施方针案》等一系列教育法案，在此基础上确定了"发扬民族精神，提高民权思想，增进民生幸福，促进世界大同"[1]的国民教育宗旨。以上条款作为民国的根本法律准则，亦构成了师范教育政策体系的第一层次。

1929年，教育部颁布施行《中华民国教育宗旨及其实施方针》，其中对师范教育的实施方针阐述是，"必须以最适宜之科学教育及最严格之身心训练，养成一般国民道德、学术上最健全之师资为主要之任务"[2]，并提出了师范教育独立以及发展乡村师范教育的主张，此为师范教育政策体系的第二层次。

---

[1] 中国第二历史档案馆编：《中华民国史档案资料汇编（第五辑第一编）（教育）》（一），江苏古籍出版社1991年版，第2页。

[2] 中央教育科学研究所教育史研究室编：《中华民国教育法规选编（1912—1949）》，江苏教育出版社1990年版，第464页。

第三层次是各级各类学校法，主要包括1929年国民政府颁布的《大学组织法》《大学规程》对包括大学教育学院或独立学院教育科在内的组织原则和学系课程进行规定。1932年，国民政府公布《师范学校法》，对师范学校的办学宗旨、修业年限、基本设置、人员安排、教师聘任以及入学、奖惩等情况进行规定。

1935年，《师范学校规程》公布，并于1947年修正，共分为16章，对包括师范学校（乡村师范学校）、简易师范学校（乡村简易师范学校）、女子师范学校等在内的师范学校办学宗旨、设置与管理、修业年限、经费与课程、训育等内容进行了详尽的阐述。1948年，《师范学院规程》颁行，遵照民国宪法的规定，师范学院以培养中等学校师资为目的，并对师范学院的设置、组织及课程、训导及学生待遇和服务等六方面进行了详细的规定。

第三层次是民国师范教育政策体系的中坚力量，是对上位法律精神的进一步解读和贯彻，与此同时，它也作为引导第四层法律体系建设的航标存在。在第三层次法律体系实施开展的过程中，第四层次法律在对其每一环节的具体实施与落实，每一环节的监督与检定中，逐渐丰富、完善起来。

第四层次是各类教育行政法规和法律条文，即有关师范教育各方面具体的教育行政法规和法律条文，这一层类目庞杂，涉及师范教育的教学、课程、管理等多个领域。仅以师范毕业生的管理为范例即可窥见一斑。1935年4月，教育部公布《师范学校学生毕业会考规范》，规定，"各省市区教育行政机关对所属各类师范学校及师范科应届毕业之学生，经原校考察毕业成绩及格后举行毕业会考"[1]。

1941年12月，教育部公布《师范学校（科）学生实习办法》指出，"为使养成娴熟的教学技能，各实习学生教学实习时，在附属学校实际担任教学之时数，不得少于一千八百分钟"[2]，并强调"学生实习成绩不及格

---

[1] 中央教育科学研究所教育史研究室编：《中华民国教育法规选编（1912—1949）》，江苏教育出版社1990年版，第464页。

[2] 中央教育科学研究所教育史研究室编：《中华民国教育法规选编（1912—1949）》，江苏教育出版社1990年版，第472页。

者，不得毕业"①。1942年8月公布、1946年2月修正的《师范学校毕业生服务规程》指出，"师范学校毕业生服务年限一律定为3年"②，并对服务的具体形式以及不按规定服务的行为进行了界定，并详拟了惩罚措施，"师范学校毕业生服务成绩过劣，经主管教育行政机关考核确实者，不得发毕业证书"③。1944年10月，行政院公布《全国师范学校学生公费待遇实施办法》，同年12月，教育部公布《师范学院学生教学实习办法》。

南京国民政府时期对师范教育是非常重视的，对师范教育政策体系的完善也是积极而有效的。作为师范教育政策体系实施的基础领域，第四层次的法规和法律条文的完善、细致程度，决定了第五层次法律体系是否规范、积极、有效。

最后一个层次，即第五层次是地方性师范教育法规。地方性的教育法规是第四层次行政法规与法律条文的地方化，根据教育部、行政院所公布的法规及规章，大多数教育不发达的地方冠以省或地市名称，即为地方性的教育法规。但也有相对发达的地区，因地制宜地制定了具有地方特色的师范教育政策。如1935年，安徽省出台《安徽省中学师范教育研究会组织章程》；同年，陕西省出台《陕西省教育厅中学师范教育研究会组织规程》；1939年，浙江省出台《浙江省师范教育设施方案草案》；1941年，出台《各省市师范辅导地方教育办法》等。

综上，5个政策层次自上而下，从总纲到执行，纵横交错，织就了一张相互制约、相互支持的民国师范教育政策体系网。

（三）新中国成立后师范教育政策的完善与发展

1949年，中华人民共和国成立以后，以恢复和建立新的师范教育体制为当务之急。1951年，教育部颁发《北京师范大学暂行规程》，这是中华

---

① 中央教育科学研究所教育史研究室编：《中华民国教育法规选编（1912—1949）》，江苏教育出版社1990年版，第474页。

② 中央教育科学研究所教育史研究室编：《中华民国教育法规选编（1912—1949）》，江苏教育出版社1990年版，第478页。

③ 中央教育科学研究所教育史研究室编：《中华民国教育法规选编（1912—1949）》，江苏教育出版社1990年版，第478页。

人民共和国成立后第一个有关师范教育的规章政策,也成为全面改革师范教育的标志性文件。从1949年到2022年的70余年的大跨度时间范围里,社会形势的变迁,将师范教育政策的整体发展切割为特色鲜明的四个阶段。

第一阶段,以恢复和重建为主要政策导向阶段（1949—1966年）。中华人民共和国成立,师范教育政策体系面临着因社会性质变革而带来的体系重构的重大问题。1951年10月,政务院颁布《关于改革学制的决定》,明确了新学制体系包括三级教育体系以及各种政治学校、训练班等。1951年的学制,奠定了我国新学制的基础,但从性质上说,它属于一个过渡性质的学制。

这种恢复和重建在高等师范教育领域表现得较为明显。1951年,在《北京师范大学暂行规程》施行的引领下,新中国第一次师范教育会议在北京召开,并根据会议精神拟定颁布了《关于高等师范学校的规定（草案）》。1952年,全国高等院校的院系开始进行大范围的调整,高等师范教育领域成为重点领域。1953年11月,《关于改进和发展高等师范教育的指示》出台,继续推动高等师范院校院系调整。

经过1949年到1956年长时间的调整建设,中华人民共和国成立初期,基础教育师资不足的问题得到缓解,教师质量也有所提高。但不久,苏联模式的弊端频现、"大跃进"时期高等师范教育的盲目扩张,都对高等师范教育产生了巨大的影响。为回应1960年在河南新乡召开的全国师范教育座谈会上对师范学校师范性、专业性的质疑,1961年,中央再次召开全国师范教育会议,并颁布《教育部直属高等学校暂行工作条例》,正面应答对师范教育师范性、专业性的种种质疑。同时指出,"要重视高等师范学校学生的思想道德水平,提升其科学文化知识,实现与综合大学同等水平"。[①] 与此同时,在中等师范教育领域,1951年,政务院颁布《关于改革学制的决定》,明确了中等师范院校的招生对象和修业年限。

第二阶段,师范教育政策体系建设的停滞期（1966—1976年）。1966

[①] 中央教育科学研究所编:《中华人民共和国教育大事记1949—1982》,教育科学出版社1983年版,第299页。

年,"文化大革命"爆发,大量的师范院校或并或迁或停办,数量锐减,招生人数急剧下降,师范教育遭到重大挫折。

第三阶段,师范教育政策体系建设的恢复调整期(1977—2000年)。师范教育在"拨乱反正"后重获新生,尤其是在十一届三中全会后,无论是高等师范教育政策体系还是中等师范教育政策体系的建设,都逐渐步入正轨,并呈现出更为完善,更为科学化、合理化的发展态势。

1978年后,一些高师院校开始根据教育发展与国家建设的需要,探索如何突破旧的教学体制和模式限制,建立新的师范教育发展模式。

1978年10月,教育部印发《关于加强和发展师范教育的意见》(以下简称《意见》),鼓励大力发展师范教育,并强调要特别积极地、有计划地发展高等师范教育,并要求各省、市、县地区结合实际情况,分两步制定出1980年和1985年师范教育发展规划。根据《意见》要求,1986年3月,国家教委制定和颁发了《关于加强和发展师范教育的意见》,要求高等师范学校在专业设置、课程内容、教学时数、教学方法等各方面突破传统教育的限制,不断改革,提高高等师范教育为基础教育服务的质量和水平。1988年,《普通高等师范学校本科专业目录(征求意见稿)》出台;1989年,国家教委印发关于《高等学校教育系教育专业改革的意见》的通知等。

在中等师范教育领域,1980年6月,教育部召开全国师范教育会议,会后通过了包括《关于办好中等师范教育的意见》在内的,关于中等师范学校管理、中等师范学校教学计划以及幼儿师范学校教学计划等试行草案。1985年5月,《中共中央关于教育体制改革的决定》颁布实施,进一步从法律地位上肯定了中等师范教育的重要作用和地位,并通过《三年制中等师范学校教学方案(试行)》《三年制中等师范学校教学大纲》以及《中等师范学校教育大纲(试行)》等方案和大纲,进一步利用政策手段规范、保障中等师范教育的稳定发展。

与此同时,为了优化面向基础教育的师资队伍,从1980年始,教育部陆续发布《全国重点高等学校接受进修教师工作暂行办法》《教育部关于进一步加强中小学在职教师培训工作的意见》等意见办法,以加强基础教育师资队伍的在职培训。1991年,国家教委颁行《关于开展小学教师继续教育的意见》,对新教师和骨干教师的职后培训提出要求;次年,国家教委颁行《关于加快中学教师学历培训步伐的意见》，要求建立函授、卫星电视教育、自学考试三结合的学分制培训方式，以提高教师的学历档次。

1993年，国家教委颁行《关于加强小学骨干教师培训工作的意见》，次年印发《关于开展小学新教师试用期培训的意见》。不难看出，这一时期的教师职后培训领域的政策体系建设，主要是针对以达到学历补偿为主要的培训目标，提升教师参加继续教育的热情，并最终用以推动中小学继续教育的不断发展。1993年，中共中央、国务院颁布《中国教育改革与发展纲要》，对师范教育的重要性、发展与改革方向进行了进一步的规划与筹谋；同年，《中华人民共和国教师法》颁布。1995年，《教师资格条例》出台。至此，中国师范教育政策体系的建设进入了新时期。

第四阶段，师范教育政策体系建设的全面发展时期（2000年至今）。随着改革开放的进一步深化，新的社会经济形势对人才有了更高层次的要求。因此，建设新型的师范教育体系以培养合格师资是20世纪末社会主义教育事业的重要任务。师范教育政策作为教师教育改革的领航者，更是承担着巨大的风险和挑战。

值得关注的是，在这一阶段，国家发布大量的计划、意见、通知（见表3-1），将中小学师资培养提到师范教育政策体系建设的重要日程上来，从政策目标上进行明确、实施手段上提出补充，推动师范教育政策在师范教育制度建设过程中实现全方位、多角度的引领和保障。也不断促使师范教育走向了从"三级"向"二级"过渡的、渐趋专业化发展道路。在此过程中，师范教育政策吐故纳新，逐渐摆脱了单纯以教育教学规范为主的政策内容，朝着以教师职前培养与职后培训一体化的终身教育理念为指导方向的，创造性、灵活性的政策体系建设迈进。

表3-1　　　　　　　　　　中小学教师培养政策一览

年份	政策名称
1999	《面向21世纪教育振兴行动计划》
	《关于师范院校布局结构调整的几点意见》
	《中共中央国务院关于深化教育改革全面推进素质教育的决定》

续表

年份	政策名称
2000	《关于做好中小学骨干教师国家级培训工作的通知》
	《中小学教师继续教育工程方案（1999—2002年）》
2001	《关于积极配合和推动基础教育课程改革进一步加强和改进教师培训工作的几点意见》
	《关于开展基础教育新课程师资培训工作的意见》
2004	《关于进一步做好基础教育新课程师资培训工作的指导意见》
2005	《关于规范小学和幼儿园教师培养工作的通知》
2006	《教育部关于建立中等职业学校教师到企业实践制度的意见》
2010	《教育部、财政部关于实施"中小学教师国家级培训计划"的通知》
2011	《教育部关于大力加强中小学教师培训工作的意见》
2012	《教育部关于做好2012年"国培计划"实施工作的通知》
2013	《教育部关于深化中小学教师培训模式改革全面提升培训质量的指导意见》
2014	《教育部关于实施卓越教师培养计划的意见》
2015	《国务院办公厅关于印发乡村教师支持计划（2015—2020年）的通知》
2016	《教育部办公厅关于印发乡村教师培训指南的通知》
2018	《教师教育振兴行动计划（2018—2022年)》
	《教育部关于实施卓越教师培养计划2.0的意见》
2020	《教育部办公厅关于印发〈中小学教师培训课程指导标准〉等3个文件的通知》
	《教育部等六部门关于加强新时代乡村教师队伍建设的意见》
2022	《教育部办公厅关于组织实施新时代中小学学科领军教师示范性培训（2023—2024年）的通知》
	《教育部办公厅关于实施新时代中小学名师名校长培养计划（2022—2025）的通知》

资料来源：根据中华人民共和国教育部网站整理。

中小学教师的培训工作，在教育政策的扶持和引导下，逐渐从以追求学历补偿到提升专业素养，从职前职后的分离走向统一。这种基于教育政策调整和引导下的师资培养的变革，为中小学师资的专业化成长带来了更多的机遇，提供了更有力的保障。

二 百年师范教育政策演进的特点

师范教育政策，是师范教育体制由零星到制度化建设的宏观指导纲领。百年师范教育政策随着社会形势的转化，进行着不断的丰富与完善，在扬弃与继承中进行着反复的斟酌与考量，且在每一阶段都显露出不同的动态特征。探析百年师范教育政策嬗变的内在机理，对于厘清师范教育政策发展的历史走向，明晰不同时期政府对师范教育发展的政策偏好，意义重大。

（一）始终坚持国家对师范教育政策的有效干预与控制

师范教育工作是全社会工作的"母机"，是确保社会教育事业复兴的根本。加强教师队伍建设，坚持在国家对师范教育的有效干预与控制下的师范教育政策体系建设，对我国师范教育改革具有战略性的意义。毋庸置疑，在优先发展师范教育上，国家和政府有不可推卸的责任，在教师权利明确与义务划分上，更是肩负着重要使命。从近代社会开始，国家在促进社会发展和提高国民素质上，便开始起到基础性、先导性和把控性的关键作用。纵观百年师范教育政策历程，国家对师范教育政策的有效干预与控制，主要表现为以下几个方面。

一是始终坚持国家对师范教育政策的主导作用。师范教育创设至今，教师教育政策的制定都是政府基于社会发展现状、对社会矛盾解读以及教师发展做出的根本方向上的判断。在这一过程中，基于国家利益、社会秩序、自身政治地位等考量，政府会强化自身在教师教育中的主导地位，确保其对教师教育事业的掌控、引导和管理。国家对师范教育政策的制定有着根本的决定权力，主要体现在对师范教育政策"师范性"的坚持与拓展上，其目的是保证师范教育实施机构始终坚守"师范性"的特色，持续地为基础教育培养高素质的人才。从清末师范教育创办以来，国家便作为师范教育政策的厘定与监督施行的唯一机构，无论是对师范教育目标的明确，还是对师范教育开展过程中教育课程的设置、教育实施机构的建设、聘任标准的规划等，都采取自上而下的方式进行把控。国家对师范教育政策的规范和引导，从源头上把握了社会发展对教师的规格要求，明确了人才培养的根本师范属性。

二是不断加大关注与支持力度。教育为本，投入先行。对师范教育的投入是支撑国家基础教育发展的重要手段。根据2012年全国教育经费执行情况统计公告，2012年国家财政性教育经费占GDP的比例为4.28%，比上年的3.93%增加了0.35个百分点。① 这4%目标的实现，对中国教育的发展具有里程碑般的意义，更是国家对"教育为本，投入先行"理念的不断践行。

尤其是党的十八大以来，无论是对"国培计划"的大力支持，还是对特困农村教师的生活补贴，国家的政策倾斜与支持力度不断增大。据统计，截至2017年，国培计划共投入93.5亿元，有957万人次的中小学和幼儿园教师校长受惠及。② 截至2015年，604个县的94.9万名乡村教师享受生活补贴。中央财政共安排综合奖补资金112亿元。③

随着教师教育改革发展的进一步深化，对教师教育领域的支持力度也在逐渐增大，这种支持与资助不仅体现在经费的增加与受惠教师群体的扩大，同时也包括对教师个人发展的扶持与帮助。2012年11月，教育部联合多家部委印发《边远贫困地区、边疆民族地区和革命老区人才支持计划教师专项计划实施方案》，用以提升边远地区教师发展水平，2015年，国务院办公厅印发《乡村教师支持计划（2015—2020年)》，用以全面提高乡村教师的道德水平和职业精神、拓宽乡村师资来源渠道，提高乡村教师的各项福利待遇。2018年1月，国务院颁布实施《关于全面深化新时代教师队伍建设改革的意见》，全面推进教师队伍建设的深化改革，尤其在提高教师地位待遇上加大对乡村教师的关注与支持力度。2019年为细化落实《中国教育现代化2035》，《加快推进教育现代化实施方案（2018—2022

---

① 《这5年，中国教育日新月异——党的十八大以来我国教育改革发展大事回眸》，《中国教育报》2017年10月18日第3版。

② 《中国教育的时代选择——党的十八大以来教育改革成就述评·提高质量篇》，《中国教育报》2017年10月17日第3版。

③ 《为人民开创更美好的未来——党的十八大以来党中央关心教育改革发展纪实》，《中国教育报》2017年10月18日第1版。

年)》颁行，强调补齐薄弱地区教师短板，深入实施乡村教师支持计划，为振兴乡村、服务教师提供全方位的政策支撑。

(二) 师范教育政策体系日臻完善与成熟

师范教育政策通过借助教育法律法规，对师范教育各个领域以及各个层次进行规范、整合，从而推动师范教育事业全局性的发展。百年的嬗变历程，师范教育政策层出不穷，在与社会各个因素的不断碰撞与调试中，逐步理顺了内外部的矛盾，形成了日益健全的体系结构，表现出日臻完善与成熟的特征。

在清末时期，师范教育政策内容精简，对师范教育相关内容的规范和约束仍处在探索阶段。清政府在被动打开国门之时，并没有充分意识到，旧私塾的升级与换代并不能真正培养出经世致用的人才，而唯有仰赖新师资才能实现。中国有着千年的师道传统，但几千年来却从未有一所培养教师的专门学校，更遑论指导教师培养的教育政策。因此，在有识之士的大力号召和积极推动之下，清政府逐渐意识到师范教育发展的重要性，并开始不断建设和完善师范教育政策体系。但由于经验的不足以及内外交困的社会形势，不得不采取滞后式的政策制定策略，来不断补足师范教育政策体系的缺口与不足。这种被社会需要与爱国人士的督促、补救式的政策制定，成为清末时期师范教育政策制定的典型特征。

1908年，清政府将京师大学堂优级师范科改为京师优级师范学堂，并规定各府厅州县均设立一所师范学校。结果导致很多地方将各种现成的学堂改为师范学堂，如江苏江北高等学堂改为初级师范、湖北改两湖高等学堂为两湖师范学堂、广西高等学堂改为师范简易学堂、云南高等学堂改为云南两级师范学堂等。[①] 不可否认，在这些学堂中有许多名不副实的师范学堂，其所教科目、所授知识、教习老师均自诩孔孟弟子，将儒家典籍作为教学主要内容。这与清末师范政策制定的初衷背道而驰。由此可见，仅以贯彻教育政策为目的的政策施行是盲目的，必然产生弊端，而且效率

---

① 邹礼洪:《略论清末民初的师范教育政策》，《新疆师范大学学报》（哲学社会科学版）1998年第1期。

低下。

民国时期的师范教育政策体系逐步完善。民国师范政策的丰富与完善,不仅体现在政策数量上,更体现在层次、范围、种类上。纵观民国师范教育政策体系,从师范教育的设立到教育宗旨、培养目标的明确,从各级各类师范教育课程体系的厘定到师范毕业生的管理与规划,从师范教师的选聘、检定再到教师待遇、职称、薪金的明确,均有相应的政策规定,相对比清末师范教育发轫时期的师范教育政策体系来说,无论是数量还是规模,都有了长足的进步。

与此同时,民国时期的师范教育政策体系建设,更是将西方政策与本土化建设糅合在一起。民国早期师范教育政策的雏形源自对日本师范教育的模仿与借鉴,民国中后期的师范教育政策又深受美国实用主义思想的影响。日本、美国等国家的政治学说、教育理论大量地渗透到了中国师范教育的政策设计理念当中,与中国本土尊师重道的传统思想相融合,共同构成了民国时期师范教育政策的理论积淀。

但不可否认,单纯地借鉴与模仿外国的师范教育政策,难以适应复杂的中国师范教育实际。因此,在不断地摸索与尝试中,具有本土化特色的师范教育政策逐渐形成。以乡村幼稚师范政策的制定为例,早期留美归来的陶行知、陈鹤琴等为主要的倡导者和实践者,他们在杜威实用主义思想的影响下,结合民国时期农村教育实际,借鉴欧美师范教育理论,以中国农村本土教育为根基,不断为民国乡村幼稚师资培养政策的厘定建言献策。

1928年,在全国第一次教育会议上,陶行知、陈鹤琴等人便提出培养幼稚师资的问题。陶行知在其《推广乡村幼稚园案》中建议:"每省区应先试办一乡村幼稚师范,依据中心幼稚园办法训练乡村幼稚教师"[1]。陈鹤琴主张"就环境适宜之地,开设幼稚师范学校,或就各省之师范内,添设幼稚科,以培养专门人才,供给良好师资"[2] 等。这些提案、主张被民国

---

[1] 中国学前教育史编写组编:《中国学前教育史资料选》,人民教育出版社1989年版,第256页。

[2] 中国学前教育史编写组编:《中国学前教育史资料选》,人民教育出版社1989年版,第256页。

政府所采纳，被逐步纳入民国师范教育法律政策体系中。

通过对中华人民共和国成立后，教师教育政策的梳理可以看出，70余年的教师教育政策体系建设，规模出众，成绩斐然，不仅为实现特定时期教育任务的完成提供了基本规范与施行保障，同时也为调整教师教育各组成要素间的关系提供了行为准则与计划标准，尤其是从"师范教育"到"教师教育"政策话语上的转变，更是引领了师范教育发展内涵式的变革。

百年师范教育政策嬗变，始终与中国社会政治、经济、文化的变革紧密相连。师范教育政策在不断地调整、适应、变革中寻求与社会形势相适应的动态平衡点。在对自身形式与价值的不断扬弃与建构中，不断成熟。中华人民共和国成立初期的政治恢复与重建、20世纪80年代的改革开放、21世纪信息全球化时代的开启，社会形势的日新月异，为师范教育政策体系的完善奠定了坚实的基础。

1951年《关于改革学制的决定》颁行，成为中华人民共和国成立后第一个统一学制，在社会性质的转换与教育人才紧缺的情势下，师范教育政策体系保持着与政治建设紧密相关的关系，从政策设计上竭力保障劳动大众的受教育机会，在统一规定各级各类师范学校培养任务的前提下，具有一定应时、过渡的特征。通过对师范院校的院系、专业调整，加大对师范教育体制的改造和建设力度，推动其为国家经济建设培养急需人才的步伐。1985年，改革开放开始进入全面铺开阶段，市场经济对人才需求开始再次变化，《关于教育体制改革的决定》出台，普及九年义务教育、调整中等教育结构、扩大高等学校办学自主权成为学制改革的三大任务。1986年，《关于加强和发展师范教育的意见》颁行，就加强和发展师范教育，更好地为基础教育服务提出了建设性的意见。

1993年，中共中央、国务院印发《中国教育改革和发展规划纲要》（以下简称《纲要》），再一次对我国的社会教育改革提出新要求。这一时期市场经济体制渐趋成熟，竞争机制的引进打破人才培养的封闭模式，《纲要》提出了包括教育面临的形势和任务；教育事业发展的目标、战略和指导方针；教育体制改革等六个领域的改革，《中国教育改革和发展规划纲要》为具有中国特色的社会主义教育体系的建设提供了宏观的指导，同时也为我们描绘了21世纪中国教育改革的发展蓝图。2010年5月，《国家中长期教育改革和发展规划纲要（2010—2020年）》颁行，为进一步着力打造新的教师教育体制机制，施行一系列符合教育事业科学发展需要的现代教师教育政策提供了指导方向。

基于对上述内容的梳理，可以看出，百年师范教育政策体系从提升教师的思想政治水平、加强对教师学历水平提升，到实现对教师职前职后一体化的培养，再到教师教育专业化建设，从解决数量需求到解决结构性矛盾，从注重政治要求到关注个人发展，从注重规模扩张到追求质量提升，师范教育政策始终保持着对教育发展的敏感性，将政策体系建设与社会发展紧密相连，并不断成熟完善，日臻健全与规范，为师范教育的发展提供了坚实的政策保障与方向指引。

（三）始终重视教师思想道德的规范

对教师道德的要求和思想水平的规范，一直占据师范教育政策建设的重要位置。从清末《奏定初级师范学堂章程》中对师范者的要求，到民国时期对教师训育的开展，都是对教师的思想道德提出的要求。

"1903年《奏定初级师范学堂章程》规定：'应师范者，必当敦品养德，循礼奉法，言动威仪足以为楷模。故教师范者宜勉励各生以谨言慎行，贵庄重而戒轻佻，尚和平而忌暴戾；且须听受长上之命令训诲，以身作则，方能使学生服从'[1]。1916年《师范学校规程》规定，'健全之精神宿于健全之身体，故宜使学生谨于摄生，勤于体育；陶冶性情，锻炼意志，为充任教员之要务，故宜使学生富于美感，勇于德行；爱国家、尊宪法，为充任教员者之要务，故宜使学生明建国之本原，践国民之职分；独立博爱为充任教员者之要务，故宜使学生尊品格而重自治，爱人道而尚大公；国民教育趋重实际，宜使学生明现今之大趋势，察社会之情状，实事求是，为生利之人而勿为分利之人；世界观与人生观为精神教育之本，故宜使学生究心哲理而具高尚之志趣'[2]。1923年《中华民国宪法内之教育专章草案》提出，'全国教育，应以致力于人格完成，发展民主国之国民

---

[1] 舒新城编：《中国近代教育史资料》（中册），人民教育出版社1961年版，第676页。
[2] 舒新城编：《中国近代教育史资料》（中册），人民教育出版社1961年版，第711页。

精神为主旨'①。1932 年《师范学院规程》及 1941 年《修正师范规程》均指出'师范学校教员须品格健全'。1939 年，国立四川大学颁行《加强大学内师范学院之精神训练案》，提出要'慎重师范学院教授人选，除学有专长外，须具高尚品格，优良习惯，对学问能孜孜研究，对生徒能循循善诱者，方为合格'②。1947 年《修正师范学院规程》规定，'师范学院学生导师，须负责辅导学生之品格修养、学术研究及专业训练'。"③

　　中华人民共和国成立以来，对教师思想道德方面的规范则更为细致和严谨。中华人民共和国成立后，党和政府十分重视对师范院校学生的思想政治教育，颁布了一系列课程政策，用以统一规范思想政治教育的目标、内容。1957 年 8 月，《教育部关于中学、师范学校设置政治课的通知》印发，12 月《高等教育部、教育部关于在全国高等学校开设社会主义教育课程的指示》颁行。"文化大革命"后，为恢复和提升师范院校教师队伍的整体水平，国家对各级师范院校的培养目标都进行了重新的确定，尤其是对热爱中国共产党，热爱社会主义事业的目标进行了明确。到改革开放后，党和国家不断加大对教师职业道德体系的建设（见表 3-2），提升其针对性与可操作性、目的性与明确性，将教师职业道德建设纳入有法可依、有章可循的新形势下。

　　与此同时，重塑教师形象，提升教师地位。"国将兴，必贵师而重傅；贵师而重傅，则法度存。"教师，作为"立德树人"的践行者，一直是教师教育改革的核心所在。"经师易求，人师难得。"习近平总书记在 2014 年，与北京师范大学师生座谈上强调："各级党委和政府要满腔热情关心教师，让广大教师安心从教、热心从教、舒心从教、静心从教，让广大教师在岗位上有幸福感、事业上有成就感、社会上有荣誉感，让教师成为让

---

　　① 李友芝、李春年、柳传欣等编：《中国近现代师范教育史资料》（第 2 册），北京师范大学内部资料 1983 年版，第 269 页。
　　② 李友芝、李春年、柳传欣等编：《中国近现代师范教育史资料》（第 2 册），北京师范大学内部资料 1983 年版，第 678 页。
　　③ 霍东娇、曲铁华：《清末至民国时期师范学校教师聘任政策的历史审视》，《中南大学学报》（社会科学版），2016 年第 5 期。

人羡慕的职业"。① 不断塑造现代教师的专业新形象，切实提升教师职业的社会地位，打造教师是立教之本、兴教之源的坚实信念。

表3-2　　　　改革开放后师德建设政策表（1984—2019年）

年份	政策名称	主要内容
1984	《中小学教师职业道德要求（试行草案）》	以思想政治素质教育为主，师德理想与师德原则建设为辅
1991	《中小学职业道德规范》	要加强教师的职业道德教育
1997	《中小学教师职业道德规范》	对中小学教师的道德规范由6条增加为8条，从以往的仅关注师生关系拓展到教师与家长、教师与职业的关系
2000	《关于加强中小学教师职业道德建设的若干意见》	师德规范增至16条
2005	《关于进一步加强和改进师德建设的意见》	提出了教师应遵守的道德规范，而且首次将违背师德的处理办法划分为劝诫、严肃处理和撤销教师资格并予以解聘三个层次
2008	《中小学教师职业道德规范（2008年修订）》	师德规范调整为7条
2010	《国家中长期教育改革和发展规划纲要（2010—2020年）》	提出构建师德建设长效机制
2013	《关于建立健全中小学师德建设长效机制的意见》	对如何进行师德长效机制建设提出了具体的制定规范及操作流程
2014	《中小学教师违反职业道德行为处理办法》《严禁教师违规收受礼品礼金等行为的规范》	进一步规范了违反师德规范的处理机制
2019	《关于加强和改进新时代师德师风建设的意见》	进一步明确新时代师德师风建设的指导思想、基本原则、工作目标及任务举措

资料来源：根据中华人民共和国教育部网站整理。

近年来，党和国家始终关注教师队伍建设，无论是具有完善功能的师德建设长效机制的创行，还是优秀教师典型的树立与宣传，无论是对教师

---

① 中华人民共和国中央人民政府网：《习近平：做党和人民满意的好老师——同北京大学师生代表座谈时的讲话》，2014年9月10日，http://www.gov.cn/xinwen/2014-09/10/content_2747765.html。

进行职后提升的"国培计划"的实施,还是教师专业化进程的推进,都将视线聚焦在对教师形象的定位与重塑上。这种对教师职业的新期待与新希望,亦成为提升教师地位的有力抓手。因此,不断塑造现代教师的专业形象,切实提高教师职业的社会地位,打造教师"立教之本,兴教之源"的坚实信念,为推动教师教育事业的进一步改革注入活力。

(四) 持续关注乡村师范教育政策体系建设

乡村是社会主义社会的重要行政单位,对社会的全面发展有着重要意义。重视乡村人才培养,持续关注乡村师范教育政策体系建设,推动乡村师范教育队伍建设,保障乡村教师权益,既是具有典型社会主义特色的师范教育制度体系建设的根本要义,也成为我国百年师范教育政策体系建设的鲜明特点。

民国时期开启了乡村师范教育政策体系的建设。从1928年起,南京国民政府便开始不断加大对乡村师范教育的管理力度。在国民政府召开的第一次全国教育会议上,《整饬师范教育制度案》颁布施行。《整饬师范教育制度案》明确将乡村师范学校列入师范教育体系,同时,法案针对乡村师范教育提出明确要求。由此,乡村师范学校获得了师范教育体系中的合法地位。

1929年,《中华民国教育宗旨及其实施方针》指出,"于可能范围内,使其独立设置,并尽量发展乡村师范教育"[①]。1932年,《乡村师范规程》进一步明确"以养成乡村小学师资为主旨之师范学校,得称乡村师范学校"[②] 的培养目标,并提出开设简易师范学校和简易师范科的主张。1935年,教育部颁发《乡村师范学校课程标准》,明确了乡村师范学校的课程设置与实施细则。至此,国民政府逐步实现了对乡村师范教育政策的规范化管理,实现了对乡村师范教育的整体管控,乡村师范教育基本政策体系也初步建立起来,虽在日后稍做调整,但总体上并没有发生实质性的变化,并一直延续到中华人民共和国成立前。

---

① 李友芝、李春年、柳传欣等编:《中国近现代师范教育史资料》(第2册),北京师范大学内部资料1983年版,第290页。

② 李友芝、李春年、柳传欣等编:《中国近现代师范教育史资料》(第2册),北京师范大学内部资料1983年版,第327页。

在对乡村师范教育政策体系的建设过程中，一些地方也相继出台了一批有关乡村师范教育的法规、提案，对乡村师范政策体系进行有力的补充和完善。如 1929 年，广东省实施《令准文昌县中学增设乡村师范班并加拨经费案》，以"现欲适应社会之需要，补救小学教育之缺陷，拟于本年秋季，招收乡村师范一班，以为陶冶小学师资之准备，期收根本整顿小学之实效"①，并提出增加经费的要求。同年，安徽省出台《省立乡村师范组织大纲》，对乡村师范学校的定名、宗旨、招生对象、修业程度以及人员配备、运行管理等情况进行了细致的规定，并提出了乡村师范学生修养的三大标准及 44 条具体培养方法。

1932 年，江苏省政府向教育厅递送江苏全省师范教育计划大纲，其中提出要将南京中学等六校之乡村师范科改为乡村师范学校，实行独立，获得批准；同年，《江苏省全省师范教育计划大纲》颁行，对独立后的乡村师范教育的教育、训育、实习、设备等问题进行了细致的阐述，并通过《江苏省省立乡村师范学校组织暂行规程》。1932 年，《四川省涪陵县立乡村师范学校组织大纲》颁行；1937 年，察哈尔省教育厅颁行《令省私立各中学师范各县简易乡村师范学校为奉教育部令发二十六年暑期中学及师范学校教员讲习班办法大纲》，以通报关于各中等学校各科教员暑期进修事宜。

综上，这一时期的乡村师范教育的发展呈蓬勃之势，乡村师范教育的政策体系建设也日趋成熟。为乡村师范学校从组织设立到培养目标，从课程标准到教师聘任等各领域均创设了一定的政策保障体系，为乡村师范教育的进一步实施和拓展提供了政策依据。

中华人民共和国成立后，党和政府依然坚持对乡村师范教育政策体系进行探索和完善。与其他资本主义国家的教育形式不同，我国的城乡二元教育体制差别较大、东西部地区差异明显。为了推动中国师范教育整体的发展，加强对农村地区、西部地区教师的政策倾斜与支持，成为实现中国师范教育整体发展的关键所在。这种以追求资源公平发展与资源共享为最

---

① 《令准文昌县中学增设乡村师范班并加拨经费案》，《广东省政府公报》1929 年第 26 号。

终目的的、具有社会主义特色的师范教育政策成为我国师范教育政策本土化体系建设的重要组成部分。中华人民共和国成立后，我国师范教育曾一度坚持面向工农、服务工农的目标，并坚持鼓励师范生毕业后到西部地区、农村地区从事教育工作。

1978 年改革开放后，为了加速推动中西部农村地区的教育发展，师范教育政策进行了积极的建设。1983 年 5 月，中共中央、国务院印发《关于加强和改革农村学校教育若干问题的通知》指出，"建设一支稳定、合格的教师队伍，是办好农村学校的重要关键"[1]。1989 年，全国师范专科学校会议召开，会上提出要适应农村教育的新形势，将为农村培养合格的中等师资列为中等师范学校的首要任务。

为实现城乡区域的均衡发展，进入 21 世纪后，国家采取了一系列切实有效地推动乡村教师队伍建设的政策手段，如"国培计划""农村义务教育阶段学校教师特设岗位计划""免费师范生计划""农村学校教育硕士师资培养计划""连片特困地区乡村教师生活补助政策"等。2015 年 6 月，国务院办公厅印发了《乡村教师支持计划（2015—2020 年）》，"力争通过全面提高乡村教师思想政治素质和师德水平、拓宽乡村教师补充渠道等八方面政策举措，努力打造一支素质优良、甘于奉献、扎根乡村的教师队伍"[2]。《乡村教师支持计划（2015—2020 年）》的出台，进一步标志着国家对乡村师范教育建设的关注与重视，进一步明确了农村教师队伍建设的方向，提升了乡村师资培养的政策层次和法律地位，推动了乡村教师队伍建设进入全面推进的新时期。

2018 年 1 月，国务院颁布实施《关于全面深化新时代教师队伍建设改革的意见》，这是中华人民共和国成立以来党中央出台的第一个专门面向教师队伍建设的里程碑式政策文件，尤其在深化教师管理综合改革以及提高教师地位待遇上加大对乡村教师的关注与支持力度，为优先推动乡村教师的专业发展、激活乡村教师活力，提供了政策的保障与引领。2019 年 2

---

[1] 何东昌主编：《中华人民共和国重要教育文献（1976—1990）》，海南出版社 1998 年版，第 2088 页。

[2] 《为人民开创更美好的未来——党的十八大以来党中央关心教育改革发展纪实》，《中国教育报》2017 年 10 月 18 日第 1 版。

月，国务院出台《中国教育现代化 2035》，为细化落实"2035 计划"，《加快推进教育现代化实施方案（2018—2022 年)》(以下简称《方案》)实施。基于对乡村教育、乡村教师的关注，《方案》明确指出，要进一步实施中西部教育振兴计划，补齐薄弱地区教师短板，深入实施乡村教师支持计划、银龄讲学计划、援藏援疆万名教师支教计划，等等。

这些聚焦农村教师培养的工程、项目政策的制定和实施，明确表现了国家在乡村教师培养上的政策态度与决心，一方面提升了乡村教师的生存质量，照顾到乡村教师的发展需求；另一方面也为教师队伍整体水平的提高，保证高质量教育实施提供了人才保障。

三　百年师范教育政策演进的路径

深入剖析蕴含在政策文本中的价值规律，对于更好地完善政策体系，发挥政策效用是具有重要意义的。因此，本书对百年师范教育政策的变迁路径进行考察，探索其内在发展规律，以期更好地为师范教育政策的制定与实施提供依据。

（一）政策主体的价值取向由"工具本位"向"以人为本"转变

师范教育政策的价值取向作为一种利益倾向是由师范教育政策主体自身的特点所决定的，师范教育政策的价值体系中，价值主体可以简单分为两个方面：决策主体、执行主体。

首先，从师范教育政策的决策主体来看，从师范教育肇始，我国师范教育政策的决策主体的利益倾向便是坚持为国家利益服务。从教育宗旨的制定到教育目标的明确，无不是为推动社会发展服务，以满足社会需求为根本指向，这种指向带有明显的工具本位取向。直到进入 21 世纪后，师范教育政策在终身教育思想、教师专业化理念的驱动下，逐渐开始从"为了国家利益"向"为了最大多数教师整体利益"转变。

特别是近 10 年，国家促进教师发展政策的制定、实施证明了这一转变。2002 年，教育部颁行《"十五"期间教师教育改革与发展的意见》，2012 年国务院出台《关于加强教师队伍建设的意见》，同年《关于深化教师教育改革的意见》施行，2014 年《卓越教师培养计划》印发，2015 年《乡村教师支持计划（2015—2020 年）》启动，这些政策都着力于建设一支高质量的教师教育队伍，把加强教师队伍建设放在重要位置，有计划、有目的地对教师进行培训，充分体现了师范教育政策"以教师为本"的决策出发点。

其次，从师范教育政策执行的主体层面来看，包括各级各类师范学校、教师两大主体。

从各级各类师范学校来看，我国师范教育政策长期以来一直以满足社会对教师数量的迫切需要为主要任务，各级各类师范院校的设置和发展也大多围绕这一中心任务。《关于加强和发展师范教育意见》《中共中央关于教育体制改革的决定》相继提出了"发展师范学校、培训在职教师"的意见，《教育改革与发展规划纲要》更是提升了师范教育作为全社会"工作母机"的地位。

与此同时，"加强中小学教师培训""综合性高等学校和非师范类高等学校参与培养培训中小学教师"等措施、主张，频现于各种法规、章程之中，推动了以从数量需求到追求质量的综合开放型教师教育体系的逐步形成，体现了"为了教师发展"的执行立足点。在这些政策的推动下，以高等师范学校为主要的政策执行主体，开始从促进教师专业发展角度出发，推出以"4+X"模式为典型代表的教师教育新模式，用以逐步提升教师学历水平；探索"U-G-S"新路径，为师范生进入教师队伍提供更为充足的实习机会；完善教师教育课程内容的设置，将校本课程开发与传统教师教育理论相结合，突破工具价值取向的限制，践行以教师发展为本的人本理念。

从教师本身而言，由传统的知识传授者、教学的践行者到现代教育的研究者、教育的服务者的转变，说明我国传统师范教育政策单一的主体工具价值开始向注重个人发展价值的方向转移，以"研究型教师"称号取代"教书匠"的称谓，标榜着教师职业已经由单纯的知识传授，转向以持续学习和不断创新的专业化方向发展。党的十九大报告提出，建设教育强国是中华民族伟大复兴的基础工程，必须把教育事业放在优先位置，加快教育现代化，办好人民满意的教育。

从肯定教师价值为根本出发点的党的章程，为进一步实现人才兴国、人才强国战略提供了根本方向，20世纪90年代后陆续颁发的法律法规《中华人民共和国教师法》（1994）、《教师资格条例》（1995）、《教师资格条例实施办法》（2000）等也从法律上促进和支持了教师的专业发展和终身发展，体现了"以教师为本"的价值取向。

但不可否认的是，教师教育政策的工具价值与人本价值并不是矛盾的双方。教师教育政策的变迁路径，也并不是舍弃工具价值而追寻人本价值，而是将二者结合，但更注重人的发展。因此，正确把握二者的关系，也是理解教师教育政策变迁路径的关键所在。

（二）政策实施的手段由单一走向多元

当下政策的制定与实施，都是基于对传统的超越或者是与传统的一种妥协，强调与过去的连续性，而不是告别过去、对过去的完全抛弃。在师范教育政策的百年历史进程中，通过不断丰富政策的手段，由单一走向多元，用以满足社会的需求、增加实施的效果的样例不胜枚举。改革开放后，为提升教师培养层次，增强教师素质，针对教师培养政策，党和政府从单一师范院校培养的一元化培养手段，逐渐增加为综合性高校不断纳入的多元培养，用以不断拓宽中小学教师的培养渠道和路径选择。这种对同一领域内，政策的继承与发展、丰富与多元化的实施手段的更新，在保持师范教育独特"师范"属性方面，表现尤为突出。

1978年党的十一届三中全会后，我国的教育事业开始逐步恢复。党和人民政府对师范教育制度进行了卓有成效的改革，不仅确立了高等师范教育在发展教育事业中的战略地位，同时明确了高等师范教育改革与发展的基本格局与框架。

经过恢复和发展后的高等师范教育，课程结构日趋合理，专业设置日趋平衡，办学质量大幅提高。1986年，国家教委在《关于加强和发展师范教育的意见》中提出一系列针对高等师范教育改革的部署，主要涉及高等师范院校的专业设置、教学计划等方面，在政策意见的督促下，高等师范教育加快了改革与建设的步伐。1987年3月，国家教委召开高师工作座谈会，进一步明确高等师范教育办学的中心指导思想，提出高师本、专科的改革必须紧紧围绕培养合格中学教师这一任务来进行。1993年中共中央、国务院颁布《中国教育改革与发展纲要》，指出教师之于教育发展，之于民族振兴的重要意义。《纲要》的颁行，进一步巩固和提升了高等师范院校在师资培养上的重要地位，明确了接下来一段时期，高等师范教育的办学方向与主要任务。

1993年，国务院批转《国家教委关于加快改革和积极发展普通高等教育的意见》，明确提出要对高等教育的管理体制进行改革，打破国家统一办学的单一模式，扩大高等学校办学自主权，改革招生和毕业分配制度，这无疑为高等师范教育的转型和升格提供了政策上的支持与保障。1998年，《中华人民共和国高等教育法》颁行，进一步将高等师范教育体系开放化建设工作纳入法制轨道建设中来。

1999年，《教育部关于师范院校布局结构调整的几点意见》（以下简称《意见》）出台，在《意见》的指导下，高等师范学校的教育目标得以明确，任务不断清晰，层次得到持续提高。这一时期针对高等师范学校的调整与升格，顺应了时代发展和基础教育改革的需求，整合了师范教育的资源优势，提高了师范院校办学的层次与规模。2001年5月，《国务院关于基础教育改革与发展的决定》提出，"完善以现有师范院校为主体、其他高等学校共同参与、培养培训相衔接的开放的教师教育体系"。[①] 至此，"教师教育"取代"师范教育"，教师的职前、职后教育划归为统一整体，着重强调了高等师范院校在教师培养上的内涵式转变。

为进一步突出高等师范学校院校师范性特色，稳固高等师范院校在师资培养上的主体地位，2007年国务院办公厅转发教育部等部门《关于教育部直属师范大学师范生免费教育实施办法（试行）》。免费师范生政策推行以来，为乡村基础教育提供了数以万计的优秀师资，极大地解决了我国教师资源配置结构性不平衡的问题。21世纪初，随着我国教师自身专业化发展和社会主义现代化对新型师资要求的双重调整以及师范院校转型目标的提出，党和国家在高等师范院校发展的基本方针与主要任务、发展规模

---

① 何东昌主编：《中华人民共和国重要教育文献（1998—2002）》，海南出版社2003年版，第890页。

以及管理模式等方面，都给予了充分的关注，并提出了具体的政策指导与实施步骤。在多元化教师教育培养模式的推动下，高等师范教育基本满足了社会发展对教师的需求，为我国高等师范院校在综合化进程中突出"师范性"地位，提供了制度保障与力量支持。

2017年教育部印发《普通高等学校师范类专业认证实施办法（暂行）》。通过对普通高等学校师范类专业进行认证，提升师范类专业人才培养标准，通过完善培养目标、调整课程设置以及丰富评价标准等手段，持续推动师范生的专业化发展，并最终实现新型师资的养成，即实现知识获得、能力提升、素养养成的三位一体培养目标。2018年2月，教育部等五部门在《教师教育振兴行动计划（2018—2022年）》中提出，要"办好一批高水平、有特色的教师教育院校和师范类专业，教师培养培训体系基本健全，为我国教师教育的长期可持续发展奠定坚实基础"[1]。截至2020年9月，全国共有4000余个师范专业纳入一级质量检测，221个师范专业通过第二、第三级专业认证[2]，进一步优化了师资培养体制，提升师资培养的专业化水平以及创新能力。

2021年，习近平总书记在清华大学考察时强调："我国高等教育要立足中华民族伟大复兴战略全局和世界百年未有之大变局，心怀'国之大者'，把握大势，要敢于担当，善于作为。"[3] 面对重塑中华文化自信，积极参与全球高等教育治理的历史使命，党和政府提出，高等师范教育要扎根中国大地，同时更积极与国际接轨。对于我国高等师范教育来说，一方面要守住育人根基，深入挖掘自身办学特色；另一方面也要积极融入全球化的进程，提升自身的国际影响力。2015年11月伊始，旨在推动一流大学、一流学科建设的方案、办法陆续出台，对新的历史条件下我国高等师

---

[1] 中华人民共和国教育部：《教育部等五部门关于印发教育振兴行动计划（2018—2022年）的通知》，2018年3月22日，http://www.moe.gov.cn/srcsite/A10/s7034/201803/t20180323_331063.html，2022年2月6日。

[2] 介绍教师队伍建设进展成效《中共中央国务院关于全面深化新时代教师队伍建设改革的意见》落实评估情况，2020年9月4日，http://www.moe.gov.cn/fbh/live/2020/52439/twwd/202009/t20200904_485267.html，2022年2月6日。

[3] 《习近平总书记在清华大学考察时的重要讲话 激励高校师生砥砺前行》，2021年4月25日，http://edu.people.com.cn/n1/2021/0425/c1006-32086988.html，2022年2月6日。

范一流化发展提出了要求。重视学科建设、突出打造金课、塑造金师,为高等师范教育的高层次、高水平、快速化发展提供了新的思路和引领。

(三) 政策执行由关注"单一职业定向"转向"专业综合发展"

师范教育从创建开始,对教师培养的政策目标的制定,便坚持使受教育者掌握所教学科知识、必需的教育教学方法,对学生进行职业定向教育,要求师范生热爱教育事业,却忽视了学生个体的发展。作为教师的专业发展,这种职业定向的教师教育是刻板的,是只要进入师范院校,就被定位为教师的一种"约定俗成"。这种职业定向是低层次的,是学历水平不高、缺乏严格教师职业资格检定与统一规范师资认证标准下的、封闭式的教师职业定位。

这种基于对社会建设急需下的单一职业定向教育,为中华人民共和国成立初期的师资补充做出了积极的贡献,保证了社会主义基础教育事业的普及实施。但是随着基础教育发展对教师规格需求的提升,20世纪90年代以来,我国的教师政策目标开始朝专业化方向调整。在教师学历水平方面,1993年《中国教育改革和发展纲要》指出,"到本世纪末,通过师资补充和在职培训,绝大多数中小学教师要达到国家规定的合格学历标准,小学和初中教师中具有专科和本科学历者比重逐年提高"。[①]

20世纪末,为了加快提升中小学专任教师的学历层次和能力水平,党和政府开始加大力度推动中小学教师继续教育进程。将中小学教师的再培训、再教育纳入法制轨道上来,同时对中小学教师学历层次的提升,有了明确具体的规定,小学和初中专任教师的学历分别提升到专科和本科层次,经济条件较好的地区高中专任教师和校长中获硕士学位者应达到一定比例。通过多种途径,实现对教师学历水平的不断提升,既是社会发展对教师学历的要求,同时也推动了教师专业化的发展。

与此同时,1993年,《中华人民共和国教师法》颁行,正式提出实行教师资格制度;1995年,国务院发布《教师资格条例》;2000年,教育部

---

① 何东昌主编:《中华人民共和国重要教育文献(1991—1997)》,海南出版社1998年版,第3472页。

颁发《〈教师资格条例〉实施办法》，进一步完善了教师资格明确和检定的政策要求。2012年，教育部印发《幼儿园教师专业标准（试行）》《小学教师专业标准（试行）》和《中学教师专业标准（试行）》，2015年印发《特殊教育教师专业标准（试行）》，教师标准体系的逐步完善和实施，进一步从根本上打破了教师职业定向的限制，逐步提高了对教师素质的要求，建立了严格的教师任职资格和职业标准体系。这种基于学历层次由低到高、资格审定由松到严、职业标准从无到有的转变，无一不标榜着教师教育政策目标设定的逐渐专业化、标准化、规范化。

第四章 中国百年师范教育课程制度的嬗变

从清末师范教育课程制度的初建，到民国时期的成型，再到中华人民共和国成立后的完善与改革，师范教育课程制度历经百年沧桑，在师范性与学术性的博弈过程中探寻科学化的逻辑结构，在国际视野与本土化的碰撞中，寻找中国师范教育课程特色，在由完全工具主义向人本主义迁移的过程中实现课程的根本追求。

一 百年师范教育课程制度的嬗变历程

（一）清末师范教育课程制度的输入与构建

1. 课程内容的选定

清末的师范教育课程在"中体西用"思想的指导下，坚持以忠君、尊孔为核心。1903年，清政府颁行《奏定初级师范学堂章程》，针对初级师范学堂课程要旨规定，"孔孟为中国立教之宗，师范教育须恪尊经训，阐发要义，万不可稍悖其旨，创为异说"[1]、要"尊君亲亲，人伦之首，立国之纲；必须常以忠孝大义训勉各生，使其趣向端正，心性纯良"[2]，与此同时，"教授学科，当体认各学科教育之用意所在，且著眼今日国势民风，

---

[1] 舒新城编：《中国近代教育史资料》（中册），人民教育出版社1961年版，第675页。
[2] 舒新城编：《中国近代教育史资料》（中册），人民教育出版社1961年版，第675页。

讲求实益"[1]。

遵循课程宗旨的要求,《奏定初级师范学堂章程》规定:"初级师范学堂完全科科目分为十二科:一、修身;二、读经讲经;三、中国文学;四、教育学;五、历史;六、地理;七、算学;八、博物;九、物理及化学;十、习字;十一、图画;十二、体操。视地方情况,尚可加外国语、农业、商业、手工之一科目或数科目。其加数科目者,系就各学生所长,各专课一科目,并非令一学生兼习数科目。"[2] 其中,入学年限为4年,修身、读经讲经课程在每年12门课程、36学时中,共占用10学时,尤其是读经讲经一科的学时数,更是教育、文学、历史等单独科目的2—3倍之多(见表4-1)。

表4-1　　　初级师范学堂课程目录、教学内容及周教学时数　　　单位:学时

学年	学科	教学内容	每星期钟点数
第一年	修身	摘讲陈宏谋《五种遗规》 读古诗歌	1
	教育	教育史	4
	读经讲经	《春秋·左传》每日约200字	9
	中国文学	读文 作文 习官话	3
	历史	中国史	3
	地理	地理总论 亚洲总论 中国地理	2
	算学	算术	3
	理化	物理	2
	博物	植物动物	2
	习字	楷书	3
	图画	自在画 用器画	2
	体操	普通体操 兵式体操	2
	合计		36

---

[1] 舒新城编:《中国近代教育史资料》(中册),人民教育出版社1961年版,第676页。

[2] 舒新城编:《中国近代教育史资料》(中册),人民教育出版社1961年版,第675页。

续表

学年	学科	教学内容	每星期钟点数
第二年	修身	同前学年	1
	教育	教育原理	6
	读经讲经	同前学年	9
	中国文学	同前学年	2
	历史	中国史　亚洲各国史	3
	地理	中国地理	2
	算学	算术　几何　簿记	3
	理化	物理　化学	2
	博物	同前学年	2
	习字	行书	2
	图画	同前学年	2
	体操	同前学年	2
	合计		36
第三年	修身	同前学年	1
	教育	教授法	8
	读经讲经	同前学年	9
	中国文学	同前学年	2
	历史	中国本朝史　亚洲各国史	3
	地理	外国地理	2
	算学	几何　代数	3
	理化	续前学年　兼讲教授理化之次序法则	2
	博物	人身生理　矿物　兼讲教授博物之次序法则	2
	习字	行书及小篆	1
	图画	自在画　兼讲教授图画之次序法则	1
	体操	同前学年	2
	合计		36

续表

学年	学科	教学内容	每星期钟点数
第四年	修身	同前学年	1
	教育	教育法令　学校管理法　实事授业	14
	读经讲经	同前学年	9
	中国文学	同前学年	1
	历史	东西洋各国史　兼讲教授历史之次序方法	1
	地理	同前学年	2
	算学	同前学年	3
	理化	化学　兼讲教授理化之次序法则	1
	习字	同前学年	1
	图画	同前学年	1
	体操	同前学年	2
	合计		36

资料来源：舒新城编：《中国近代教育史资料》（中册），人民教育出版社1961年版，第683—686页。

1903年，《奏定优级师范学堂章程》颁行。将优级师范学堂分为公共科、分类科和加习科三类。《奏定优级师范学堂章程》规定，人伦道德、经学大义为通习课程，在三个分类中不存在差别（见表4-2—表4-6）。

表4-2　　　初级师范学堂公共课程目录、教学内容及周教学时数　　　单位：学时

学科	教学内容	每星期钟点数
人伦道德	讲《学记》《大戴礼·保傅篇》《荀子·劝学篇》	1
群经源流	即于《钦定四库全书提要》经部内择其紧要数种之提要讲其大要　不必全讲	2
中国文学	讲历代文章源流义法，间亦联系各体文	3
东语	讲读　文法　作文	6
英语	讲读　文法　作文	12
辨学	总论　演绎法　归纳法　方法学	3
算学	算学　几何　代数　三角法	6
体操	体操及有益之运动　兵式训练	3

续表

学科	教学内容	每星期钟点数
合计		36

资料来源：舒新城编：《中国近代教育史资料》（中册），人民教育出版社1961年版，第692页。

表4-3　初级师范学堂：以中国文学、外国语为主的第一类学科课程表　　单位：学时

学年	学科	教学内容	每星期钟点数
第一年	人伦道德	摘讲宋元明国朝诸儒学案	2
	经学大义	《钦定诗义折中》《书经传说汇纂》《周易折中》	6
	历史	中国史	2
	周秦诸子学	择其有独见而不悖圣道者参考之	1
	生物学	生物通论　生物进化论	2
	心理学	普通心理学	2
	体操	体操及有益之运动　兵式训练	3
	以上通习		
	中国文学	练习各体文字	6
	英语		12
	以上主课		
	合计		36
第二年	人伦道德	同前学年	2
	经学大义	《钦定春秋传说汇纂》	5
	周秦诸子学	同前学年	1
	教育学	教育理论及应用教育史	4
	生理学	人身生理	2
	心理学	应用心理学	2
	体操	体操及有益之运动　兵式训练	3
	以上通习		
	中国文学	练习各体文字	5
	英语	讲读　作文　文学史	8
	德语或法语	讲读　文法　作文	4
	以上主课		
	合计		36

续表

学年	学科	教学内容	每星期钟点数
第三年	人伦道德	同前学年	2
	经学大义	《钦定周礼义疏》《仪礼义疏》《礼记义疏》	4
	教育学	教育史　各科教授法　学校卫生教授实事练习　教育法令	8
	辨学	声音学大义　博言学大义	3
	体操	体操及有益之运动　兵式训练	3
	以上通习		
	中国文学	练习各体文字	5
	英语	讲读作文英文学	8
	德语或法语	德文学或法文学	3
	以上主课		
	合计		36

资料来源：舒新城编：《中国近代教育史资料》（中册），人民教育出版社1961年版，第693—695页。

表4-4　　　**初级师范学堂以地理、历史为主的第二类学科课程表**　　　单位：学时

学年	学科	教学内容	每星期钟点数
第一年	人伦道德	摘讲宋元明国朝诸儒学案	2
	经学大义	《钦定诗义折中》《书经传说汇纂》《周易折中》	6
	中国文学	练习各体文字	1
	心理学	普通心理学	1
	英语	讲读	4
	生物学	生物通论　生物进化论	2
	体操	体操及有益之运动　兵式训练	3
	以上通习		
	地理	亚细亚洲　大洋洲	5
	历史	中国史　亚洲各国史　西洋史	12
	以上主课		
	合计		36

续表

学年	学科	教学内容	每星期钟点数
第二年	人伦道德	同前学年	2
	经学大义	《钦定春秋传说汇纂》	5
	教育学	教育理论及应用教育史	4
	中国文学	同前学年	1
	心理学	应用心理学	1
	法制及理财	法制总论	3
	英语	讲读	2
	体操	体操及有益之运动　兵式训练	3
	以上通习		
	地理	欧罗巴洲　阿非利加洲	5
	历史	中国史　亚洲各国史　西洋史	10
	以上主课		
	合计		36
第三年	人伦道德	同前学年	2
	经学大义	《钦定周礼义疏》《仪礼义疏》《礼记义疏》	4
	教育学	教育史　各科教授法　学校卫生教授实事练习　教育法令	8
	中国文学	同前学年	1
	法制及理财	民法　理财总论　生产　分配　流通　消费	3
	体操	体操及有益之运动　兵式训练	3
	以上通习		
	地理	亚米利加洲	5
	历史	中国史　亚洲各国史　西洋史	10
	以上主课		
	合计		36

资料来源：舒新城编：《中国近代教育史资料》（中册），人民教育出版社1961年版，第695—696页。

表4-5　初级师范学堂以算学、物理学、化学为主的第三类学科课程表　单位：学时

学年	学科	教学内容	每星期钟点数
第一年	人伦道德	摘讲宋元明国朝诸儒学案	2
	经学大义	《钦定诗义折中》《书经传说汇纂》《周易折中》	6
	中国文学	练习各体文字	1
	心理学	普通心理学	1
	英语	讲读	3
	图画	临画　用器画　写生画	2
	手工	木工	3
	体操	体操及有益之运动　兵式训练	3
	以上通习		
	算学	代数学　几何学　三角法　微分积分初步	6
	物理学	力学　物性学　实验	5
	化学	化学总论　无机化学　实验	4
	以上主课		
	合计		36
第二年	人伦道德	同前学年	2
	经学大义	《钦定春秋传说汇纂》	5
	教育学	教育理论及应用教育史	4
	中国文学	同前学年	1
	心理学	应用心理学	1
	手工	木工　金工	3
	体操	体操及有益之运动　兵式训练	3
	以上通习		
	算学	代数学　解析几何学　微分	6
	物理学	音学　热学　光学　气象学　实验	6
	化学	有机化学　无机化学　实验	5
	以上主课		
	合计		36

续表

学年	学科	教学内容	每星期钟点数
第三年	人伦道德	同前学年	2
	经学大义	《钦定周礼义疏》《仪礼义疏》《礼记义疏》	4
	教育学	教育史 各科教授法 学校卫生教授实事练习 教育法令	8
	中国文学	同前学年	1
	体操	体操及有益之运动 兵式训练	3
	以上通习		
	算学	微分 积分	6
	物理学	光学 电气学 磁气学 气象学 天文学 实验	7
	化学	理论及物理化学 实验	5
	以上主课		
	合计		36

资料来源：舒新城编：《中国近代教育史资料》（中册），人民教育出版社1961年版，第696—698页。

表4-6　初级师范学堂以植物、动物、矿物、生理学为主的第四类学科课程表　单位：学时

学年	学科	教学内容	每星期钟点数
第一年	人伦道德	摘讲宋元明国朝诸儒学案	2
	经学大义	《钦定诗义折中》《书经传说汇纂》《周易折中》	6
	中国文学	练习各体文字	1
	心理学	普通心理学	1
	英语	讲读	3
	图画	临画 用器画	2
	体操	体操及有益之运动 兵式训练	3
	以上通习		
	植物学	外部形体学 内部形态学 实验	6
	动物学	动物学各论 脊髓动物分类及比较解剖 实验	3
	生理学	人身生理 哺乳类解剖 实验	6
	矿物学	矿物通论 矿物物理学 矿物化学 矿物特论	3
	以上主课		
	合计		36

续表

学年	学科	教学内容	每星期钟点数
第二年	人伦道德	同前学年	2
	经学大义	《钦定春秋传说汇纂》	5
	教育学	教育理论及应用教育史	4
	中国文学	同前学年	1
	心理学	应用心理学	1
	图画	写生画	2
	体操	体操及有益之运动 兵式训练	3
	以上通习		
	植物学	植物生理学 实验	5
	动物学	节足动物 软体动物 蠕形动物 棘皮动物 腔肠动物 原始动物 实验	7
	地学	岩石通论 岩石论	3
	农学	农业泛论 实验	3
	以上主课		
	合计		36
第三年	人伦道德	同前学年	2
	经学大义	《钦定周礼义疏》《仪礼义疏》《礼记义疏》	4
	教育学	教育史 各科教授法 学校卫生教授实事练习 教育法令	8
	中国文学	同前学年	1
	体操	体操及有益之运动 兵式训练	3
	以上通习		
	植物学	分类学 实验	4
	动物学	发生学 人类及其他脊髓动物 动物学通论等	7
	地学	动力论 地史论 地文学	4
	农学	重要作物论 实验 重要家畜论	3
	以上主课		
	合计		36

资料来源：舒新城编：《中国近代教育史资料》（中册），人民教育出版社1961年版，第698—699页。

通过对清末课程的梳理可以看出，这一时期西艺、西政逐渐引入到师范教育课程体制内，教育学、心理学等教育基础课程在课程体系中占据重要位置，根据《奏定初级师范学堂章程》规定，"初级师范学堂，与中学堂入学学生学力相等，故学科程度亦大略相同；惟初级师范学堂著重在教育学，故特增此科，共钟点除经学外最多"①。

同时，这一时期师范教育课程的突出特点，还在于人伦道德、读经讲经占用了较大的课时数量安排。这些课程，将学生的思维束缚在封建的旧教育的藩篱之中，虽然"西学"穿插在内，但其比重远不能与之抗衡。这种课程的设置带有明显的封建主义特色，与师范教育课程的教育本质存在内在冲突，一定程度上削弱了师范教育课程的效力。但不可否认的是，增设的教育学类课程，对于我国师范教育课程体系的完整化建设，具有一定的前瞻意义。

2. 教科书的选择

在清末的师范教育课程实施过程中，教材的选择是至关重要的载体。《奏定初级师范学堂章程》以及《优级师范学堂章程》对每一学科的教材、教法均进行了细致的规定。尤其在教科书的选择上，传统经学典籍、遗规遗训、儒学周礼的学习成为必修教材。《奏定初级师范学堂章程》规定，修身以摘讲《养正遗规》《训俗遗规》《教女遗规》《从政遗规》《在官法戒录》为主；中国文学以《古文渊鉴》为文法学习之范本，以《圣谕广训》为官话练习指南等。《奏定优级师范学堂章程》指出："周秦诸子皆有偏胜独到之处亦有驳杂害理之处；若读者胸有权衡，分别去取，则亦可以证明经义、博通学术，且文章家尤不能废。"② 其后列举《素问》《周髀》《孔丛子》《淮南子》《贾谊新书》《刘向新序》《说苑》等为参考使用之教科书。

（二）民国时期师范教育课程制度的确立与实施

1. 课程内容的选择

辛亥革命爆发，中国 2000 余年的封建专制统治土崩瓦解。民国肇始，

---

① 舒新城编：《中国近代教育史资料》（中册），人民教育出版社 1961 年版，第 675 页。
② 舒新城编：《中国近代教育史资料》（中册），人民教育出版社 1961 年版，第 700 页。

社会体制开始由封建社会向民主共和转变,这种社会性质的转变也极大地冲击着师范教育体系。伴随着"民主""共和"思想大潮的涌起,民初师范教育课程进入初步创建时期。

为了体现资产阶级民主共和的思想,师范教育课程不再以"忠君尊孔"为目的,而是重新设定具有资产阶级民主性质的课程目标,1912年,教育部公布《师范学校规程》,将"使学生富于美感,勇于德行;使学生明建国之本原,践国民之职分;使学生尊品格而重自治,爱人道而尚大公;使学生明现今之大势,察社会之情状,实事求是,为生利之人而勿为分利之人;使学生究心哲理而具高尚之志趣"[1]确立为民国初期的师范教育课程宗旨。

如果说《师范学校规程》中的有关教育宗旨的规定使师范教育课程开始脱离封建思想的控制,那么,从1913年开始颁行的一系列规程,如1913年教育部公布的《高等师范学校规程》,同年3月的《师范学校课程标准》《高等师范学校课程标准》等中的有关具体课程科目的设置则完全摒除封建旧教育的内容与方法,虽有短暂复辟,但仍以体现资产阶级民主、共和思想为主流。

这一时期颁布的多部法规、政策体现了这一课程宗旨。1916年修订的《师范学校规程》规定,预科的学习科目设置为修身、读经等9门课程。女子师范预科加授缝纫1门,其余科目均与男子师范学校相同。本科共分为一、二两部,其中本科第一部学习科目为修身、教育、国文、习字等18门。

另特别规定,视地方情况,可不设农业,可设商业,或兼开农业、商业以供学生选择。本科第二部的学习科目主要包括修身、教育、国文、数学、博物、物理化学、图画、手工等11门。相对比于第一部,减少习字、英语、历史、地理和法制经济5门课程。与此同时,女子师范学校本科同样设两部。女子师范本科第一部的学习科目除以家事园艺和缝纫代替农学和商业,未设外语科,其余均与男子师范学校本科第一部相同。女子师范学校第二部的学习科目除以缝纫代替农业外,其余均与男子师范本科第二

---

[1] 舒新城编:《中国近代教育史资料》(中册),人民教育出版社1961年版,第711页。

部相同。

根据1913年公布的《高等师范学校课程标准》以及1919年《女子高等师范学校规定》的规定，高等师范学校预科的学习科目主要包括伦理学、国文等8门课程，其中国文部及英语部的预科区别于其他部，有特别规定，即增加教授文学概论一门。共设立国文部、英语部、历史地理部、数学物理部、物理化学部、博物部6部，其中本科各部通习的科目为伦理学、心理学、教育学、英语、体操5门。女子师范学校预科的学习科目及教授时数由校长订定并呈请教育总长认可。共分为文科、理科、家事科三科，其中伦理、教育、国文、乐歌、体操5门为通修科目。

"壬戌学制"颁行后，以七项标准取代民初的教育宗旨，将学制系统划分为初等教育、中等教育、高等教育三阶段，取消师范教育独立地位，师范学校与中学合并，成为中学的一科，致使师范教育规模大幅缩减。从1922年到1928年的7年时间里，师范学校数量减少了63%；师范生数量减少了49%，师范教育经费减少了34%。[①]

1927年，南京国民政府成立，为加强思想文化控制，保障国家权威，1929年，国民政府第三次大会正式将"三民主义"定为民国的教育宗旨。同年4月，国民政府公布《中华民国教育宗旨及其实施方针》，提出"中华民国之教育，根据三民主义，以充实人民生活，扶植社会生存，发展国民生计，延续民族生命为目的，务期民族独立，民权普遍，民生发展，以促进世界大同"[②]。受三民主义的指导和规约，师范教育课程也进行了相应的调整。

在课程内容方面，《三民主义教育实施原则》规定，师范教育"编制课程，宜顺应师资养成之年限及地方的需要；各科教学应注意教材的运用和实习"[③]，与此同时规定了乡村师范课程及女子师范课程的实施纲要。尤其值得关注的是，这一时期各级各类师范学校课程标准不断明确。统一课

---

① 刘问岫编：《中国师范教育简史》，人民教育出版社1985年版，第54页。
② 中央教育科学研究所教育史研究室编：《中华民国教育法规选编（1912—1949）》，江苏教育出版社1990年版，第45页。
③ 中央教育科学研究所教育史研究室编：《中华民国教育法规选编（1912—1949）》，江苏教育出版社1990年版，第55页。

程标准的逐渐颁行,打破了师范教育课程体系缺乏系统性的局面。1930年后,针对师范教育课程标准的规定开始不断出台,其中包括高级中学、简易乡村师范学校的课程标准最具权威性。

1939年《师范学院规程》《师范学院分系必修及选修科目表施行要点》等颁布,对师范学院各系专业课程进行了具体规定,以教育学系为例,共5学年,必修科目为18科,总计81—83学分,选修课共28科,总计76—87学分,这些课程标准的确立,基本明确了师范教育课程的结构体系,一定程度上保障了师范教育课程内容的合理性与逻辑性,避免了师范教育课程实施的盲目性。

2. 教科书的审定

教科书作为师范教育课程实施的载体,是师范教育发展、社会形势变化的最直接反映,也是实现新式师资人才培养的有力工具。不可否认,在民国的特殊历史时期,教科书的发展历经动荡,但我们亦不能忽视,动荡年月中卓尔不群的知识分子"会通以求超越",顺应社会发展的自觉意识,更不能忽视潜藏在教科书审定下的暗流涌动。

国民政府对教科书的审定颇为重视,于1912年颁布了《审定教科用图书规程》,规定,师范学校教科用图书须经教育部审定,编辑教科用图书,应根据《师范教育令》。如需更改教科书内容需提前6个月内重呈审定并指出,各省应组织图书审查会,就教育部审定图书内择定适宜的课本,通告全校使用。

国民政府于1914年1月重新修正了《审定教科用图书规程》,《修正审定教科用图书规程令》强调,师范学校教科所用图书须经过教育部审定,所确定的教科书应符合教育部规定的各学科所应达到的教学目的和培养目标。同年5月,教育部公布《教科书编撰纲要审查会规程令》,为教育部自主编撰审定教科书提供了政策支持。后袁世凯复辟帝制,倒行逆施,迫使教科书的内容与审定深受影响。

1916年4月,教育部公布《修正审定教科书规程草案》,在原有图书审定基础上,增添了有关编审工作费用的相关问题,包括审稿费和审定费、有效期时间等内容,进一步完善了教科书审定的工作流程。同年12月,教育部公布《修正审查教科书规程令》,调整了对于图书审定费用的相关规定。

从1912年至1916年，国民政府对教科书审定的政策体系在不断修正与调整过程中日趋完善，建立了从明确审查日期、建立审查机构到规定审查修改流程、图书审查有效期限等一整套较为完整的图书审定体系。

1927年，南京国民政府成立，于1929年公布了《教科图书审查规程》，再一次重申图书审定的各项流程，缩短了图书使用的有效期，将5年一期限改为3年一期。同年，教育部《暂行教科图书审查办法》出台，提出厘定审查教科图书共同标准与个别标准的要求，并进一步明确了应行审查教科图书的种类与性质。与其相配套的《审查教科图书共同标准》提出了甲乙丙丁戊5大项措施，即对教材的精神、实质、组织者、文字者、形式者5大项内容进行规范，并细化为24条小项。

《审查教科图书共同标准》的出台进一步完善了图书审定的程序，细化了图书审定的操作步骤，保证了图书审定的可操作性，对于避免图书审定流于形式具有重要的指导作用。1935年，教育部公布《修正师范学校规程》指出，"师范学校教科书须采用教育部编辑或审定者，教员自编教材须适合部定课程标准，并须于每学期终将全部教材送呈主管教育行政机关审核，转报教育部备案"[1]。同时《修正师范学校规程》提出要灵活应用教材，适当采用地方性及临时补充之教材，且除了外国语教本外，一律采用中文本教科书，不得用外国文书籍。

抗战爆发后，国民政府在1938年4月召开的临时全国代表大会上通过了《战时各级教育实施方案纲要》，在教科书审查方面，《纲要》强调，要成立专门机构对各级各类的学科进行课程标准的拟定与修改，同时聘请相关专家审核、把关，修改并补充。与此同时，为了配合图书审定标准的实施，1938年8月，教育部公布《教科用书编辑委员会章程》，对教科用书编辑委员会的性质、任务、人员配置等进行了详细规定。至此，教科书审定从原则标准到组织实施机构、法律保障系统的各项建设基本完成。

---

[1] 中国第二历史档案馆编：《中华民国史档案资料汇编（第五辑第一编）（教育）》（一），江苏古籍出版社1991年版，第444页。

综上，在教科书审定政策的指导下，国民政府及其相关教育部门在教科书选择和编撰的过程中有据可依，既保障了教材的统一性，同时在师范教育领域又允许进行地方性教材的使用，照顾了特殊性，实现了教材选择的灵活性与因地制宜，对师范教育教材的合理开发与利用提供了政策上的支持。尤其是以宣扬民族精神与民主意识为主要选择标准的确立，更是有力地推动民族团结，增强了民族凝聚力。

但是，教科书审查制度在施行过程中也存在着一定的弊端。首先，教科书质量参差不齐，使用不规范。1934年10月，河北省教育厅发布训令指出，"查中小学校及师范学校课程标准，送经教育部制定颁发，各种应用之教科书，亦经教育部审定，陆续公布在案。惟是耕种教科书以及参考用书，多系商营书局出版，编辑者既未必皆具教学经验，取材地域编辑方法，多有所偏"[①]。训令上还指出，在对中学生会考进行考察的过程中，发现了教科书及活用教材庞杂混乱的现象，同一教科书，教授年级不同；同一科目，教材多寡不同。其次，教科书选择的范围受到限制。最后，在维护政党统治下的教科书选择，政治性色彩偏重。

尽管如此，民国时期的师范教育课程设置与清末相比，仍然具备相当的先进性。

第一，课程性质的调整。民国时期除增设预科必修课程外（见表4-7），同时对国文、外语等各系进行课程调整。以本科国文部为例，共设9科必修课程，另设乐歌、德文为选修课程，与清末师范学堂以中国文学为第一类学科相比，增设了美学、言语学、伦理学、哲学课程，取消了人伦道德、经学大义、周秦诸子学、辨学4门课程，每学年减少9—12课时左右（见表4-8）。这些课程内容和门类的变革与调整，充分体现了民国时期资产阶级文化主导的地位，同时也从一定程度上消除了封建残余思想的内容。师范生开始进行更为科学化、系统化的师范课程学习，课时的减少也为师范生减轻了学业负担，增加了学习的灵活性。

[①] 《河北省教育厅训令》（第613号），《河北省教育公报》1933第10期。

表4-7　　　　　　　高等师范学校课程标准　　第一表　预科　　　　　单位：学时

	第一学期		第二学期		第三学期	
	每周时数	教学内容	每周时数	教学内容	每周时数	教学内容
伦理学	1	人伦道德之要旨	1	同上	1	同上
国文	4	讲读 文法 作文	4	同上	4	同上
英语	12	讲读 文法 作文 会话 翻译 默写	12	同上	12	同上
数学	4	算术 几何	4	代数几何 三角法	4	同上
伦理学	2	演绎法	2	归纳法	2	方法学
图画	2	临画写生画	2	投影画法要略 透视画法要略 黑板画练习	2	水彩画
乐歌	2	声乐练习及理论	2	同上	2	同上

资料来源：舒新城编：《中国近代教育史资料》（中册），人民教育出版社1961年版，第737页。

表4-8　　　　　　高等师范学校课程标准　　第二表　本科国文部　　　单位：学时

	第一学年						第二学年						第三学年			
	每周时数	第一学期	每周时数	第二学期	每周时数	第三学期	每周时数	第一学期	每周时数	第二学期	每周时数	第三学期	每周时数	第一学期	每周时数	第二学期
伦理学	2	伦理学	2	同上	2	同上	2	西洋伦理学史	2	同上	2	同上	2	中国伦理学史	2	同上
心理学及教育学	2	心理学	2	同上	2	同上	3	教育学	3	同上	3	教育史	5	教育史教授法	5	教育史教授法学校卫生教育法令
国文及国文学	12	讲读文法作文小学	12	同上	12	同上	12	讲读文法作文文学史	12	同上	12	同上	10	讲读文学史	10	同上
英语	5	讲读	5	同上	5	同上	3	讲读	3	同上	3	同上				
历史	3	中国史	3	同上	3	同上	3	中国史	3	东亚各国史	3	同上				

第四章　中国百年师范教育课程制度的嬗变

续表

	第一学年					第二学年						第三学年			
	每周时数	第一学期	每周时数	第二学期	每周时数	第三学期	每周时数	第一学期	每周时数	第二学期	每周时数	第三学期	每周时数	第一学期	每周时数	第二学期
哲学											2	哲学概要	2	同上
美学											2	美学概要	2	同上
言语学							2	言语学声音学	2	同上	2	同上		
体操	3	普通体操及游戏兵式训练	3	同上	3	同上	3	普通体操及游戏兵式训练	3	同上	3	同上	3	普通体操及游戏兵式训练	3	同上
合计	27		27		27		28		28		28		24		24	

资料来源：舒新城编：《中国近代教育史资料》（中册），人民教育出版社年1961版，第738—739页。

第二，选修课数量的增多。根据国民教育部1939年9月颁布的第23061号训令规定，"师范学院教育学系共开设选修课28门，公民训育学系开设31门，国文学系24门"。[①] 以师范学院教育学系选修科目为例（见表4-9），从客观上看，这些选修课的设置，丰富了师范教育课程体系，有利于开阔师范生的学习视野，意图帮助学生打造宽厚的专业基础，但从实际实施的情况来看，过多庞杂的选修科目反而增加了学生的课业负担，限制了学生的自由发展，降低了师范教育本身的特殊性。

[①] 刘婕、谢维和：《栅栏内外：中国高等师范教育百年省思》，北京师范大学出版社2002年版，第113页。

表 4-9　　　　　师范学院教育学系选修科目表（1939 年）

科目	规定学分	设置学年及学期	备注
生理学	4	第三、四、五学年	
遗传学	3	第三、四、五学年	
实验心理学	6	第三、四、五学年	
变态心理学	3	第三、四、五学年	
社会心理学	3	第三、四、五学年	
比较心理学	3	第三、四、五学年	
心理卫生	2	第三、四、五学年	
学校卫生与体育	3	第三、四、五学年	
教育视导及调查	2	第三、四、五学年	
乡村建设与教育	2	第三、四、五学年	
中外教育家研究	2—4	第三、四、五学年	
师范教育	2	第三、四、五学年	
女子教育	2	第三、四、五学年	
家事教育	2	第三、四、五学年	
职业教育	2	第三、四、五学年	
学校行政	3	第三、四、五学年	
民权行使及实习	2	第三、四、五学年	
升学及就业指导	2	第三、四、五学年	
儿童及青年读物	2	第三、四、五学年	
课程编制	2	第三、四、五学年	
中国社会史	4—6	第三、四、五学年	
中国经济史	4—6	第三、四、五学年	
总理学说	3—6	第三、四、五学年	
近代教育思潮	3	第三、四、五学年	
中国文学专书选读	4—6	第三、四、五学年	
图书馆学	2	第三、四、五学年	
公文程式	2	第三、四、五学年	
演说与辩论	2	第三、四、五学年	

资料来源：李友芝、李春年、柳传欣等编：《中国近现代师范教育史资料》（第 2 册），北京师范学院内部资料 1983 年版，第 393 页。

(三) 新中国师范教育课程制度的完善与变革

1. 中华人民共和国成立初期师范教育课程制度的探索

1949年12月,第一次全国教育工作会议在北京召开,师范教育作为其中的重要议题被广泛讨论。1951年,第一次全国师范教育会议召开,同年10月,政务院颁布《关于学制改革的决定》,将师范学校归入中等专业学校,随后经过院系调整,师范院校全部改为独立设置,并形成了师范专科、中等师范以及师范学校三级师范体系。

(1) 中等师范学校课程的设置

在教育宗旨上,中华人民共和国成立初期的中等师范教育以培养全心全意为人民服务的初等教育和幼儿教育的师资为根本任务,师范教育课程的设置,也紧紧围绕这一宗旨,即师范院校专业和课程的设置是根据中等和初等学校教学计划,中小学开设哪几种课程,师范院校即设相应的科系。

1952年7月颁布的《师范学校规程(草案)》共提出师范学校、幼儿师范学校以及师范速成班三种类型的教学计划。所列教学科目,均为必修科目。其中师范学校教学计划包括语文及教学法、数学及算术教学法、地理及教学法、历史及教学法、政治、心理学、教育参观实习等27门课程,并规定最末学期,集中进行教育的参观实习,为期4周。与此同时,详细规定了四年制初级师范学校教学计划(见表4-10)、三年制初级师范学校教学计划(见表4-11),以及《关于试行师范学校暂行规程(草案)的指示》。

表4-10　　　　四年制初级师范学校教学计划　　　　单位:学时

科目 每周时数 学期 学年		第一学年		第二学年		第三学年		第四学年		四学年总计
		上	下	上	下	上	下	上	下	
语文及教学法	语文	8	8	8	8	8	8	6	6	1056
	语文教学法							2	2	64

续表

科目 每周时数 学期 学年		第一学年		第二学年		第三学年		第四学年		四学年总计
		上	下	上	下	上	下	上	下	
数学及算术教学法	算术	6	6							216
	代数			2	2	2	2	2	2	208
	平面几何					2	2	2	2	136
	算术教学法							2	2	64
物理				2	2	2	2			144
化学						2	2	2	2	136
自然及教学法	植物学	3	3							108
	动物学			3	3					108
	生理卫生			2	2					72
	自然教学法								2	36
地理及教学法	地理	3	3	2	2	2	2			252
	地理教学法							1		18
历史及教学法	历史	4	4	3	3	2	2			324
	历史教学法							1		18
政治	中国革命常识					2	2			72
	共同纲领							1	2	46
	时事政策	1	1	1	1	1	1	1	1	140
心理学				2	2					72
教育学						2	2	3	3	168
学校卫生								1	1	32
体育及教学法	体育	2	2	2	2	1	1	1	1	212
	体育教学法								1	14
音乐及教学法	音乐	2	2	2	2	1	1	1	1	212
	音乐教学法								1	14
美术及教学法	美术	2	2	2	2	1	1	1	1	212
	美术教学法								1	14
参观实习						2	2	2	2	136

续表

科目 每周时数 学期 学年	第一学年 上	第一学年 下	第二学年 上	第二学年 下	第三学年 上	第三学年 下	第四学年 上	第四学年 下	四学年总计
每周教学时数	31	31	31	31	31	31	31	31	
每学期上课周数	18	18	18	18	18	18	18	14	
每学期上课总时数	558	558	558	558	558	558	558	434	4304

资料来源：李友芝、李春年、柳传欣等编：《中国近现代师范教育史资料》（第3册），北京师范学院内部资料1983年版，第931页。

表4-11　　　　　　　　　三年制初级师范学校教学计划　　　　　　　　单位：学时

科目 每周时数 学期 学年		第一学年 上	第一学年 下	第二学年 上	第二学年 下	第三学年 上	第三学年 下	三学年总计
语文及教学法	语文	8	8	7	7	6	6	732
	语文教学法					1	1	32
数学及算术教学法	算术	6	9					216
	代数			3	3	2	2	172
	平面几何			2	2	2	2	136
	算术教学法					1	1	32
物理				2	2	2	2	144
化学						2	2	108
自然及教学法	植物学	3	2					90
	动物学	3	2					90
	生理卫生			2	2			72
	自然教学法					1	1	32
地理及教学法	地理	3	3	3	3			216
	地理教学法						1	18
历史及教学法	历史	3	3	3	3	2	2	280
	历史教学法						1	14

续表

科目 每周时数 学期 学年		第一学年 上	第一学年 下	第二学年 上	第二学年 下	第三学年 上	第三学年 下	三学年总计
政治	中国革命常识					2	2	64
政治	时事政策	1	1	1	1	1	1	104
心理学				2	2			72
教育学						4	4	128
学校卫生						1	1	32
体育及教学法	体育	2	2	2	2	1	1	176
体育及教学法	体育教学法						1	14
音乐及教学法	音乐	2	2	2	2	1	1	176
音乐及教学法	音乐教学法						1	14
美术及教学法	美术	2	2	2	2	1	1	176
美术及教学法	美术教学法						1	14
参观实习						2	2	64
每周教学时数		33	33	33	33	33	32	
每学期上课周数		18	18	18	18	18	14	
每学期上课总时数		594	594	594	594	594	448	3418

资料来源：李友芝、李春年、柳传欣等编：《中国近现代师范教育史资料》（第3册），北京师范学院内部资料1983年版，第933页。

1963年，《三年制中等师范学校教学计划草案（征求意见稿)》下发。与同期教学计划相比，这一草案在课程设置中增开了小学教学法和教育实习，注重课程内容与小学实际相衔接。各类课程所占比例大致为政治课7%、文化课64%、教育理论课14%、体育艺术课15%。[①] 这些课程比例的配置，基本符合中等师范学校对人才培养的目标需求，基本稳定了中等师范学校的课程结构。

---

① 何东昌主编：《中华人民共和国重要教育文献（1949—1975）》，海南出版社1997年版，第1208—1209页。

（2）高等师范学校的课程设置

1952 年 11 月，《师范学校教育计划（草案）》颁行，包括 12 个系的 13 组教学计划（草案）、13 个专业的教学计划。其中，三年制师范学校的学习必修科目为语文及教学法、数学及教学法、物理、化学、政治、教育学、心理学等 11 门课程。

1954 年 4 月，国家教委颁发《关于颁发师范学院暂行教学计划的通知》，根据通知要求包括政治、教育以及其他专业科目在内的学科，应调整各自所占比例，增强学科设置的科学性。与此同时，《师范学院暂行教学计划总说明》中明确了各系共同必修科目。

1960 年后，为克服苏联教育模式的弊端，国家教委出台《关于改革高等师范教育的初步意见（草稿）》，该《意见》要求，改革当前师范教育课程杂乱无章、重复落后、脱离实际的现状，增加毛泽东思想、党的教育方针等内容，合并教育学、心理学、教学法三科。

《关于改革高等师范教育的初步意见（草稿）》发布后，部分高等师范院校停开教育学、心理学课程，中止教育实习。直至八字方针的确定、《高校六十条》的颁布施行，各级师范学校的培养目标才得以重新明确。

2. 20 世纪 80 年代以来师范教育课程体系的重建

"文化大革命"结束后，师范教育亟待重建。1978 年，教育部印发《关于加强和发展师范教育意见》，提出，应恢复和建立三级师范教育体系，恢复独立封闭的师范教育制度。1980 年 6 月，第四次全国师范教育工作会议在北京召开，提出《重视师范教育，办好师范院校》的报告，报告总结了中华人民共和国成立 30 年以来师范教育的基本经验、取得的成绩以及存在的问题，明确了师范教育在整个教育事业中"工作母机"的重要地位，重申了师范教育的根本任务是培养中小学师资，扭转了"文化大革命"时期师范教育的颓势，为日后师范教育的恢复与迅速发展奠定了基础。

（1）中等师范教育课程设置

1980 年 8 月，教育部颁布《关于办好中等师范教育的意见》，对中等师范学校的办学方向、学制、教学计划、教材、办学条件等做出了具体的规定。同年，用以恢复和重建被破坏的中等师范教育体系的一系列政策、法规相继颁行。包括中等师范学校的一般管理规程以及教学计划等试行草案。

"1982年《关于修订二、三年制师专教学计划的几点意见》指出，师范专科学校的课程主要包括政治理论课、教育理论课（教育学、心理学）、专业课、体育课和外语课等几项内容，根据专业设置的不同，专业课目内容不尽相同，政治理论和教育理论课、体育和外语课的设置则完全一样。"[1]

此时，中等师范学校和师范学校本科的课程内容设置，都存在一定的问题，即课程种类繁多、教学内容庞杂、教学时数过长等。为解决这一问题，国家教委相继颁行意见、条例，加大管控力度。1986年3月，《关于加强和发展师范教育的意见》出台，指出，"师范学校的专业设置和教学计划，必须根据基础教育发展和提高的要求，进行合理的调整，要减少课程门类，精简教学内容，严格控制教学时数"[2]，同年8月，为解决当前各地师范学校普遍存在的学科课时偏多，学生学习负担较重，自学时间和课外活动时间较少的问题，《关于调整中等师范学校教学计划的通知》发布，"要求严格控制教学时数和课程门类；适当延长假期，每学年上课周数相对减少"[3] 等相关内容，以调整中等师范学校教学计划，提高培养学生的能力和水平。

1989年6月，国家教委颁发《三年制中等师范学校教学方案（试行）》，规定中等师范学校的课程设置分为必修课、选修课、教育实践和课外活动四类。其中必修课课时安排如表4-12所示。选修课的内容选择体现小学教育教学的实际需要，反映当地历史、地理、文化特点以及经济发展状况。选修课程时应占总课时的7%—15%。[4] 教育实践课主要包括参观小学、教育调查、教育见习和教育实习四种类型，为期10周左右。课外活动主要采取举办讲座、组织兴趣小组等形式，有计划、有目的地调动学生的积极性和主动性，培养学生自我服务、自我教育、自我管理的能力。

---

[1] 曲铁华、霍东娇：《改革开放以来我国中学教师职前培养模式的变迁与发展趋势》，《四川师范大学学报》（社会科学版）2017年第3期。
[2] 何东昌主编：《中华人民共和国重要教育文献（1976—1990）》，海南出版社1998年版，第2404页。
[3] 何东昌主编：《中华人民共和国重要教育文献（1976—1990）》，海南出版社1998年版，第2488页。
[4] 何东昌主编：《中华人民共和国重要教育文献（1976—1990）》，海南出版社1998年版，第2868页。

表 4-12　　　　　　三年制中等师范学校必修课周课时参考　　　　　　单位：学时

科目 \ 学年 周课时	一	二	三
思想政治	2	2	2
语文 小学语文教材教法	6	6	4 2
物理	3	2	
数学 小学数学教材教法	5	5	3
化学	2	2	
生物学（包括少年儿童生理卫生）	4		
历史		2	2
地理		2	
小学心理学教程	3		
小学教育学教程		2	
体育	2	2	
音乐	2	2	2
美术	2	2	2
劳动技术	2	2	

资料来源：何东昌主编《中华人民共和国重要教育文献（1976—1990）》，海南出版社1998年版，第2869页。

1995年，国家教委相继颁发《三年制中等幼儿师范学校教学方案（试行)》《大学专科程度小学教师培养课程方案（试行)》，中等师范教育的课程体系进一步得到巩固，必修课、选修课、教育实践和课外活动这四种课程类别有机整合。1998年5月，教育部在原有试行草案的基础上重新修订，颁布了《三年制中等师范学校课程计划（试行)》。课程基本遵循中师（中等师范）课程体系的传统模式，根据社会发展特点，结合九年制义务教育对小学教师的要求，优化知识结构，注重理论联系实际，科学合理地安排课程，充分发挥了课程体系的功能。

（2）高等师范教育的课程设置

在高等师范教育领域，为了提升师范专科学校的教育教学质量，国家教委于 1988 年 2 月印发《二年制师范专科学校八个专业教学计划的通知》，指出，1982 年实行的《二三年制师范专科学校 10 个专业的教学计划（实行草案）》取得了极大的实效，对于稳定教学秩序、保证教学质量起到了积极的作用。在课程设置上，规定："要突出主干课，保证基础课，加强对能力的培养，减少必修课的学时，增加选修课，要充分体现教育学、心理学、教材教法在各专业的重要地位。要结合本地区的特点，编写乡土教材，设置培养劳动技能的应用课"①。

为解决高等师范学校专业设置与基础教育结合不够紧密的问题，1988 年 4 月，国家教委颁行《普通高等师范院校本科专业目录（征求意见稿）》，共修订了普通高等师范院校 22 个专业必修目录，并且为了强调师范院校培养中等学校教师的目标，更是特别指出要对教师职业素质的培养和教师教育教学能力进行训练，并将教育学、心理学、教材教法调整为各专业的主要课程。

1989 年 1 月，国家教委印发《高等学校教育系教育专业改革的意见》的通知，通知指出："除国家教委统一规定的共同必修课外，各专业的课程应分为三部分：专业基础课、专业课和教育实践。把教育原理、教育社会学、教育史、教育心理学及教育研究方法和技术，作为各专业的专业基础课"②。

由于 1988 年施行的《普通高等师范院校本科专业目录（征求意见稿）》并没有将职业师范教育纳入其中，所以导致很多职业技术师范教育专业名称混乱，多套用现有的普通高等教育专业目录，造成了专业划分过细、专业范围过窄、专业名称混乱、专业之间重复设置等问题出现，为了解决这一问题，1993 年《普通高等学校本科专业目录》、1995 年《普通高等学校本科专业目录（职业技术师范教育类）（试行）》相继颁发，以此逐渐规范中等师范教育，以及中等职业技术师范教育的课程规划和发展。

与此同时，为了贯彻《中国教育改革和发展纲要》和全国教育会议精

---

① 何东昌主编：《中华人民共和国重要教育文献（1976—1990）》，海南出版社 1998 年版，第 2714 页。

② 何东昌主编：《中华人民共和国重要教育文献（1976—1990）》，海南出版社 1998 年版，第 2831 页。

神，国家教委师范司组织制定了《高等师范专科教育二年制教学方案（试行）》和《高等师范专科教育三年制教学方案（试行）》。《方案》打破了传统的四大类课程设置，改为公共课、学科课程、教育课程、特设课程、实践课程、活动课程六大类。其中，《二年制教学方案》规定，"公共基础课占18%左右；学科课程占12%左右；教育课程占20%左右；特设课程占12%左右"。[①]《三年制教学方案》规定，"公共课程占25%左右，学科课程占40%—50%，教育课程占15%左右，特设课程占10%—20%"。[②] 两套《方案》出台之后，师专课程的师范性得以增强，并且带有鲜明的时代特征和改革创新精神。这种课程设置方式对于多年来以学科为中心的课程结构模式来说，无疑是一次有效的尝试，尤其是特设课程的设立，为校本课程的开发、地方教育特色的凸显，创造了良好的课程氛围。

1996年底，国家教委发布《关于师范教育改革和发展的若干意见》，将各级各类师范院校的课程体系与教学内容改革提上日程，为了适应21世纪基础教育发展的新要求，全面提升师范生的各项素质，任重而道远。在这样的时代背景下，师范教育课程开始进入一个崭新的发展阶段。

3. 新课改下的师范教育课程体系的革新

1999年3月，教育部印发《关于师范院校布局结构调整的几点意见》，提出实行师范教育结构的升级调整，开始由三级模式向二级过渡。[③] 同年，《教育部关于"十五"期间教师教育改革与发展的意见》明确提出，坚持以教师专业化为发展方向，引领我国教师教育的未来改革方向。

进入21世纪后，伴随着基础教育课程改革的不断深化以及教师职前职后一体化进程的推进，教师教育课程越来越受到关注，尤其是在培养师资上综合性院校的加入，更是使原本封闭的师资培养模式逐渐向开放式过渡。

[①] 何东昌主编：《中华人民共和国重要教育文献（1991—1997）》，海南出版社1998年版，第3769页。

[②] 何东昌主编：《中华人民共和国重要教育文献（1991—1997）》，海南出版社1998年版，第3769页。

[③] 何东昌主编：《中华人民共和国重要教育文献（1998—2002）》，海南出版社2003年版，第241页。

2001年，国家教育部颁发《基础教育课程改革纲要》，开始对我国基础教育课程领域进行改革。根据新课改的要求，基础教育的课程价值在于推动学生的全面发展，结构注重分科与综合相结合，内容丰富化、生活化、多元化，在这些要求下，师范教育课程必须调整理念、开发新课程、建设新体系，以期适应新课改条件下的基础教育。同年10月，教育部开展基础教育新课程师资培训工作。

2005年10月，教育部专门召开以"树立学生为本观念 加强课程综合化建设"为主题的教师教育课程改革研讨会。袁贵仁部长在会议上强调，要在终身教育理念的指引下，解决教师教育课程的诸多沉疴宿疾，要具有针对性，突出实践性和有效性，促进课程结构多元化、课程组合灵活化、课程来源多样化的实现，打破教师教育课程实施局限与大学课堂的现状，立足中小学，探索中小学与大学之间的良性互动模式，增强合作，最终推动教师教育的深化发展。

2011年，教育部发布《关于大力推进教师教育课程改革的意见》（以下简称《意见》），提出"创新教师教育课程理念、优化教师教育课程结构、改革课程教学内容"①等十项要求。该《意见》以附件的形式颁发《教师教育课程标准》，对幼儿园、小学、中学职前教师以及在职教师的课程目标与课程设置进行了明确的规定，其中课程设置方面涉及六大模块，并规定教育实践时间统一为18周。

通过对这一时期大量有关教师教育课程法规的梳理和分析可以看出，这一时期的师范教育课程已不同于以往的课程计划和标准，而是为师范教育课程的设置、实施打造了一个更加综合、更加宽松的环境，伴随着教师地位和角色的转换而进行，跳出就课程论课程的窠臼。这种宏观的、专业的、政策性的规范和引导，为教师教育课程的开发、创新、合理配置奠定了良好的理论基础。基础教育进入新课改后，对基础师资的要求必然提高，自然带来的是师资培养层次在各个方面的提升，师范教育课程作为师范教育实施的主要手段，必然直面变革，因此，以新课改为契机，把握教

---

① 中华人民共和国教育部：《教师教育课程标准》（试行），2011年10月8日，http://www.moe.gov.cn/srcsite/A10/s6991/201110/t20111008_145604.html，2017年5月15日。

师专业化的方向，实现教师教育课程的新突破、新发展已经成为当下教师教育课程发展的必由之途。

二 百年师范教育课程制度嬗变的特点

（一）课程体系变革中师范性与学术性博弈的常态化

对师范教育课程体系的研究，难以忽略历史而空谈改革，师范性与学术性的博弈在整个师范教育课程体系的变革过程中表现最为明显，这种基于公共基础课、学科专业课以及教育专业课三大板块的争执与调整的根本宗旨，便是在于促使课程体系内部的逻辑结构合理化，而并非是以一方的所谓"更重要"而论其博弈的结果。

在师范性与学术性的博弈过程中，学科专业课程所占比例大，教育类课程所占比例相对较小，对理论知识传授的重视程度大于对教师专业技能的重视程度。这种学科知识与教育知识、教育理论与教育实践的分离与脱节，在一定程度上造成了师范生知识结构不合理、师范教育的优势难以突出，更是阻碍了教师专业化的发展进程。但这一过程并不是一蹴而就形成的，民国初年，这种学科设置的特点开始显露端倪。民国时期的教育学科课程包括教育学、心理学、教育史、教授法、学校卫生、教育法令等内容，基本涵盖了教育学科的基本课程，并且民国时期较为明确地规定了各学年、学期所学教育科目，相比清末学堂的笼统规定，具有一定实际操作的意义。中华人民共和国成立初期，学科课程与教育理论课程相结合依然作为课程设置主导模式存在。直到进入20世纪90年代后，为了突出师范性，师范课程才进行了一定程度调整。将三大类调整为六大类，并规定根据各地实际情况，进行有选择的课程设置。

主要表现为：一是进一步明确了中等师范学校、高等师范学校对培养师资的课程目标与任务。突出师范教育的特殊性，将教育课程即教育学、心理学以及教材教法由公共必修课转为专业必修课，明确教育理论是师范生所必须掌握的专业知识，是不可或缺的主要课程。逐渐调整教育理论与学科课程之间的比例关系，坚持以学科课程为主，适当倾斜教育理论课程，尤其是选修课的进一步增设，拓宽了师范课程的选择范围，一定程度上对教师的专业化建设起到了推动作用。二是增设教师基本技能课程为公共选修课，其中包括普通话、书法、班主任工作等。1994 年，为提升高师院校师范生的专业基本功，国家教委印发《高等师范学校学生的教师职业技能训练大纲（试行）》，提出要对师范生的三字一画功底进行训练，并不断提升教师的口语和书面表达能力，对教师基本功的关注，是教师专业素养的必然体现，更成为教师顺利、高效地开展教育教学工作的重要前提。基于此提出的增设教师基本技能课程为公共选修课，无疑是必要的。

以上对师范教育课程结构的调整，在一定程度上扭转了学科专业课程所占比例大，教育类课程所占比例相对较小的现状，但根据 2004 年对 3000 多名中小学教师进行的关于课程内容选择的调查（其中 90%以上的教师毕业于师范院校），选择教学方法、技能有关的知识作为最想学习的课程的占 56.1%，选择与教学设备有关的知识的占 45.7%，选择有关学生身心发展和评价的知识的占 9.41%，选择教育理论知识的占 21.05%，选择教育科研知识的占 6.41%。[①] 足可见，师范生在校时没有掌握充足、必需的教育专业知识，导致其在工作岗位上受到限制。这种教育类知识与实践的缺乏与"学科本位"的师范教育课程体系，在很大程度上造成了师范生以及中小学教师知识结构的不完善。

究其原因，归结于以下几点，作为师范教育课程支撑的教育学科知识的学术特色和存在价值没有被真正理解和认可，教育学科没有获得其应有的学术地位。根据教师专业化的要求，教师的专业发展既包括学科的专业发展，还包括教育专业发展，教师要具备崇高的职业理想、完备的理论素养、自觉的职业操守和熟练的教育技能，此条件缺一不可。因此，师范教育课程的设置应厘清观念，权衡学科知识与教育知识关系，合理配置二者在师范教育课程中的比例，实现二者的合理布局，从而促进我国教师教育和谐发展。

[①] 顾明远、檀传宝主编：《2004：中国教育发展报告：变革中的教师与教师教育》，北京师范大学出版社 2004 年版，第 146 页。

(二) 师范教育课程中国际视野与本土化碰撞的不间断化

我国师范教育课程体系的建构历程，是不断汲取国外经验的过程，更是不断汲取有益经验与本土实际相融合的过程。中国师范教育课程体系从仿建日本，到借鉴美国，再到全面苏化，直至现在的因地制宜，深深根植于中国教育实际，师范教育课程的体系不断完善。

20世纪初，清政府大规模向日本派遣留学生，聘请日本教习，译介日本教育法规，当时学者主张仿日本师范科成科之例，立师范急救科，并拟定出详细章程。其关于师范学习科目主要有教育、历史、地理、数学、理化六科。[①] 晚清兴学后，师范教育的重要地位和特殊意义逐渐为国人所识，再加之以日本师范教育课程为范本，我国的师范教育课程体系得以初建。1922年，"壬戌学制"颁行，这标志着我国近代师范教育开始由仿鉴日本转向学习美国。这一时期的师范教育课程与晚清相比，更加具有开放性和包容性。教育基本理论和教育专业实践训练课程的设置、选修课门类的增多，都展现出美国特色。

1949年中华人民共和国成立后，苏联模式取代美国模式。在师范教育课程内容选择上，各高等师范学校多采用苏联教学大纲和教材。1953年，《关于高等师范学校教学改革的报告提纲》中指出，这一时期"我们要真诚地、老老实实地学习苏联教育经验"[②]。因此，在1949—1953年的四年间，高等师范学校的主要任务即是"废除反动课程，添设革命政治课，以及改变某些学科的内容、教学方法""各地高等师范学校，广泛采用了苏联教学大纲和教材，一部分学校采用苏联教材的课程达到50%以上，绝大部分教师都学习过苏联高等师范学校的教学计划"[③]。据统计，到1957年，

[①] 刘婕、谢维和：《栅栏内外：中国高等教育百年省思》，北京师范大学出版社2002年版，第56页。

[②] 李友芝、李春年、柳传欣等编：《中国近现代师范教育史资料》（第4册），北京师范学院内部资料1983年版，第1273—1274页。

[③] 刘英杰主编：《中国教育大事典（1949—1990）》（上册），浙江教育出版社1993年版，第825页。

全国共有 58 所高等师范学校，设置专业 21 种①，增添革命政治课成为这一时期师范教育课程的重要特色。

21 世纪后，随着教师专业化和新课程改革的推行，我国的师范教育课程开始不断直视自身问题存在，紧扣基础教育脉搏，推进校本课程研发，把握师范教育发展趋势，提升师资培养水平，抓住高校优势，利用中小学校资源，激活教育理论与教育实践之间的互动关系网络，实现优势互补、资源共享。

师范教育课程的百年发展，是在不断地借鉴模范、学习调整中，在对外国师范教育进行本土适用性甄别与筛选的过程中，逐步建立起了独具中国魅力的课程体系，虽然存在一些积弊，但也出色地完成了时代赋予师范教育课程的任务。追古溯今，这些中外师范教育课程思想的融合、中外师范教育课程制度的选择，都不会因为时代的发展戛然而止，反而会因为世界政治、经济、文化的全球化而愈演愈烈，甚至会产生更为强烈的碰撞。因此，加快打造更加开放化、多元化的中国师范教育课程体系，以包容、吸引更多的优质国外课程资源，才是当下中国师范教育课程体系建设的不二之选。

（三）教育实习地位的逐渐提高

对教育实习的持续关注，是百年师范教育课程体系建设的又一重要特点。1897 年，盛宣怀在南洋公学中特设外院学堂以供师范生实习所用，其性质与当今附小相等，且"此时的实习不仅练习教学技能，且兼及于小学教材之编纂"。② 1904 年，《初级师范学堂章程》中规定，关于教育实习者列于四五两学年中，称之为"实事授业"，此为教育实习正式出现在师范教育课程之中。这一时期实习的时间与其他课程呈 1∶9 的比例，占全课程总时数的 10%，实际时数为 720 小时以下。③ 这一时期实习的目的主要在于通过在附属小学内实习教授管理训练等法，毕业后出任小学教员不致茫

---

① 刘婕、谢维和：《栅栏内外：中国高等教育百年省思》，北京师范大学出版社 2002 年版，第 126 页。
② 陶昌龙：《教育实习在我国师范课程中之沿革》，《江苏教育》1936 年第 8 期。
③ 陶昌龙：《教育实习在我国师范课程中之沿革》，《江苏教育》1936 年第 8 期。

无依据。

民国初年,《师范学校规程》将"实事授业"正式更名为"实习",并指出,"实习不仅是要使师范生详于小学教育之旨趣方法,练习技能,更是要修养教育家之精神"①。1912年4月,教育部在《通行师范教育注重实习训令》中明确指出,"查师范教育,理论与实习并重"②。民国后期,为进一步提升教育实习的重要性,教育部在1943年公布了《师范学院学生实习及服务办法》;次年末,《师范学院学生教学实习办法》出台。以此两项办法为基本依据的师范生实习课程的设置施行细则,逐渐在各省确立起来。"从师范生的实习内容、时间安排、实习场所、实习指导以及实习成绩考核等方面均做了相关规定。师范学院学生的实习分为见习、试教以及充任实习教师三部分"③,并具体规定了见习、实习以及试教的时间划分比例。

中华人民共和国成立后,进一步提升了教育实习在师范教育课程体系中的位置。1952年,《关于高等师范学校的规定(草案)》中指出,"教育见习和参观可以成为高师院校进行教学安排的一个有机组成部分"④。1961年,《直属高等学校暂行工作条例》将教育实习的地位从"可以成为"提升到"最关键的"高度,指出"师范教育中,最关键的一个部分就是教育实习,通过它,学生可以将理论知识与实践技能相结合"。1980年,教育部颁行《大力办好高等师范专科学校的意见》,再一次明确指出,必须高度重视教育实习、教育见习。1993年,《中国教育改革与发展规划纲要》中提出,要逐步增加师范生参与实践锻炼的机会。2007年7月,《教育部关于大力推进师范生实习支教工作的意见》颁行,对师范生实习的各项事宜进行了明确规定,并进一步指出"师范生教育实习是中小学教师培养不

---

① 陶昌龙:《教育实习在我国师范课程中之沿革》,《江苏教育》1936年第8期。
② 《教育部通行师范教育注重实习训令》,《教育杂志》1912年第3期。
③ 刘婕、谢维和:《栅栏内外:中国高等师范教育百年省思》,北京师范大学出版社2002年版,第114页。
④ 刘婕、谢维和:《栅栏内外:中国高等师范教育百年省思》,北京师范大学出版社2002年版,第147页。

可或缺的重要环节"①。进入 21 世纪后,为了加快推动教育实习的有效开展,以东北师范大学为首的部属师范院校开始不断探索教育实习的新模式,其中以 U-G-S 模式最为有效。通过加强高校、政府和中小学校之间的充分互动,实现资源的优势互补与充分利用,提升师范生实习的有效性。

综上所述,自 1897 年盛宣怀在上海创办南洋公学师范院始,中国师范教育已走过百年历程。作为全社会的"工作母机",师范教育发展始终备受关注。而师范教育课程作为开展师范教育的重要工具,更是对未来教师的教育理念、政治立场、价值观念等产生着不可估量的重要作用。因此,把握师范教育课程的历史发展脉络,剖析中国师范教育课程的变革特点,有助于深入了解中国师范教育的整体脉络,亦可对当前教师教育课程改革提供有益借鉴。

三 百年师范教育课程制度嬗变的路径

(一)课程目标的厘定由"单一"向"综合"迈进

当下,我国教师教育改革正在如火如荼地进行当中,师范教育课程作为教师教育实施的主要手段,更是面临着不断的结构调整与内容革新。从师范教育课程发展嬗变的历程中可以看出,要想确保师范教育课程发挥最大优势,必须在师范教育课程理念上审时度势,与时俱进。课程理念是课程改革的灵魂,是保障课程改革发展的根本指向。在师范教育课程发展过程中,曾一度表现出课程理念滞后、课程观单一等问题,对课程理念的模糊定位,在一定程度上滞缓了师范教育课程改革的步伐,降低了课程改革的实效。因此,革新与重构教师教育课程理念,势在必行。

第一,坚持"以人为本""发展本位"的师范教育课程理念。现代教育的根本目标就是培养全面发展的人,师范教育更不例外。"以人为本"的课程观认为,"学生是有着完整生命表现形态的、处于发展中的人。学

---

① 何东昌主编:《中华人民共和国重要教育文献(2003—2008)》,新世界出版社 2010 年版,第 1434 页。

生学习是为了掌握生存的知识和技能,是为了探索生命的意义与价值,其最终目的是激发人的潜能和创造力的课程观"[1]。因此,"以人为本"的教师教育课程设置,尤其要注重学生探究的需要,主动学习、自主学习、合作学习的需要,给予学生最大的尊重和支持,注重学生之间的交流与合作,完善课程内容,激发学生学习的兴趣。

与此同时,更要坚持"发展本位"的师范教育课程理念,以人为本最根本的目的就是促进人的全面发展,因此,实现人的发展,就是坚持人本位,二者相辅相成。在师范教育课程发展过程中,曾一度以"社会需要"作为课程的基本价值导向。不可否认,在特殊时期,这种社会需要是第一位的,但随着社会的不断发展推移,单纯的"社会需求评估",反而会"漠视教育本身作为一种文化传递机构所特有的,对现实本身的选择与精致再加工的职责"[2],而坚持"发展本位",就是要克服这一传统评估标准的弊端,保障人的发展权利。有专家对2011年《教师教育课程标准(试行)》进行解读,认为"课程即发展资源,所谓发展资源是指对学生身心素质的形成与完善具有价值、意义或促进作用的'养分'或原材料"[3]。这种以学生发展为中心的课程理念解读,体现了课程的本质追求,阐释出课程标准的实质,即以人为本,促进发展。

因此,为了摆脱问题困境,实现"以人为本""发展本位"的师范教育课程理念,首先,要加强对教师、学生的双向需要研究,保障课程设置的针对性、实效性;其次,要把握国际教师教育课程发展前沿问题,拓宽理论视野,将变革置于全球化的浪潮中,经历时间与经验的涤荡与洗礼;最后要坚持尊重的教育,时刻关注"人"在发展过程中的需要,坚持以服务、支持为指向,打造开放、和谐的教师教育课程体系,着力推进"人"的全面发展。

---

[1] 黄梅:《以人为本:基础教育课程改革的核心价值》,《教育发展研究》2010年第11期。

[2] 施良方等:《中等师范学校的课程改革——兼析现行〈三年制中等师范学校教学方案〉》,《课程·教材·教法》1998年第4期。

[3] 陈彩燕、肖建彬:《〈教师教育课程标准(试行)〉的课程理念解读与贯彻——以广东第二师范学院为例》,《高教探索》2013年第4期。

第二，坚持"专业化""实践化"的师范教育课程理念。20世纪以来，教师专业化成为教师教育改革和发展的重要指向。2011年《教师教育课程标准（试行）》（以下简称《标准》）指出，教师教育的目的就在于造就高素质的专业教师队伍。教师的专业化，既要求教师拥有广博的专业知识储备，同时还必须具备开阔的学术视野和探索学术前沿的研究能力，以及高尚的职业道德感与职业精神。为此，《标准》从教育信念与责任、教育知识与能力、教育实践与体验三个维度构建教师教育的课程体系，保障了基于教师专业化发展需求下的教师教育课程体系的建设与完善。《教师教育课程标准（试行）》同时指出，"教师是反思性实践者，在研究自身经验和改进教育教学行为的过程中实现专业发展"[①]。因此，教师教育课程的专业化与实践化成为不可分割的统一整体。

但是，当下我国教师教育课程的设置，从内容到形式都与《标准》要求的专业化与实践化存在一定的差距，教育理论学科与教育实习、见习的学时总数与学科理论的教学总时数差距较大，以中小学学科为导向的教师教育课程设置模式，还没有得到实质性的改善，教育实习时间过短、流于形式、成效不够显著等问题一直是教师教育工作者所关注的热点问题。因此，教师教育课程设置必须遵循教师教育专业化发展的时代要求，建立起真正具有专业性和利于实践、实际操作的教师教育课程体系，从而推动我国基础教育的进一步发展。

第三，坚持"一体化""终身化"的师范教育课程理念。教师教育的一体化，不仅体现在职前职后培养模式的一体化，更是要求教师教育课程的一体化、可持续化。这种课程上的一体化，不仅要求课程内容的一体化，更包含教师教育课程实施机构的一体化，学科建设的一体化，即培养课程与培训课程的一体化。

教师教育要不断适应社会经济信息形势的日新月异，要保证师范生和在职教师的不断发展，搭建起职前培养、职后培训课程互相辅助的桥梁，保障二者高效、便捷地沟通与过渡，实现教师教育课程职前、职后的优势

---

① 中华人民共和国教育部：《教师教育课程标准（试行）》，2011年10月8日，http：//www.moe.gov.cn/srcsite/A10/s6991/201110/t20111008_145604.html，2017年5月25日。

互补。与此同时，在一体化的发展模式下，阶段性的教师教育势必会转变为终身化的教师教育。师范教育课程应始终保持以倡导终身学习、实现教师教育一体化为目的。师范教育课程的设置也必须实现对学生终身学习能力与专业素质的培养，要清醒地认识到，教师的一体化发展是一个不断完善的过程，要摒弃传统的职前、职后割裂式的教育观点，要打造开放型、综合性的师范教育课程体系。

（二）课程内容的选择由分科化向"分科+综合"转变

科学、合理的师范教育课程内容的选择是保障课程实施质量的前提条件，从清末师范教育肇始到当下基础教育课程改革引导下的师范教育改革，无不将教材的选择与课程内容的组织作为重要改革部分。早期的师范教育课程，以中小学课程范围作为师范教育课程设置的基本框架，在这个框架内分科细致，目标清晰，文理界限分明。随着经验的不断推广与短期实效的凸显，以中小学各科教材教法为必修科目的传统课程体系成为各地同级别师范学校课程体系的标准，形成了固定的办学模式。

但随着社会发展对人才需求的不断更新，这种模式弊端频现。单纯强调这种单科化的课程内容选择，阻碍了学生的多元化发展，限制了学生的学术视野，单纯教材教法的课程设计削弱了学生教研、科研的能力，限制了师范毕业生向更高层次发展的后劲。因此，2001年，以强调综合化、专业化、均衡性为主要特征的基础教育课程改革呼之欲出。

随着现代科学的不断发展，大量新兴的交叉学科开始出现，知识更新速度加快，周期缩短，为了保证知识的时效性，需要被纳入课程体系的内容呈几何态势增长，但传统的分科课程实在难以容纳和吸收这些知识，因此，综合课程设置成为解决这一难题的必由之路。根据实际需要，对课程进行适当的归并和融合，既可设置跨学科的综合知识，同时也可实现同一学科内各分支的综合，如社会学科中的历史、地理和自然学科中的化学、生物等，都可以向综合课程的方向探索；政治、语文可适当合并；数学、物理和科技类课程的比重应有所加强等。

不可否认的是，分科教学的优势仍使其在基础教育中占据重要地位。"这种主修专业与主教学科的紧密结合，也意味着为教师在主教学科的持续教学中的精益求精提供了客观的专业发展环境。"① 因此，实现从分科课程向"分科+综合"化课程设置转变，是师范教育课程内容选择的必然发展方向。这种基于双重模式的课程设置的意识与原则的树立和完善，对于师范教育课程改革至关重要。

（三）课程价值取向由"完全工具主义"向"人本主义"迁移

师范教育课程作为实现师范教育宗旨的工具和手段，其工具主义性质一直存在，但完全的、单纯的工具性已经不能满足当下师范教育课程发展的需求，推动师范教育课程功能的多元化，最终实现课程上的人本关怀，已经成为当下师范教育课程发展的主要方向。所谓的人本主义课程，"是人本化在课程论上的典型表现。其课程设置的目的是追求人的自我实现和全面发展，强调开发人的潜能，最终通过设置并行和统合课程，促进学生的自我实现"。②

对师范课程人本性的追求能最大限度地避免课程设置的"完全有用性"和"完全工具性"，进而拓宽课程视野，适应时代变化，改变传统的知识本位的课程价值观，围绕学生的全面发展和自我实现进行课程设置，最终实现课程的人本关怀。2011年《教师教育课程标准》的颁行、卓越教师培养计划的提出，在课程设置宗旨上明确提出，要以育人为本，不仅要培养学生专业的教师教育发展观，更是要逐步树立正确的世界观、人生观、价值观，培养社会责任感。

对师范课程人本性的追求，有利于打破传统的课程设置结构比例失衡的问题。通过增加选修课数量、实践课数量，打破"老三门"课程的僵局，真正做到将理论与实践结合起来，提高学生的实际操作能力与创新能力，让学生有充分的选择权，可根据自己的兴趣、职业发展方向进行学习。

这种对师范课程人本性的追求，有利于树立终身学习的课程观。以追

---

① 丁钢：《未来中国教师教育的特性与方向——基于全国27所高等师范院校的调查》，《新疆师范大学学报》（哲学社会科学版）2014年第6期。

② 钟斌、赵雨婷：《反思人本主义视野下的我国高校课程设置》，《高教研究与实践》2014年第9期。

求人的自我实现和全面发展的人本主义课程，是符合终身教育理念的。这要求教师在持续学习和不断完善的过程中实现专业发展。这种互相契合的课程理念，体现了学习型社会对个体的新要求，通过对知识的不断更新、学习，提高教师专业理解水平，并最终形成终身学习的能力。

第五章 中国百年师范教育模式的变迁

师范教育模式作为教师培养的方法、媒介、手段，是师范教育制度的重要组成部分。我国的师范教育模式是适应时代政治、经济、文化体系的发展而不断更迭调整的。教师培养目标、实施机构以及教师等元素之间的不断博弈，优化配置、不断获取平衡的动态变迁过程，是一部外国经验与本土化探索不断结合的动态历程，从中华人民共和国成立初期的借苏、鉴欧，再到当下的本土化师范教育模式探索，这种模仿与积累、修正与调整的过程，推动我国师范教育模式不断向现代化、专业化方向前进。

一 百年师范教育模式的变迁历程

（一）以"定向型"为主的清末师范教育模式的构建

所谓"定向型"师范教育模式，是指由专门师范院校对学生进行教育培训后，毕业生被分配推荐到中小学校从事教师工作。[①] 根据"定向型"教师教育模式的概念可以看出，我国自清末师范教育创建伊始，直到1922年新学制施行的20余年时间里，一直遵循着这一培养模式。"定向型"师范教育模式独立、封闭，教师的培养全部由师范院校独立完成。这种模式最早来源于对日本教师教育模式的借鉴和模仿。

自1897年南洋公学设师范院始，师范学堂便成为晚清时期师资培养的主要力量。1902年，京师大学堂师范馆成立，开启了我国近代教师培训的序幕。同年，《钦定学堂章程》对师资培养做了明确的规定，将师范教育

---

① 靳希斌主编：《教师教育模式研究》，北京师范大学出版社2009年版，第4页。

分为中、高两段。1904年,《奏定学堂章程》(即"癸卯学制")颁行,师范教育作为独立的教育系统,与初等教育、中等教育相并列。这一时期师范教育模式的主要特征表现为对日本办学体制的模仿。根据《奏定学堂章程》的规定,师范学堂分为初级和优级两类。初级师范学堂以培养小学堂教员为主,优级师范学堂以培养初级师范学堂及中学堂的教员和管理员为宗旨,同时以上述两种学堂,师不外求为成效。

通过对1900年日本学校制度与1904年我国学校教育制度对比图可以看出,这一时期的中国与日本在办学体制上基本一致(见图5-1和图5-2)。学校教育系统从初等小学堂到大学堂,师范学校分为初等、高等两阶段,初级师范学校与中等教育相对应,高级师范学堂与高等教育相对应。

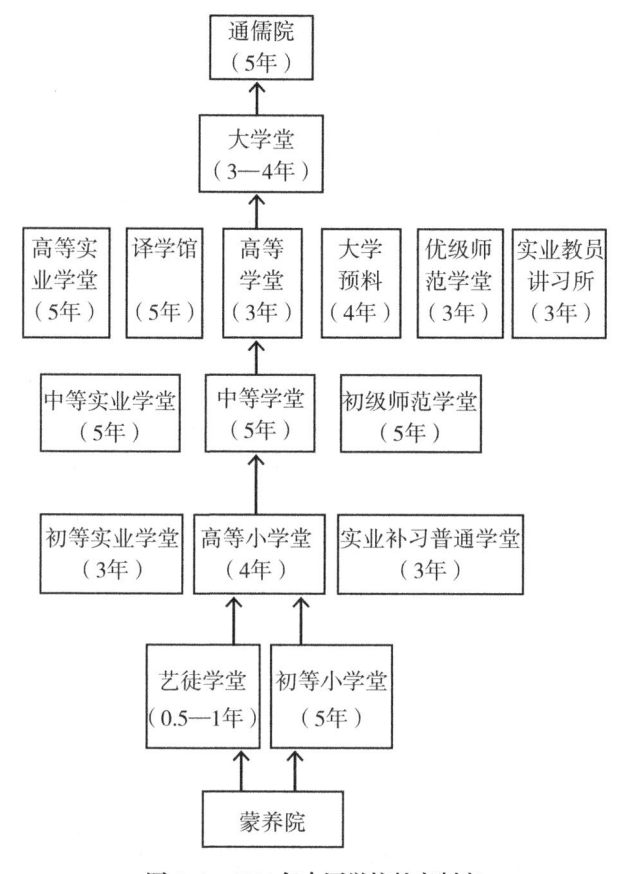

图5-1　1904年中国学校教育制度

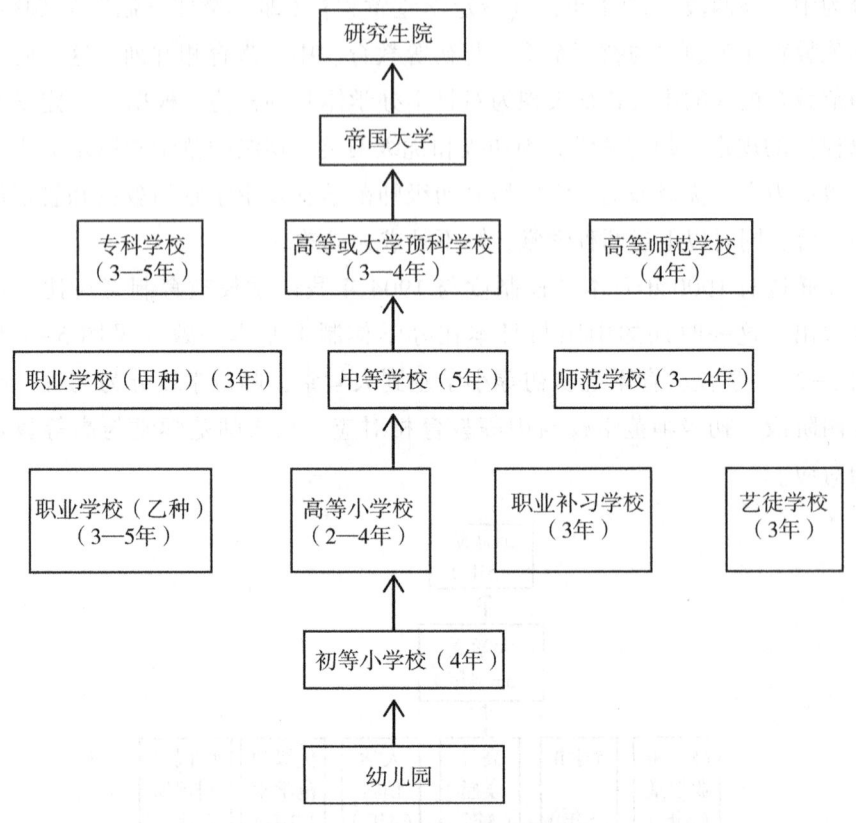

图 5-2　1900 年日本学校教育制度

　　日本以学制的形式明确了师范教育的独立地位，对于推动师范教育的发展意义深远。但不可否认的是，对日本学制模式的模仿，依然存在较大的盲目性，社会性质的不同则是造成其"水土不服"的根本原因。日本明治维新后，资本主义经济发展迅速，社会经济形势稳固、扎实，这对于推动各项教育措施的贯彻与实施是极为有利的，反观当时清末社会，经济凋敝，社会动荡不安，各项社会事业改良之声不绝于耳，因此，在这样的社会环境下根本无法满足各级各类教育所需的充足经费与稳定发展环境。因此，在此基础上构建的师范教育，更是难以达到日本的发展程度，而只是学到一些组织形式上的皮毛。

　　但我们也应看到，这一时期的师资培养在培养目标和职后培养上，都有了一定的发展。

一是培养层次清晰明确。根据《奏定学堂章程》的规定，各级师范学校在培养目标上，规定明确且层次清晰（见表5-1）。

表5-1　　　　　　　　　清末师范教育培养目标

学校名称		年限	招收对象	培养目标
优级师范学堂		5年	普通中学初级师范学堂	中学或初级师范学堂教员
初级师范学堂	完全科	5年	高等小学堂毕业生	小学教师
	简易科	1年	高小四年毕业生	初小教员
师范传习所		10个月	以门馆为生业者	小学副教员
实业教员讲习所	农业教员讲习所	2年	普通中学、初级师范学堂或同等之实习学堂毕业生	实习补习学校、艺徒学堂教员
	商业教员讲习所	2年	同上	同上
	公业教员讲习所 完全科	3年	同上	同上
	公业教员讲习所 简易科	1年	同上	同上
预备科		无定期	拟入初级师范学堂力不足者	补习性质
小学教员讲习所		无定期	现任小学教员	小学教员（补习进修性质）

资料来源：舒新城编：《中国近代教育史资料》（中册），人民教育出版社1961年版。

二是教师职后培训的萌芽。"癸卯学制"颁布施行后，清末教师培训的工作主要由师范传习所承担，通过对传统私塾中旧有教师的短期培训，使其合格并符合小学堂教员的需求。1911年，清政府颁行《单级教员养成所章程》，要求各省成立单级教员养成所以养成单级教员或二部教授教员。单级教员养成所又进一步分为甲、乙两种，"甲种招收初级师范学堂完全科毕业生、官立两年以上初级师范简易科中等以上毕业生、优级师范学堂完全科毕业生、优级师范选科毕业生或已取得小学教员凭照者入学，进行为期两个月的培训；乙种招收具有甲种入学资格者或初级师范简易科、师范传习所毕业生，现任小学教员、改良私塾塾师入学，进行为期一年的培训。凡现任小学教员到养成所培训者，不得开其职务，并准其委托相当之员代理"①。

从上述章程可以看出，这一时期的师资培训工作还在草创阶段，培训对象既包括私塾教师同时还包括小学堂教员，通过单级教授法、二部教授法、实地实习、教育以及体操等课程的学习，完成培训。值得肯定的是，这些教师培训活动的开展提升了清末师资的整体水平，无论是对私塾塾师的改良还是对单级教员的培养、培训，都对当时师资匮乏的情况有一定缓解。

总体来说，这一时期封闭的师范教育体制，主要是对洋务运动的一种回应与扶持，以及为国家培养"中体西用"的新式人才需求而确立的。这种封闭独立的教师教育模式最大的优点便在于，自上而下的政策推动、行为指导，有利于政府提高对教育的监督和管理水平。尤其是在清朝末期，在既不能完全脱离传统经验模式，又不得不适应新的社会形势对人才提出新要求的情势下，在传统基础上改良的、独立封闭的"定向型"师范教育模式是最为稳妥的教育形式。尤其是比照日本成功的经验，更凸显出其在当时社会形势下合理性。

（二）民国时期师范教育模式的动态调整与规范

1. 开放型教师培养模式的创建（1922—1927年）

民国初年的教师教育培养模式基本承袭了清末以来的日本模式，表现在师范教育分为中等师范教育、高等师范教育两类。1912年，国民政府相继颁行的《师范教育令》和《师范教育规程》，为民国初年师资培养提供了明确的法律依据。直至1922年新学制颁布前，呈现出师范学校、学生和经费数量渐趋充实，中等师范教育规模适中，高等师范教育特色鲜明的态势，为1922年新学制的颁行提供了一定的施行基础。经过长时间的试验与酝酿，进入20世纪20年代后，我国的教师培养模式开始由日本转向美国，开启了"开放型"师资培养模式的大门。所谓"开放型"的教师教育模式，是指在教师培养的过程中，国家并不单独设置师范院校，而是由各类

---

① 璩鑫圭、童富勇、张守智编：《中国近代教育史资料汇编：实业教育师范教育》，上海教育出版社2007年版，第626—628页。

综合性大学共同承担教师的培养任务。其主要的特点在于各种类型的学校都可以参与到教师培养的过程中。

1923年10月，全国教育联合会在云南举行第九次会议，与会者提出为促进全国义务教育的发展，提高教师质量，应与师范学校设立研究教育的暑期学校，聘请教育专家主持讲习，尤其应注重国文、算术的补习及教育原理方法的指导实验。因此，各地相继举办暑期师资培训班。其中清华大学、洛氏驻华医社及中华教育改进社就于1924年暑假合作举办科学教员暑期研究会，研究内容分物理、化学、生物三科，参加研究的中学教员80余人，一致认为成效显著。这一时期教师教育模式主要有以下特征。

首先，美国师范教育模式特征明显。1908年，在"庚款兴学"政策推动下，以及杜威、克伯屈等著名教育家接连访华讲学，进步主义教育思想开始在中国盛行，在这种浓重的仿美气氛熏陶下，1922年，以模仿美国学制为典型特征的"壬戌学制"（即1922年新学制）颁布施行。不仅学制的分段采用了美国的"六三三"制，在课程改革、教材教法等方面也均受到了美国的影响。按照"开放型"的师资培养模式的典型范式，1922年新学制对师范教育机构进行了一定程度上的调整：其一，在高级中学内设置师范科，取消中等师范教育独立地位；其二，将高等师范学校调整为师范大学，或变为综合性大学，或与普通大学合并，1914—1919年创立的北京、沈阳、武昌、四川、广东、南京6所国立高等师范学校和国立女子高等师范学校最终仅存留一所由北京师范大学和北京女子师范大学合并的国立北平师范大学，其余高师均改为综合性大学或综合大学的学院或科系。与此同时，取消师范生免费政策。将对教师的培养放归于整个社会教育系统中。

这一灵活开放的教师教育体系，避免了以往教师培养中知识面狭窄、学科程度偏低的缺陷，同时对提高教师的专业化水平具有一定的促进作用。普通大学参与到教师培养工作中来，也改变了教育理论研究与基础教育相分离的局面。正是在此期间，大学积极开展新教育理论的引进与解读，新教学方法的试验与推广，为中国教育科学的发展迈出了有力的尝试步伐。但不可否认，即使开放型的教师培养模式存在诸多的好处，但基于当时国民社会经济状况而言，却收到了适得其反的效果。

20世纪二三十年代的中国社会，人口众多，战争频繁，师资数量已经捉襟见肘。而美国模式下的"开放型"师资培养模式，更多的是基于对教师质量的关注，这种质量的提升不仅需要充足的师资数量作为基本前提，更需要较强的社会经济实力作为支撑，这些都不是当时中国社会所具备的条件。因此，盲目取消师范教育的独立地位，不但没有提高师资培养的质量水平，反而造成教师整体水平下滑，教学技能下降，教师数量大幅减少。

其次，师范生修业年限的增加。1922年新学制将中学教育年限从4年拉伸到6年，提高了中等教育的程度，为了适应中等教育教学，相应的师范教育也提高了修业年限。与此同时，合并进入综合性大学的高等师范教育，也因其与大学本科修业时间段有一定差距，也急需调整与综合性大学看齐（见表5-2）。

表5-2　　　　　　　　1922年学制中师范教育修业年限表

级别	学校类型	修业年限	入学资格	培养目标	备注
高等师范	师范大学	4年	高级中学或师范学校毕业	培养中等学校师资，教育行政人员，教育学术研究人员	仅北京师范大学、北京女子师范大学
	师范专修科	2年	同上	初级中学师资	附设于大学或师范大学内
中等师范	师范学校	6年	高级小学毕业	小学师资	
	高中师范科	2—3年	初级中学毕业	同上	
	师范讲习所	无定期	高级小学毕业	初级小学师资	

资料来源：李友芝、李春年、柳传欣等编：《中国近现代师范教育史资料》（第2册），北京师范学院内部资料1983年版，第264—268页。

纵观新学制中师范生修业年限的整体情况，由于拉长了师范教育的教育年限，一方面，增加了师范生学习的机会，提高了师范生教育教学水平，扩大了师资培养的范围，使其具有更加充分应对日后教学工作的适应能力；另一方面，由于过长的培养时间，使本就不足的师范生源再一次流失。

最后，培养目标的多样化与人性化。1922年新学制打破了师范教育仅培养教师的限制，规定除中学教师外，还需培养教育行政人员、教育学术研究人员。相比于清末的学制，提高了培养层次，拓宽了就业渠道，同时也迫使师范教育内部，无论是课程的设置还是管理都开始调整变革，用以满足多种形式教育人才培养的需求。同时，受实用主义的影响，以七项标准取代教育宗旨的新学制，更加注重人才培养的灵活性，相比旧学制"一刀切"的规定，无论是在培养年限还是课程设置上，都更具有人文性、开放性。

总体来说，这一时期的师资培养模式是属于美国的"开放式"的，从教育思想、教育制度到教育方法无一不被深深地烙上美国的印记。这一时期我国师范教育基础尚属薄弱，师资数量依然不足，教育年限的过度拉长，也很难吸引优秀的人才进入教师职业中。将美国式民主开放多元的教育体制，放置在单一封闭集权的中国社会体制下，难免水土不服，收效甚微。

2. 混合型的师资培养模式（1932—1949 年）

1932 年，国民政府迫于社会各方面压力，对师范教育做出积极改革，开始重建独立封闭的师范教育体制。1928 年，国民政府颁行《中学暂行条例》指出，"高级中学设师范科应根据地方情形单独设立，修业年限为三年"。由此，揭开了师范教育独立化的序幕。1932 年 12 月，《确定教育目标与改革教育制度案》出台，进一步提出师范教育应脱离中学而独立设置。同年《师范学校法》颁行，从法律地位上明确了师范办学的独立地位。1934 年，《师范学校课程标准》出台，从办学体制、学校制度、课程设置等方面，对师范教育的独立化发展提供了实践指导与制度保障。基于师范教育独立地位的恢复，我国的师范教师培养进入混合型模式之中。所谓"混合型"的师资培养模式，即是指国家既有独立设置的师范院校负责中小学师资的培养，又在其他各类院校中设置师资培养机构。之所以将这一阶段定位为"混合型"师资培养模式阶段，主要体现在以下几方面。

首先，师资培养机构的设置多元化。1938 年《师范学校规程》颁行，规定师范学院可以单独设立抑或附设于大学之内。1944 年，教育部增颁《改进师范学院办法》提出，"国立师范大学师范学院内分设教育、体育两系。必要时得增设第二部及教育研究所"[1]。基于此项规定，民国后期的师资培养机构既存在于专门独立培养师资的师范学校之内，同时国立大学中的教育学院也承担了一部分培养教师的职责。混合型的师资培养机构的设置，对"开放型"师资培养模式所带来的弊端进行了一定程度上的修正，一方面保持了"开放型"师资培养模式下的生机与活力，另一方面通过专门独立师范机构的设置，弥补了师资培养数量上的不足。

其次，职后培训工作的开展。从清末至民国中期，对教师的培养重点均在职前部分，职前培养中对教师的专业精神培养、专业课程知识传授以及专业技能的训练等都有章可循，但其在程度和效果上并不完全尽如人意。因此，为了进一步推动教育理论与实践的结合，提升教师素质，民国初年即开设了包括正教员讲习所、副教员讲习所、师范讲习所等负责实施教师进修、补习的机构。可事实上，这些机构的开设并没有起到补习研修的作用，反而成为急速培养小学师资的补充师范教育机构，补习进修的职后培训功能形同虚设。1922年新学制施行后，由于师范学校数量的锐减，在职进修更是无从谈起。

进入民国后期，教师的在职培训得到重视。1934年，《浙江省各县市小学教员进修及奖励办法大纲》颁行，对小学教员进修的方式、进修考察以及奖励等内容进行了详细的规定，其中四种进修方式包括集会进修、阅读进修、观摩进修以及其他。1935年，江苏省出台《小学教员进修目标及奖励办法》指出，"小学教员之进修，不特有裨个人学术之修养，抑且影响整个小学教育之前途"[2]。

抗日战争爆发后，我国各级各类学校的教师队伍都遭受了极大损失，为挽救教育，1940年，教育部颁发《各省市国民教育师资训练办法大纲》，提出地方可举办国民学校校长训练班、国民教育师资进修班、国民教育师资短期训练班。根据这一办法，各省市大都利用暑期举办现任教师训练班，并督导厉行教员进修工作，以期逐步提高教员教育教学水平。

1941年，教育部订定《各省市中心国民学校及国民学校教员进修办法大

---

[1] 《改进师范学院办法》，《国立山西大学校刊》1944年第3卷第7期。
[2] 《小学教员进修目标及奖励办法》，《江苏教育》1935年第1—2期。

纲》，通令各省市遵照规定，按当地实际情况拟定实施办法，举办教师进修事业。1942年，教育部连续颁行《奖励中等学校教员休假进修暂行办法》《奖励师范学校教员进修及学术研究》，1943年《师范学校附设中心学校及国民学校教员进修班及函授学校办法》，1944年《师范学院附设中等学校教员进修班办法》，1946年《三十五年度各省市国民学校教员进修研究竞赛办法》《国民学校教职员任用待遇保障进修办法》的相继出台，逐步完善了教师进修的体系，明确教师进修的目标与方式、奖励与惩处措施等。

1946年，《修正师范学院规程》颁行，最终以法律的形式确定师范学院需附设教育研究所、高级中学教员进修班、中学教员进修班以及小学教员进修班，见表5-3。

表5-3　　　　　　　　　师范学院进修班基本情况表

	进修班类别	进修资格	进修年限	奖励
师范学院	师范研究所	师范学院毕业，具有研究兴趣，或大学其他院系毕业，有两年以上教学经验之中等学校教员	2年	经硕士学位考试及格者，授予教育硕士学位
	高级中学教员进修班	具有两年以上教学经验之高级中学或同等学校教员而应受试验检定者	1年	给予高级中学或同等学校某某科教员进修证明书，可相当于高级中学教员检定合格证书
	初级中学教员进修班	具有两年以上教学经验之初级中学或同等学校教员而应受试验检定者	1年	给予初级中学或同等学校某某科教员进修证明书，可相当于初级中学教员检定合格证书
	小学教员进修班	具有三年以上教学经验之小学教员	1年	晋级加俸，或充任初级教育行政人员

注：所获奖励，需在期满考试及格，经教育部复核无异的情况下获得。
资料来源：李友芝、李春年、柳传欣等编：《中国近现代师范教育史资料》（第2册），北京师范学院内部资料1983年版，第546—547页。

从以上规程、文件的颁布上可以看出，这一时期的教师职后培养呈现出渐趋规范、完善且更具有操作性的特点。教师职业所需的专业化训练及在职培训的权利已基本得到承认，对中小学教师的培训已经由学校行为上升为国家行为，由学校、社会团体自发组织逐渐演变为政府制度化推进，虽然因社会环境的动荡而并没有完全达到预期的效果，但不可否认，这种基于对教师职后培训的重视，是非常必要的，为此后教师培训工作的进一步开展奠定了基础。

（三）中华人民共和国成立以来师范教育模式的多元化探索与革新

1. 定向型师资培养模式的重建（1949—1975年）

1951年，国务院颁行《关于学制改革的决定》，对师范教育体制进行调整与规范，提出了由政府主办、独立设置的原则，重新将教师的培养权利划归到一处，回到"定向型"独立封闭的师资培养模式中，并持续了半个世纪。纵观这一时期教师培养模式，总体上呈现以下特征。

首先，对苏联模式的模仿。"以俄为师"的师资培养模式的确立，不仅是中华人民共和国成立时社会经验缺乏的应急之需，更是我国计划经济体制下的必然选择。中华人民共和国成立初期，旧有的师范教育体系，无法应对新中国建设的需要，据统计，1949年中华人民共和国成立前夕，全国独立设置的高等师范院校共有12所，另有附设于大学的师范学院3所；中等师范学校610所，其中初级师范学校289所，中级师范321所，与1946年相比，独立设置的高等师范院校减少了10所；中等师范学校减少了292所[①]，师资供求的矛盾极其尖锐，可以说这一时期，"师范院系紊乱，结构与布局失调，设备简陋，内容陈腐，教学脱离实际，教育专业思想单薄，教学内容和培养方针充斥封建毒素"[②]。因此，为缓解中华人民共和国成立后社会主义建设人才匮乏的状况，改变混乱失衡的师范教育状况，以计划统一、独立封闭为典型特征的苏联师范教育体系成为当时社会主义建设的不二之选。

其次，办学体制层次鲜明。通过向苏联学习，师范教育体系独立设置后，新中国的师资培养模式分为鲜明的两类，高师、中师任务各异，层次

---

① 宋嗣廉、韩力学主编：《中国师范教育通览》（上），东北师范大学出版社1998年版，第130页。

② 宋嗣廉、韩力学主编：《中国师范教育通览》（上），东北师范大学出版社1998年版，第134页。

分明，分工明确，1951 年 10 月，教育部部长马叙伦在政务院政务会议报告上指出，要"确定各级各类师范学校的方针和任务"①（见图 5-3）。

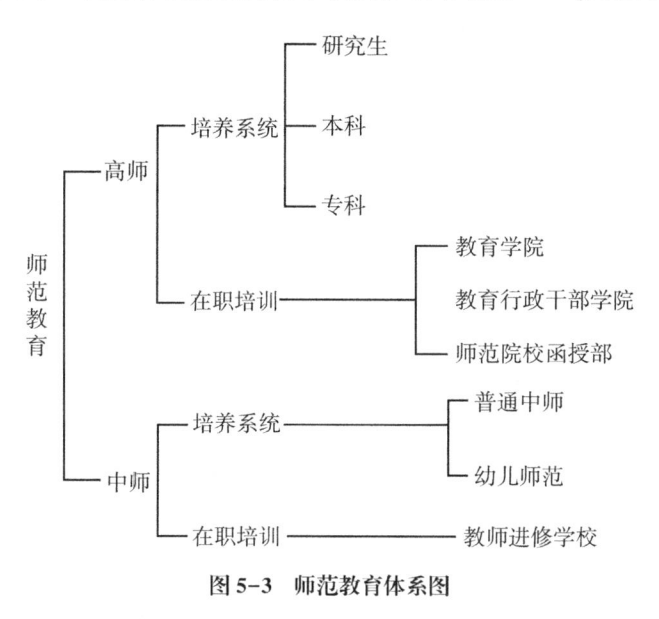

```
师范教育 ─┬─ 高师 ─┬─ 培养系统 ─┬─ 研究生
         │        │            ├─ 本科
         │        │            └─ 专科
         │        └─ 在职培训 ─┬─ 教育学院
         │                     ├─ 教育行政干部学院
         │                     └─ 师范院校函授部
         └─ 中师 ─┬─ 培养系统 ─┬─ 普通中师
                  │            └─ 幼儿师范
                  └─ 在职培训 ──── 教师进修学校
```

图 5-3 师范教育体系图

通过图 5-3 可以看出，中华人民共和国初期经过调整所确立的师范教育体制系统，中师、高师培养层次简洁鲜明，培养目标明确、清晰。这种集中、统一式的培养模式，极大满足了中华人民共和国成立初期对师资的大幅需求，同时更兼具稳固性、独立性的特点。经 1952 年院系调整后，独立师范学院由 15 所增加到 21 所，大学内教育系或师范学院由原来的 43 所减少为 9 所，师范专科学校由原来的 1 所发展为 16 所。② 由此，由各级各类师范学校组成的独立封闭式培养师资的"定向型"师范教育模式业已成型。

从 1949—1956 年，这段国民经济恢复和"三大改造"基本完成的社会主义建设初期，师范教育从恢复建立新的学制系统开始，逐步形成了独立封闭型的教师培养模式。经过 7 年的时间，师范教育经过恢复、整顿、

---

① 李友芝、李春年、柳传欣等编：《中国近现代师范教育史资料》（第 4 册），北京师范学院内部资料 1983 年版，第 1233 页。

② 靳希斌主编：《教师教育模式研究》，北京师范大学出版社 2009 年版，第 30 页。

调整、革新等不同的阶段，逐渐形成了全面化、系统化的教师培养模式，这种模式带着深深的苏联痕迹。对苏联经验的全面学习，一方面是出于中华人民共和国建设初期对师资的大量需求，另一方面则源于社会制度形态上的模仿。

不可否认，苏联模式对新中国成立初期师范教育发展的制度化、规范化起到了重要的奠基作用，但一味以苏联教育形式为模仿蓝本的师范教育模式，局限性较大，在后期一度脱离了我国社会发展的实际需要，我国的师资培养模式一度出现波折。直至改革开放后，才重新进入稳定发展期。

2. 定向型发展的稳定期（1976—1995 年）

1977 年 10 月，教育部在北京召开全国中小学师资培训座谈会，会议上提出，要提升中小学教师队伍素质，恢复各级各类师范教育机构的培养任务。同年 12 月，《教育部关于加强中小学在职教师培训工作意见》下发，对在职教师培训的目标、机构、培训形式、保障措施等进行了细致的规定。

党的十一届三中全会后，改革开放拉开序幕，师范教育也随之进入了新的发展阶段。为了尽快恢复"文化大革命"时期被扰乱的教育教学秩序，教育部首先开展了对师范教育领域的恢复与改造。1980 年，教育部召开全国师范教育会议，重申了师范教育的重要地位和在社会主义建设中的重要作用。同年 8 月，教育部印发《关于进一步加强中小学在职教师培训工作的意见》（以下简称《意见》），再次重申教师进修院校承担着中小学在职教师终身教育的责任，并明确在职培训亦是我国师范教育体系的重要组成部分。《意见》对各级教师培训机构任务进行了详细的规定和明确的分工。1982 年 6 月，《教育部关于试行中学教师进修高等师范专科、本科的教学计划的通知》颁行，对中学教师进修高等师范专科的 12 个专业，包括培养目标、招生对象和方法、时间安排、课程设置等方面进行了具体的阐述。

综上所述，通过对中等师范教育、高等师范教育及中小学教师培训机制的重建，我国不仅恢复了以三级师范教育体系为基础的职前教师培养制度，同时形成了省、地、县、公社、学校五级联合的教师培训体系。

1985 年 5 月 27 日，《中共中央关于教育体制改革的决定》颁行，指出，"必须对现有教师进行认真的培训和考核"。① 将教师的职前培养与职后培训工作放置在并列的位置上，共同作为国家战略实施举措开始被提上发展日程。

随着改革开放的进一步扩大化，师范教育进入快速发展时期。高等师范院校由1976年的58所发展到1984年的242所，中等师范院校由1976年的982所发展到1984年的1008所。② 大幅攀升的师范学校数量，带来了充足的师资力量，彻底解决了中华人民共和国成立初期师资力量不足的问题，但同时一味地坚持独立封闭性的师资培养模式，也带来了不可忽视的弊端：第一，与社会主义市场经济建设的大背景脱轨。改革开放后，计划经济体制的剥离，市场经济体制的完善，具有计划经济下典型特征的独立师范院校，定向招生、培养和分配的模式已经不能更好地适应当下的人才需求。第二，独立体制的师范院校学科狭窄，学术水平偏低，对于学生的多元化发展极为不利，所培养的师资难以满足基础教育对高素质教育人才的需求。第三，师范学校办学质量不高，教师专业化水平过低，教师地位不高。

在这样矛盾的钳制下，师范教育表现出整体活力不强，教师职业的专业化水平普遍偏低。寻找师范教育发展的突破口，实现师资培养的新提升，成为这一时期师范教育发展的新任务。

从图5-4可以看出，此时的中国师范教育可分为职前培养与职后培训两大体系。前者以培养新师资为主要任务，后者以培训在职教师为主要任务。职前培养主要是在各级师范院校中进行，师范专科、师范学院以及师范大学，各类学校培养目标明确，分工具体。教师的职后培训主要由教育学院和教师进修学校组成，教育学院分为国家、省和地市三级，教师进修学校一般设置在县一级所在。这两种系统的培训机构，互不干涉，互相独立。

---

① 何东昌主编：《中华人民共和国重要教育文献（1976—1990）》，海南出版社1998年版，第2287页。
② 马啸风主编：《中国师范教育史：1897—2000》，首都师范大学出版社2003年版，第218页。

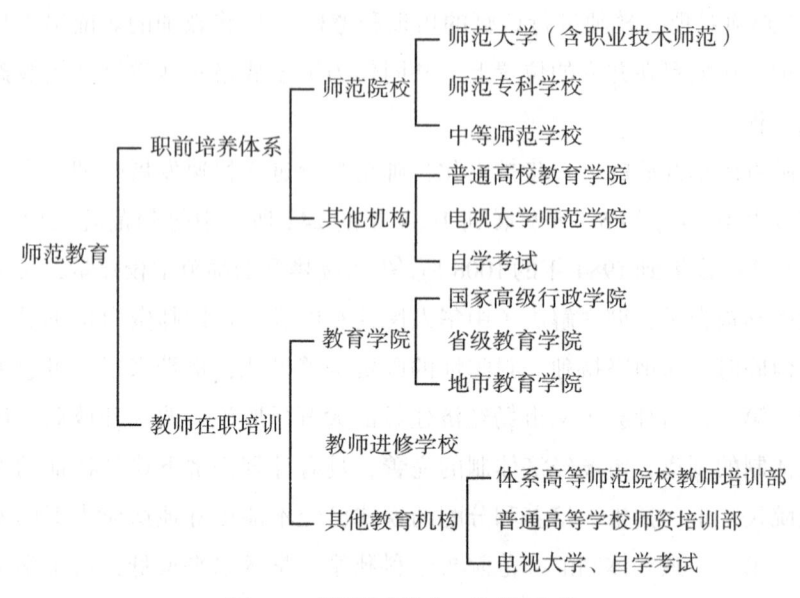

```
                              ┌─ 师范大学（含职业技术师范）
                   ┌─ 师范院校 ─┼─ 师范专科学校
                   │           └─ 中等师范学校
         ┌─ 职前培养体系         ┌─ 普通高校教育学院
         │         └─ 其他机构 ─┼─ 电视大学师范学院
师范教育 ─┤                      └─ 自学考试
         │                      ┌─ 国家高级行政学院
         │         ┌─ 教育学院 ─┼─ 省级教育学院
         │         │            └─ 地市教育学院
         └─ 教师在职培训 ─ 教师进修学校
                   │             ┌─ 体系高等师范院校教师培训部
                   └─ 其他教育机构 ┼─ 普通高等学校师资培训部
                                 └─ 电视大学、自学考试
```

图 5-4　师范教育培养、培训系统①

从这种体制设计上来看，教师的职前培养主要是针对那些尚未成熟，没有职业经历、缺乏教育教学基本知识与技能的学生而言，主要注重的是对学生职业意识的开蒙，教师专业知识与专业技能的传授与培养，是一种系统性、封闭性的培养体系。而教师的职后培养，则主要由各级教育学院和教师进修学校组织实施，针对教师日常工作知识与技能的补充开展工作，但由于这些机构大都缺乏完备的学科门类建设与学术团队，教育教学理论水平有限，因此在培训的过程中存在一定的重复建设，无形中造成了教育资源的浪费，增加了教师培养的成本，而且由于统一的职后培训缺乏针对性与时效性，对于提升教师的专业化素质作用并不显著。因此，其地位与职前教育相比差距甚大。

3. 混合开放型师资培养模式（1996—2005 年）

经过改革开放初期的恢复与发展，师范教育体制在这一时期都得到了极大的稳定，以中等师范学校、师范学院以及师范大学构成的三级师资培养系统，发挥了巨大作用。但随着社会经济的不断发展，市场经济体制的

---

① 梅新林主编：《中国教师教育 30 年》，中国社会科学出版社 2008 年版，第 169 页。

渐趋成熟，三级师范教师培养体制开始逐渐暴露其缺陷：师范院校专业设置狭窄、培养模式单一、学生缺乏竞争性等，这种基于学科教育与教育理论的简单相加的教师培养模式，并不能从根本上提升教师队伍的素质，甚至影响了教师专业化的发展。

针对以上问题，1996年，全国师范教育工作会议召开，会上就规范中小学教师培训体系、完善各级师范学校职后教师培训途径，以及教师资格制度确认等问题，进行了探讨。1999年，《中共中央国务院关于深化教育改革，全面推进素质教育的决定》明确指出，鼓励综合性高等学校和非师范类高等学校参与中小学教师培养，至此，由师范院校和其他高等学校共同培养师资的混合型教师培养模式体系开始逐步确立。截至2000年，已经有200余所非师范院校承担了师资培养的任务。

2001年，《国务院关于基础教育改革与发展的决定》提出："完善以现有师范院校为主体、其他高等学校共同参与、培养培训相衔接的开放的教师教育体系"[1]。通过开放师范教育体系，提高师资培养的层次和规格，来加速教师教育制度的改革进程，从而提高整个师资队伍的水平。据统计，2002年，共有475所高等学校招收师范类全日制本、专科学生，其中高等师范学校183所、教育学院34所、非师范院校258所。非师范院校占学校总数的54%[2]，并随着师范教育的发展呈现出进一步扩大化的趋势。这一时期的师资培养主要有以下几方面特征。

首先，从"定向型"培养模式逐渐走向开放型。基于基础教育师资结构正在从数量满足向提高质量转变，我国的师资培养模式逐渐开始改革，朝开放化方向发展。截至2005年，我国普通小学专任教师具有专科以上学历的比例为56.35%，普通初中专任教师具有本科以上学历的比例为35.31%，普通高中专任教师具有研究生学历的比例仅为1.18%。[3] 从上述数据不难看出，这一时期我国的教师学历水平普遍偏低，相比之下，一些发达国家的中小学教师的学历层次已基本达到本科毕业以上学历，高中教

---

[1] 何东昌主编：《中华人民共和国重要教育文献（1998—2002）》，海南出版社2003年版，第890页。
[2] 靳希斌主编：《教师教育模式研究》，北京师范大学出版社2009年版，第33页。
[3] 梅新林主编：《中国教师教育30年》，中国社会科学出版社2008年版，第171页。

师亦需取得硕士学位及以上学历。因此,改革封闭式培养模式,提升师资培养层次,成为从"定向型"培养模式逐渐走向开放型师资培养模式的必经之路。

与此同时,市场经济体制下,师范学校就业与分配制度的改革,也迫使师资培养模式必然转型,通过不断提升学生自身的竞争力,来适应市场对培养人才规格的需求。打破"一元化"的定向型培养模式,增加开放性、灵活性,提升办学活力和竞争力,推动师资培养模式改革进一步向开放型方向发展。

其次,高校师资培养模式的多元化探索。2002年2月,教育部印发《关于"十五"期间教师教育改革与发展的意见》,指出,"高等师范学校要遵循教师培养规律,积极探索各种培养模式的改革"[1]。这一时期比较有影响力的高校教师培养模式,主要有"4+X"模式,包括北京师范大学、东北师范大学推行的"4+2"模式、华东师范大学的"4+1+2"模式,以及四川师范大学的"2+2"模式等。

(1)"2+2"师资培养模式。"2+2"师资培养模式是指,"前两年学习基础课、专业课和公共必修课,后两年根据兴趣和社会需求自主选择进入教师教育专业学习"[2]。学生进入学校后,先不做师范与非师范的区分,一律接受通识教育和专业教育,第二学年的第二学期结束后,给予学生自愿选择学科和专业方向的机会。按照学生的意愿,进行师范与非师范专业划分,并进行专业方向教育课程和职业教育课程的相关设置。

(2)"4+2"模式。作为师范教育改革的领军院校,北京师范大学在2001年率先提出了"4+2"的研究生层次的师资培养模式,力求通过选择和分流,改革单一的四年制本科人才培养模式,提升师资培养层次和水平。所谓"4+2"模式是指,培养主体以全部本科生为主体,完全按照综合大学的培养模式接受专业教育4年。在第六学期,遵照学生自愿的原则,院系择优筛选,从数理化、中文、哲学等8个专业中挑选出一批品学兼优

---

[1] 何东昌主编:《中华人民共和国重要教育文献(1998—2002)》,海南出版社2003年版,第1147页。

[2] 靳希斌主编:《教师教育模式研究》,北京师范大学出版社2009年版,第71页。

的学生进入教育学院学习2年，攻读教育学硕士学位。其培养目标是"为基础教育培养具有扎实的专业功底、宽厚的理论基础，较强的教育教学实践与研究能力的高素质、研究型教师"①。

（3）"4+1+2"模式。2006年，华东师范大学提出了师资培养的"4+1+2"模式，即"4年本科教育+1年中学教育实践+2年硕士培养"②。被选择的学生都是具备面试直升资格、在本科阶段学业成绩需处于前25%的学生，这些学生本科毕业后，以"准员工"的身份进入中学工作一年，期满后回学校继续学习2年，其间，学生的硕士课程设置、教学、论文指导均由大学和中学导师共同指导完成。学生在硕士期间享受中学工资及学校全额奖学金。

（4）"3+3"模式。"3+3"模式是上海师范大学旨在培养基础教育研究型教师和教育领导管理人才的硕士学位研究生培养模式。学生用3年时间完成本科专业教育，再用3年时间完成教育学硕士教育，其中第1年是教育实践，后两年是教育学核心课程学习、各学科必修课程以及教职课程以及其他选修课程和毕业论文等。

可见，为了适应社会经济发展和基础教育迅猛改革对于师资层次、质量水平的高要求，改革完善现有的师资培养模式，推进教师职前培养的高层次，多元化，业已成为广大师范院校改革创新师资培养模式的战略共识，并已经在探索新模式上积累了丰富的实践经验。综观上述的实践探索，将本科教育与研究生教育相结合，拉伸职前培养年限、层次，并结合教育实践进行教育教学技能的提升，在实践中合理化教育理论与实践的关系，将师范性与学术性较好地、有意识地融合，大大提升了研究生层次高素质研究型教师的培养，为我国21世纪教师教育的改革做出了宝贵的尝试与探索。

最后，职后培养机构的调整与变革。20世纪90年代以来，鉴于以教育学院为主的教师培训机构，长期承担学历补偿的任务，但其基础设施、培训功能明显落后，不能更好地满足推动高质量中小学教师继续教

---

① 靳希斌主编：《教师教育模式研究》，北京师范大学出版社2009年版，第54页。
② 靳希斌主编：《教师教育模式研究》，北京师范大学出版社2009年版，第59页。

育的要求。为此，教育部开始致力于调整教师培训机构，整合教育资源，开始逐步推进教师职前职后一体化体系的建设。主要表现为以下五种形式：（1）教育学院先并入师范专科学校，后升格为本科性质的师范学校；（2）教育学院先并入师范专科学校，后升格为本科性质的综合性院校或职业技术院校；（3）教育学院直接并入师范大学；（4）教育学院与其他院校直接合并为综合性大学；（5）教育学院与其他院校直接合并为职业技术学校。

总之，经过一系列的调整和合并，许多地市级的教育学院被合并到当地的其他院校中，仅有少数几个省级教育学院得以被保留下来。到2005年，我国教育学院的数量由1981年的279所下降到80所，教师进修学校的数量也由1980年的2696所减至2002年的1703所。[①]

综上所述，我国的师资培养模式在这一时期始终不断调整变革，以期不断适应社会发展、基础教育革新对师资人才的需求，通过革新理念、区域规划、协调发展等途径，积极深化教育教学的改革，加强师范院校地域布局和层次布局、结构调整，积极推进中小学教师继续教育工作的逐渐深化。与此同时，由于对教师学历要求的不断提升，职前教育的实施机构逐渐上到高等师范学校本科院系中，不仅提升了职前教师的学历层次水平，也激活了高等师范学校的资源配置，初步形成了一个以各级各类师范院校为主体，非师范院校共同参与的，多渠道、多规格、多形式的中小学师资培养模式。

4. 混合开放型的新发展（2006年至今）

进入21世纪后，基础教育的日新月异，教育培养方式的多元灵活，尤其是在以人才为中心的国际竞争愈演愈烈的情况下，我国教师教育开始不断面临新的挑战，教师教育被世界绝大多数国家摆在了优先发展的战略地位。2001年，"教师教育"代替"师范教育"，标志着我国的教师教育体系将在职前培养、入职教育、职后培训一体化的基础上，推动教师教育整体朝着可持续化、终身化、专业化的方向不断发展。

[①] 梅新林主编：《中国教师教育30年》，中国社会科学出版社2008年版，第246—247页。

2007年，教育部颁行《国家教育事业发展"十一五"规划纲要》，再一次明确提出要构建开放灵活、规范有序的教师教育体系，提高教师教育的层次和水平。2010年，《国家中长期教育改革和发展规划纲要（2010—2020年）》提出，要加强师德建设，提高教师的业务水平、地位待遇以及健全教师管理制度。2012年8月，《国务院关于加强教师队伍建设的意见》再一次重申了这一要求。

这些战略性的安排与部署不仅指明了新时期教师教育体系建设的方向与目标，同时更明确指出了师范院校在现代教师教育体系中的主体地位，为新时期教师教育的发展注入了强劲动力。这一时期教师教育模式的主要特征表现在以下几个方面。

第一，"混合开放型"教师教育模式的纵深发展。"2010年《国家中长期教育改革和发展规划纲要（2010—2020年）》指出：'创造有利条件，鼓励教师和校长在实践中大胆探索，创新教育思想、教育模式和教育方法。'[①] 2012年《国务院关于加强教师队伍建设的意见》提出：'创新教师培养模式，建立高等学校与地方政府、中小学（幼儿园、职业学校）联合培养教师的新机制，……鼓励综合性大学毕业生从事教师职业。'[②] 再一次明确，要开放教师培养的大门，实现多层次、多渠道的师资培养模式。"[③]

以东北师范大学的U-G-S模式为首推的教师教育新模式的探索，有效地解决了师范大学、地方政府以及中小学三者之间的互补合作关系，通过资源的创造性整合与调配，有效地解决了在校师范生实习效率低、中小学教师培训针对性较差以及教育研究缺乏意识等问题，促进了区域基础教育均衡发展。在不断地完整和规范下，U-G-S模式"在教师教育创新实验区建设、师范生教育实习模式建构、在职中小学教师培训、教师教学学术

---

① 中华人民共和国教育部：《国家中长期教育改革和发展规划纲要（2010—2020年）》，2010年7月29日，http://www.moe.gov.cn/jyb_ xwfb/s6052/moe_ 838/201008/t20100802_ 93704.html，2017年10月30日。

② 中华人民共和国教育部：《国务院关于加强教师队伍建设的意见》，2012年8月20日，http://www.moe.gov.cn/jyb_ xxgk/moe_ 1777/moe_ 1778/201209/t20120907_ 141772.html，2017年10月30日。

③ 曲铁华、霍东娇：《改革开放以来我国中学教师职前培养模式的变迁与发展趋势》，《四川师范大学学报》（社会科学版）2017年第3期。

课题研究、教师教育数字资源建设等方面继续深化改革，探索出一条具有师范大学特色的卓越教师培养之路"①。与此同时，山东省提出了 G-U-S 教师教育发展模式，即"以省级政府（G）为主导，整体统筹，以高校（U）与市、县两级政府及其所属中小学校（S）联合为主线，分工合作、协同创新，共同完成教师教育任务"②。

"虽然在两种模式中政府、高校在结构设置中占有不同的地位，在制度属性和运行机制等方面存在着实质的不同，但是二者都是在为培养21世纪的高素质卓越教师而进行有益探索，其核心都是使高校、政府、中小学三方遵循资源共享、责任共同、合作三赢的原则，并以全面提升师范生素质和能力为最终目标。U-G-S 和 G-U-S 两种模式的出现，都是在新的社会形势下，教师教育模式进一步完善的标志，是探索具有中国特色的教育模式的重要成果，因此如何更加科学合理地调配三者关系，已成为当今教师教育模式研究的重要议题。"③

第二，U-G-E 教师教育模式的创生。U-G-E（University-Government-Enterprise）模式是在借鉴 U-G-S 教师教育模式基础上，在非师范专业人才培养模式上的再次创新探索。"U-G-E"模式是"以产学研结合为途径，探索形成高校、政府及行业（企业）三位一体的协同培养机制，建立健全行业（企业）在大学课程教学、实践训练和学位论文指导等方面全程参与的联合培养机制"④。

《国家中长期教育改革和发展规划纲要（2010—2020年）》也提出，"建立健全政府主导、行业指导、企业参与的办学机制，制定促进校企合作办学法规，促进校企合作制度化"⑤，鼓励高校与企业深度合作，形成校

---

① 李广：《教师教育协同创新机制研究——东北师范大学"U-G-S"教师教育模式新发展》，《教育研究》2017年第4期。
② 李中国：《两种"三位一体"教师教育模式比较研究》，《教育研究》2014年第8期。
③ 霍东娇、曲铁华：《21世纪以来我国教师教育政策的核心要素分析——基于扎根理论的研究》，《广西社会科学》2017年第6期。
④ 李广：《教师教育协同创新机制研究——东北师范大学"U-G-S"教师教育模式新发展》，《教育研究》2017年第4期。
⑤ 中华人民共和国教育部：《国家中长期教育改革和发展规划纲要（2010—2020年）》，2010年7月29日，http://www.moe.gov.cn/jyb_xwfb/s6052/moe_838/201008/t20100802_93704.html，2017年10月30日。

企联合、行业企业联合的教师培养模式,对于打开职业学校教师队伍建设新局面意义重大,更是为提升教师教育在人才培养领域的竞争力提供了新的思路与发展路径。

第三,教师教育一体化的建设。将教师的职前培养与职后培训统合整理,形成一体化教师教育体系,既是世界教师教育发展的基本经验,同时也是我国教师教育发展的重要目标。不可否认,在21世纪初期,我国的教师培养职前、职后相脱离的状况屡见不鲜,职后教育功能不断弱化,但随着世界教师教育终身化思潮的不断推进、社会主义教育事业的现实需求不断高涨,加强教师职前与职后教育一体化建设,构建教师教育共同体,已经成为当前我国教师教育改革与发展中的重大战略主题之一。

在全面推进教师教育职前职后一体化发展的过程中,首先,我们应该明确教师专业发展的目标,基于终身教育思想及教师专业发展理论的要求,要以促进教师的终身发展为最终目标,统筹规划,形成规范,进而逐步形成统一的教师教育体系。其次,注重资源的有效利用与整合,打破传统的独立培养师资的机制,进一步扩大非师范院校参与教师培养的力度和权限,充分利用中小学资源,增强政府服务职能,"搭建一套能够促进职前教师培养与职后教师发展融通以及促进高校、地方政府、教研机构、中小学'四位一体'协同发展的共同体"[①]。再次,落实教师教育一体化发展的微观机制,终身教育发展目标的制定、课程内容体系的设置、各专业发展阶段的协调规范,都需要综合考量教师职前与职后发展的特点,做到整体上融合、局部上特殊的统筹安排。最后,建立健全绩效考评与权利问责制度,权利的有效问责与绩效的科学评估是包括高校、政府、中小学等在内的教师教育机构,在探索教师教育一体化施行模式时的重要保障与有力支撑。明确权利与义务分界,细化责任与分工,依照相关法律法规和政府规程制度建设教师教育一体化体系,实现教师职前职后培养的有效衔接和相互促进。

第四,卓越教师的培养。为实现教师教育的可持续发展,2014年,教

---

① 刘义兵、付光槐:《教师教育一体化发展的体制机制创新》,《教育研究》2014年第1期。

育部颁发《关于实施卓越教师培养计划的意见》，针对教师培养提出，要针对当下中小学教育改革发展对高素质教师的需求，培养一批"信念坚定、能力突出，能够适合和引领中小学教育教学改革的卓越教师"。①

"卓越教师培养计划规定了各级各类卓越教师培养模式的方向，完善了职前教师培养的课程体系，增强了职前教师培养的实践性，将教师培养与中小学紧密结合的行为，纳入法律体系，突破传统师范生教育不重视学生个性发展、不重视教师教育持续性发展的弊端，有效打通教师终身职业发展过程各个环节，为真正实现教师教育的全程培养模式提供有力支持。"②

在卓越教师的培养过程中，要注意将教育信念、教育理想、教育情感、教育知识与技能多重因素相结合，通过探索多样化的实习模式，突破封闭式、单一性、知识性的培养传统，构建开放化、协同化、系统化的培养体系，以期最终推进教师队伍整体的发展。

第五，"国培计划"的实施。2010年6月，教育部联合财政部共同下发了《实施"中小学教师国家级培养计划"的通知》，指出，"实施'国培计划'，是提高中小学教师特别是农村教师队伍整体素质的重要举措"③，详细规定了"国培计划"的任务和重点、实施工作要求以及组织管理等相关内容。为保证"国培计划"的顺利开展，同年7月，《教育部办公厅关于加强"国培计划"项目绩效考评工作的意见》出台，以期实现对"国培计划"绩效考评工作的科学化和规范化管理；8月，《教育部办公厅关于做好"国培计划"教师培训机构遴选工作的通知》印发，为"国培计划"的实施提供了严要求、高标准的培训平台；10月，《教育部办公厅下发关于组织开展"国培计划"培训课程资源征集、遴选、

---

① 中华人民共和国教育部：《教育部关于实施卓越教师培养计划的意见》，2014年8月18日，http://www.moe.gov.cn/srcsite/A10/s7011/201408/t20140819_174307.html，2017年10月30日。

② 曲铁华、霍东娇：《改革开放以来我国中学教师职前培养模式的变迁与发展趋势》，《四川师范大学学报》（社会科学版）2017年第3期。

③ 中华人民共和国教育部：《关于实施"中小学教师国家级培训计划"的通知》，2010年6月10日，http://www.gov.cn/zwgk/2010-06/30/content_1642031.htm，2017年10月30日。

推荐活动的通知》，对"国培计划"的课程范围、内容、类别、形式等做了详细说明，以便引导和规范各地"国培计划"的课程资源建设，提高教师培训质量。

之后，从 2011 年开始，教育部办公厅联合财政部办公厅每年都根据"国培计划"建设的需要以及发展过程中亟须完善的内容进行有效调整和部署安排，发布教育部办公厅、财政部办公厅关于做好历年"国培计划"实施工作的通知，为"国培计划"的实施提供了强大的政策保障和方向引导，具体内容见表5-4。

表 5-4　　　　　　　　2011—2017 年"国培计划"实施工作

时间	实施内容
2011 年	1. 高度重视 2011 年"国培计划"实施工作 2. 认真做好 2011 年项目实施方案的研制工作 3. 进一步完善项目招投标机制 4. 积极创新教师培训模式方法 5. 注重优质培训资源的整合和利用 6. 认真做好参训教师的选派和管理工作 7. 优化项目资金配置和管理 8. 切实做好组织领导和项目监管工作
2012 年	1. 优化培训课程内容，提高培训的针对性和实效性 2. 做好参训学员的选派和管理工作，确保培训成效 3. 加强优质资源整合力度，完善教师培训体系 4. 规范项目管理，提高培训质量
2013 年	1. 切实加强培训需求调研，做好培训规划设计 2. 进一步加大实践性培训比重，切实提高教师教学技能 3. 积极推动培训模式创新，不断增强培训实效性 4. 严格项目规范管理和质量监控，提升培训专业化水平
2014 年	1. 认真做好培训调研，按需设置培训项目 2. 推进综合改革，破解重点难点问题 3. 推行混合式培训，提升培训实效性 4. 强化项目管理，确保培训质量和水平
2015 年	1. 明确工作重点，做好整体设计 2. 优化项目设置，精心研制规划方案 3. 择优遴选培训机构，提升培训实效 4. 加强监管评估，确保培训质量

续表

时间	实施内容
2016 年	1. 加快实施进度，做好 2015 年项目评估总结工作 2. 突出培训重点，做好 2016 年项目规划设计 3. 完善评审机制，择优遴选培训机构与项目区县 4. 优化培训模式与内容，着力提升乡村教师教育教学能力 5. 落实管理责任，推进精细化与规范化管理
2017 年	1. 做好培训统筹规划，落实重点支持任务 2. 明确分层分类培训重点，充分发挥示范带动作用 3. 择优遴选培训机构，完善专业发展支持服务体系 4. 改进培训内容方式，贴近乡村教师教育教学实际 5. 做好项目组织实施，提升管理服务专业化水平 6. 及时总结实施情况，加大典型经验学习推广力度

资料来源：根据中华人民共和国教育部网站资料汇总。

通过对表 5-4 的分析可以看出，从 2011 年"国培计划"正式实施直至 2017 年这 7 年时间以来，"国培计划"实施体系逐步完善，部署安排针对性、计划性逐渐增强，始终将培训课程内容的设置、培训模式的创新、培训机构的遴选资格以及培训监督的管理等工作放置在历年体系建设的重点位置，并不断推陈出新，不断完善规范。同时，坚持以服务乡村教师教育发展为主线，提升培训层次和管理服务水平。在每个"国培计划"实施工作的通知下，都包含示范性项目实施方案以及中西部项目和幼师国培项目实施方案。历年的示范性培训项目，亦是根据当年的通知要求，进行具体工作安排。中西部项目和幼师"国培计划"更是将推动乡村教师以脱产研修、短期集中培训、远程培训和转岗教师培训相结合方式，不断创新培训模式，提升培训水平，增强培训效果。

"国培计划"以其"实施范围广、投入力度大、影响程度高、实践尝试多，开创了我国教师培训前所未有的新局面"[①]。通过几年的实施，有力地提升了我国中西部农村地区的教师教育质量，增强了为基础教育服务的活力，不断突破现实困境，为我国数以百万计的中西部中小学和幼儿园教师提供了高质量的在职培训的机会。

---

① 李瑾瑜、王建：《"国培计划"对我国教师培训的创新性贡献》，《教师发展研究》2017 年第 6 期。

二 百年师范教育模式变迁的特点

(一) 师范教育模式从借鉴模仿到本土化探索

纵观我国教师教育模式的发展历程不难看出，以仿日、仿美、仿苏为基本系统建设的时间长达半个世纪之久。这种基于从无到有的借鉴和模仿，降低了我国教师教育模式探索的时间成本，缩短了我国与其他发达国家教师教育模式上的差距。这种因社会形势变化而不断修正，不断调适的模仿型教师教育模式，成为我国探索本土化教师教育模式的基础，更是我国师范教育模式变迁的重要特点。

第一次转型：由定向型到开放型再到混合型。在我国教师教育模式借鉴他国经验的过程中，首先形成了以日本教师教育模式为雏形的封闭独立式的定向型师资培养模式，由师范院校单独培养师资以备中小学校所用。在这一模式下，国家对教师培养规格、培养计划以及毕业分配，毕业生的权利与义务等方面均可以实现有效地把控和调整，因此，在师范教育体制初建的情况下，其合理性是不言而喻的。但不可否认，这种师资培养模式渠道狭窄，培养速度缓慢，无法在短时间内实现合格教师的大数量培养。再加上复杂多变的师资组成来源，更是使得清末通过借鉴模仿而形成的封闭型的师资培养模式忽视了本土化的实际与需求，一定程度上造成了师资培养模式的机械、刻板。1922年后，由于政治、经济、文化等因素的渗透，美国的实用主义思想盛行，以仿鉴美国教师教育模式为典型特征的中国开放型师资培养模式出现，这种无计划性、开放性、多样性的自由民主的师资培养模式，虽然在一定程度上打开了国人师资培养的视野维度，拓宽了师资培养渠道，但也在一定程度上削弱了教师的职业地位，淡化了教师的专业意识。因此，为了修正这种高度开放型的师资培养模式，民国政府进行了政策和方向上的调整，逐渐加紧了对师范教育的统一管理，建设以师范院校为主，综合大学为辅，共同培养师资的混合型师资培养模式，独立的师范教育制度也开始得以逐步恢复。

第二次转型：由混合型到定向型。中华人民共和国成立后，为了转变师资培养的社会属性，实现为社会主义现代化建设培养人才的宏愿，对师资培养模式再一次进行了调整，经过对苏联模式的模仿和对本土化教育实际的不断摸索，我国教师培养模式逐步完善，并最终形成了以中等师范学校、师范专科学校以及师范大学为主体的三级封闭式、定向型师资培养模式。在中华人民共和国成立初期到1999年师范模式调整之前，以三级师范院校培养为主体的师资培养模式取得了一系列令人瞩目的成绩。在这一期间，我国的基础教育发展迅速，教师队伍极大扩充，国民素质水平大幅提升。

但随着社会主义现代化建设向纵深发展，在长期的封闭式的师资培养模式下，我国师资队伍建设的整体水平亟待提高。尤其是当我国基础教育对师资的需求已由数量需求转化为质量需求的情况下，师资培养的各个层次仍然与发达国家差距较大。因此，提升基础教育师资水平，提高本科、研究生学历比例，全面推进师资培养模式的调整和升级，成为当下师资培养模式改革的必然前进方向。

第三次转型：由混合定向型到开放型。这里的混合定向型，是指在以混合型发展为基本教师教育模式特征的基础上，扩大师资培养的渠道，但仍然以师范院校为主的师资培养模式。1996年9月，全国师范教育工作会议上指出，"要坚持以独立设置的各级各类师范院校为主体，充分发挥非师范院校培养培训师资的协同作用"[①]。2001年5月，《国务院关于基础教育改革与发展的决定》进一步指出，"完善以现有师范院校为主体，其他高等学校共同参与、培养培训相衔接的开放的教师教育体系"[②]。因此，为了适应基础教育发展和师资学历提高的需求，一些经济发达地区启动了由三级师范向二级师范过渡的步伐，即取消中等师范教育或专科师范教育，并不断向开放型的教师教育模式靠近。据统计，从2002年开始，我国的中等学校开始逐渐缩减规模，通过升格、合并、改制等方式向二级师范教育体系过渡。

---

① 何东昌主编：《中华人民共和国重要教育文献（1991—1997）》，海南出版社1998年版，第4044页。

② 何东昌主编：《中华人民共和国重要教育文献（1998—2002）》，海南出版社2003年版，第890页。

从表5-5可以看出，对三级教师教育模式的调整和改造并不是一蹴而就的。而作为承载多年师资培养传统和经验的中等师范教育模式，也不可能立刻退出历史舞台。因此，中师借助当地的高等教育之力和布局结构调整的契机，在升格、合并、改制的过程中继续摸索新的师资培养模式，从整体上推动我国教师教育模式的进一步整合和完善。

表5-5　　2002—2005年我国中等学校结构调整变化情况

项目	2000年	2001年	2002年	2003年	2004年	2005年
学校数（所）	683	570	430	317	282	244
在校生数（万人）	76.98	66.24	60.11	31.73	27.9	25.77
招生数（万人）	21.02	19.53	19.42	10.13	8.25	8.97
毕业生数（万人）	31.14	27.83	22.26	10.18	8.5	8.04

资料来源：靳希斌主编：《教师教育模式研究》，北京师范大学出版社2009年版，第37页。

从2010年的《国家中长期教育改革和发展规划纲要（2010—2020年)》到2012年的《关于深化教师教育改革的意见》，无不是将打造灵活开放的师资培养模式作为实现教师教育改革成功的突破口。在构建新的师资培养模式过程中，提升教师队伍专业素质，建立高校与地方政府、中小学校的联合培养机制，已经成为开放型教师教育模式发展的必然趋势。

2014年，《教育部关于实施卓越教师培养计划的意见》颁行，进一步推动了我国教师教育模式改革的步伐，确定了教师教育模式开放化的方向，将高校、中小学以及地方政府均纳入了师资培养的新体制之中。这种逐渐开放的师资培养模式，适应了当下经济全球化的社会现实，与终身教育的指导思想相契合，有利于不断提高教师的专业化水平。因此，成为我国当下教师教育模式发展必然选择的发展路径。

（二）多种办学模式的尝试与探索

进入21世纪后，伴随着经济全球化的迅速发展以及知识更新速度的加快，教师教育不断调整发展思路，为了适应社会发展对师资力量的需求，不间断地探索更有效率、更为科学的教师培养模式，在十年的积累与摸索中，形成了一系列各具特色，又相互融合的教师教育模式。

第一，以教育学院为主导的专业学院培养模式。这是教师培养最普遍的一种模式。实行这种模式的高等学校，基本是以成立教科院、教育学部的形式，整合、聚拢全校教师教育资源，规划教师教育发展的整体路线，进行教师教育基础理论的研究和教学。这种集中优势资源和力量进行专门教师培养的模式，将师范大学的师范性具化到专门学院之中，不但能够提升教师教育的专业水平和教育力量，同时对于管理和协调教师教育的运行和发展，以及与政府、中小学等机构的衔接也更为高效和便捷。

在这种模式的基础上，个别师范学校将教育学院与教师教育管理机构分离开来，在教育学院内部形成教育教学研究和教育行政管理两个部门。其中教育教学研究主要是对师生的教育教学工作进行齐抓共管，注重学科专业教学和教育基本理论的研究；教育行政机构负责教育资源的合理配置以及各学院间事务性的协调以及与其他高校、政府、中小学的联系。这种分离式的培养机构设置，明确了不同机构的分工与职责，确保了教育教学与教师教育事务管理的有序进行。

与此同时，个别学校还设立了与教育学院相并行的教育研究院，形成教育学院与教育研究院相并行的培养模式。这种模式中的教育学院与第一种模式中的教育学院的功能基本相似，单独成立的教育研究院则将教育学院中的教育科研和学科建设任务分离出来，一方面缓解了教育学院繁重的教学任务以及科研攻关的负担；另一方面也意在提升教师教育研究的层次和专业化水平。

可以看出，这种以教育学院为主导的专业学院培养模式，以及演化出的教育管理机构或教育研究机构分离的模式，都是在传统的教师培养模式的基础上进一步完善的。这种模式在教育资源上相对集中，教师培养系统完善，符合教师教育发展的一般规律，但不可否认，如何妥善处理教育教学工作、教育理论研究工作以及教师事务管理工作三者之间的关系，成为制约其发展的关键因素。因此，协调三者关系，合理搭建教师教育平台，发挥教育学院的专业培养优势，对于教师教育模式的规范化建设，意义重大。

第二，教育学院与专门教师教育机构相结合的模式。这种模式是在保留了原有的教育学院的基础上，成立新的专门培养教师和进行教师教育研究的专业机构。这里的教育学院不再进行教师培养，而是与其他普通学院一样担任教育学学科知识的教授以及教育学相关理论研究的机构，成为普通学院。而教师教育机构则开始承担学生职前培养、在职进修以及实践研究等相关任务。这种模式的典型代表是四川师范大学，该校在保留教科院的同时，单独设立了教师教育学院，主要负责"教师教育类专业学生的职前培养、在职教师的继续教育、教育硕士的培养、科学硕士的培养、教师教育的理论与实践研究"①。

第三，教育学院与分散在其他学院的教师教育系相结合的师资培养模式。这种模式是指保留分散在各学科学院的学科教学法、实习和论文指导等课程，并由教育学院负责全校的教育理论的公共学习。

在这种模式中，教育学院显然不是将教育资源集中，总揽教师培养职责的专门机构，而更多的是作为一个集教师教育事务、教育理论教学以及行政管理功能于一身的机构，一方面它自身承担课程教学、参与教师培养；另一方面它又作为一个总体协调、筹划、推动全校教师教育的职能部门。

这三种模式，并不是非此即彼的选择模式，而是并行存在于当下教师教育培养的体系中的。虽然在施行的过程中，伴随着各自的不足与缺陷，但不可否认，没有任何一种固定的模式适合所有的师资培养机构。因此，百花齐放、百家争鸣的局面，正是各高等学校根据自身的实际情况、所处的环境进行的创造性探索，都有其合理性。这种多样化教师教育模式的有益性探索本身，亦是开放型教师教育模式建设过程的必经之路。

三 百年师范教育模式变迁的路径

百年进程，师资培养一直是师范院校的重要职责，悠久的师范教育历史、强大的教师队伍、丰硕的教育教学成果、浓郁的教师文化氛围，都为

---

① 高宝立、刘小强：《中国特色的教师教育专业化之路——十年来师范院校教师教育管理运行模式的探索》，《高等教育研究》2009年第12期。

师范院校的发展奠定了坚实的基础。进入 21 世纪后，我国的师范教育迅速变革，从封闭走向开放，从职前职后分离走向统一，从追求数量到注重质量，这些根本性的转变，必然带动了教师教育模式的变革。

（一）从"能力本位"向"标准本位"的师范教育模式移行

这里所谓的"能力本位"，也称为"胜任本位"，"是以能力发展为目标，强调的能力是指教师能被人观察的演示教学知识和技能的能力"。[①]"标准本位"的教师教育模式，是指"在各个大学根据教师教育机构和组织所研究指定的教师专业标准，开发教师教育计划、设置教师教育课程以及教师评价"。[②] 二者的区别主要表现在以下几个方面，如表 5-6 所示。

表 5-6　"能力本位"与"标准本位"教师教育模式的基本区别

	能力本位	标准本位
教师观	技术人员 简单机械的任务	专业人员 复杂灵活的任务
教学观	"教师中心"取向 非情景依赖	"学习者中心"取向 情景依赖
评价观	外部评价 模拟性 行为频率	共同责任 真实情景 教学质量

资料来源：杨尊伟：《美国教师教育从"能力本位"到"标准本位"》，《外国中小学教育》2003 年第 8 期。

从对"能力本位"与"标准本位"基本概念的辨析可以看出，以"能力"为主要特征的教师教育培养模式，是我国师资培养最基本的特征之一，是教师培养与发展的关键要素。"能力本位"的教师教育模式最早出现在 20 世纪六七十年代的美国，它的出现将人们的焦点从教师的理论知识学习转移到实践教学能力操作上，提升了对教师实践能力水平的关注。

[①] 杨尊伟：《美国教师教育从"能力本位"到"标准本位"》，《外国中小学教育》2003 年第 8 期。

[②] 杨尊伟：《美国教师教育从"能力本位"到"标准本位"》，《外国中小学教育》2003 年第 8 期。

从"能力本位"的发展历程可以看出,其强调的是对师范生能力的培养,这种培养并不是单纯的某种或某几种技能的叠加,而是基于教师资格合格制度基础上的过程性培养,是教师教育朝着专业化方向发展的必经之路。

2012年《教师教育课程标准》出台,对幼儿园、中小学教师教育课程标准进行了详细规定,《中小学教师教育技术能力标准》试行等一系列以标准为基础的教师教育评价和支持体系的出台,标志着我国教师教育模式培养开始逐渐向"标准本位"移行。在移行的过程中,教师的教师观、教学观、评价观等都面临变革,呈现出不同于"能力本位"时期的特点。

首先,教师由"技术员"发展为"专业人员",教师的工作由简单被动地执行教育教学任务,逐渐向具有自我反思、自我选择和评价的专业人员发展。其次,在这一过程中,由学生的学习成绩为教师教学知识水平的唯一测量工具,发展到以具有完整的教育学、心理学知识,并且具备五大核心理念,即"教师对学生及学生的学习负责;教师懂得所教学科的知识及教法;教师负责监督与管理学生的学习;教师能够对自己的教学实践做出反思,并能够从经验中学习;教师是学习共同体的成员"[1],为教师的多重衡量指标。再次,在这一过程中,教师由仅需完成规定情境内的固定教学任务的基本教学观发展到把握具体教学情境,遵循教学规律,实施"艺术性"教学的行为模式。最后,将教师教学行为的结果可量化性转化为过程与结果评价相结合的双重体系,重视教师在教学实践中的反思,鼓励教师从经验中不断提升,最终推动教师由"作为专业技术人员的教师"向"教师作为专业人员的教师"转变,实现教师教育由"训练模式"转变为"开发模式",始终保持动态化的教师教育专业化过程。

但在这一过程中,我们也必须清醒地认识到,这种由"能力本位"到"标准本位"的迁移,并不是一蹴而就、非此即彼的过程,而相反,更多的是一种融合和丰富的过程。这种补充与融合主要体现在对"能力"标准的丰富与变革:第一,将能力标准化,即完善教师专业化的能力标准,明确能力培养目标;第二,提升能力标准的可操作性,将教师的德、意、

---

[1] 杨尊伟:《美国教师教育从"能力本位"到"标准本位"》,《外国中小学教育》2003年第8期。

知、行清晰化、具体化；第三，规范对教师能力的衡量标准，摆脱对教师专业行为评价的随意性和主观性，提升其公平性、公正性与透明性，形成专业导向的正能量标准，推动教师专业学习的积极性。最终实现，基于能力、面向能力、历练能力、回归能力的标准化教师教育模式的确立。

(二) 职前、职后教育由"分离"走向"统一"

我国的师资培养经历了漫长的职前、职后分离模式，重视教师职前教育培养是这一时期典型的特征。从清末伊始，我国师资的培养，即由各级师范学堂开展，而教师的职后培训工作，则由师范传习所进行辅助执行。这种职前、职后相分离的培养模式，在民国的师范教育发展进程中被进一步巩固。在民初，由于学制变革、师范学校独立地位取消等因素的影响，师范学校开始进行调整与合并，导致师资培养的整体进程滞缓。民国中期，师范教育开始逐渐恢复并发展，对师资培养的重视程度开始逐渐提升，各级师范学校承担了中小学教师培养的任务，教员进修班、暑期训练班、函授学校等组织机构，承担了教师的职后进修工作。

中华人民共和国成立后，职前与职后两大体系的进一步细化，更是加剧了二者的分离。但随着社会的不断进步，知识更新速度的不断加快，这种分离式的培养模式开始弊端频现，极大地限制了我国中小学教师的持续化发展，因此，将教师的职前培养与职后培训整合统一，形成一体化的教师教育体系，开始成为我国教师教育模式改革与发展的重要目标。与此同时，随着基础教育领域改革的纵深化，以学生为本，面向全体学生的教育理念深入人心，也必然要求对教师的培养应具有持续性、科学性与终身化。

在一体化模式建设的过程中，首先需要将高校与地方政府（企业）、中小学的不同职能相互协调、整合，建设各职能机构资源共享、协调共管，整体推进的新机制。以为基础教育服务为指向，打破师范大学与中小学校之间优质教师教育资源共享的壁垒，打通职前职后培养的流通渠道，抓住以地方政府（企业）为主的重要媒介，在以建设 U-G-S、U-G-E 模式为有益探索的基础上，进一步完善具有中国化特色的教师培养机制。

其次在整合各机构职能的同时，更要明确统筹主体及其权责划分。在我国现行的教师教育体制下，职前职后一体化的运行离不开行政手段的干预、高等学校的组织实施、中小学校的配合以及产学研机构的辅助。因此，在教师教育一体化的建设过程中，地方政府部门要履行主导与监督的职能，创建完善流畅的政策沟通环境、科学规划教师教育一体化体制发展方向，大力投入人力、物力、财力资源进行支持，保障教师教育职前职后一体化建设大环境的稳定。高等学校的主要职责在于，厘定教师教育一体化的发展目标，完善教师教育一体化的课程体系设置，推动教师教育一体化实践取向的发展。

毋庸置疑，高等学校在教师教育一体化建设中承担着教育教学的重要职责，是实现一体化体系的中坚力量。教师成长的阶段性、连续性的培养均在高等学校中完成。因此，明确高等学校职责，对于教师教育一体化建设至关重要；中小学校的职责在于，承担起沟通职前职后培养的桥梁作用。作为基础教育实现的基地，中小学校不仅是教师职业成长的摇篮，更是推动教师专业化发展的关键场所。因此，与师范学校统筹协调，合理安排学生进入中小学课堂进行教育实习、见习，明确制定中小学教师参与再培养、培训的条件和时间，是中小学参与教师教育一体化建设的主要途径。

最后，紧贴基础教育实际，关键在于教师教育一体化过程中建构职前培养与职后培训相衔接的目标体系，使其在各个阶段各有侧重，又互相联系。

第一，明确在基础教育改革背景下，教师教育一体化的目标理念。基础教育教师专业的快速成长及其角色的转变，不断要求教师突破传统教育者的形象，转向在终身教育理念指导下的新型教师。

第二，在基础教育发展需求下，梳理教师教育一体化的内容体系。这里我们所讲的教育内容一体化，是基于教师可持续发展的需求，在终身教育理念指导下，从整体上设计、规划教师教育内容，打破常规的教育内容的简单重复，并最终凸显在具体的教育内容上有内在联系、相互补充的一体化体系。在这样的课程体系下，充分关注教师实践所需，满足不同发展阶段、不同发展层次教师的诉求，注重职前职后教育课程内容的相关性、互补性、综合性与可操作性，提升课程内容的时效性和科学性。

第六章　中国百年教师资格制度的沿革

中国教师资格的明确与检定，自师范教育创立之日起就备受关注。教师资格的规范与制度化是保证师范教育专业化的重要力量，是奠定师范教育制度整体发展的基石。探寻百年师范教师资格制度发展历程，还原师范教师资格制度发展脉络，探赜索隐，启迪智慧，意义重大。

一　百年教师资格制度的沿革历程

（一）清末教师资格制度的萌芽与嚆矢
1. 清末学堂教师的来源

我国早期受孔子"学而优则仕，仕而优则学"的思想熏陶，"学校的教师都由官吏兼任，官即是师，师即是官。师者必为官或退仕。国之重臣太师、太保、太傅，也即是帝王之师"[①]。这种亦官亦师的教师任用形式，从西周伊始，历经春秋战国时期的百家争鸣、稷下学宫创办直到整个秦、汉、宋、元、明、清初时期，一直成为官学教师的最主要选用形式。直到清末，西学东渐之风潮涌起，新式学堂的先后兴办，才打破了这种传统的教师选用传统。

晚清是我国具有明确教师聘任规定的萌芽时期。自清末新式教育创办以来，各级学堂面临的最大困难便是师资的严重不足。究其根本原因，不得不承认，传统的儒学和书院，难以培养具有现代知识的新式人才，清末

[①]　郭齐家：《中国古代学校》，商务印书馆1998年版，第26页。

的教员"有学过陆军或海军的,有国外留学的、国内毕业的,也有少数几个是清朝的举人和候补知县"①。这种随意的教师选聘,充斥着整个清末的新式学堂,据统计,当时的师资来源主要有以下几类。

一是旧式传统教育下的仕子门生。在传统的入仕为官的出路被切断后出任学堂教员成为旧式读书人的新选择。据统计,1909年,两江师范学堂有履历可查的19名教员中,有旧式贡生举人头衔的占15人。② 1911年,通州师范学堂的25名教员中,有旧式贡生举人头衔的占13人。③

二是归国留学生。甲午战争后,国内掀起了留学日本的热潮,尤其是在师范教育领域,更是以日本为主要参照模式,加之,清政府的鼓励与支持,一时间,留日归国的学生,成为教师聘任的热门人选。1904年,清政府颁行《奏定学堂章程》规定,"各省城师范学堂若无师范教员可请者,即速派人到外国学习师范教授管理各法"④。据统计,1903年3月至10月,留日毕业生为175人,其中师范专业71人,约占41%;1903年10月到1904年4月,留日毕业生为288人,其中师范专业153人,约占53%;1904年4月至10月,留日毕业生为426人,其中师范专业189人,约占44%。⑤ 据当时报纸记载,在两广地区,留日学生归国后成为教师的热门人选,同时,"在山东省,山东巡抚明令全省十府二州的师范传习所,以留学日本毕业生担任速成师范学堂的教员"⑥。

三是聘请外国洋教习。新式学堂作为西方教育的舶来品,在中国传统教育的土壤中缺乏必要的根基,因此,为了实现"睁眼看世界"的宏愿,聘请洋人为师,成为必要之举。以早期的京师同文馆为例,"同文馆的洋教习全部是以重资从外国聘请的,仅中文和算学两科由中国教习担任,由

---

① 刘莘园:《回忆武昌首义》,载中国人民政治协商会议全国委员会文史资料研究委员会编:《辛亥革命回忆录》(第七集),文史资料出版社1981年版,第19页。
② 《宣统元年两江师范教职员履历表及日教员履历表》,载朱有瓛《中国近代学制史料(第二辑)》(下册),华东师范大学出版社1989年版,第352—353页。
③ 《通州师范三十周年纪念刊》,载朱有瓛《中国近代学制史料(第二辑)》(下册),华东师范大学出版社1989版,第304—307页。
④ 舒新城编:《中国近代教育史资料》(上册),人民教育出版社1961年版,第198页。
⑤ 董宝良:《中国教育史纲》(近代卷),人民教育出版社1990年版,第304页。
⑥ 黄新宪:《中国留学教育的历史反思》,四川教育出版社1991年版,第83页。

具有举贡正途初审的人员中经总理衙门考试录用"①。此后，在京师同文馆的带领下，上海广方言馆、广州同文馆、天津水师学堂等都纷纷仿效京师同文馆，以聘请洋教习来解决师资短缺的问题。1902年，京师大学堂师范馆开始招生，国学教师大多为海内外知名人士，还包括一些日籍教师，其中著名的有服部宇之吉，教授教育学、心理学和伦理学等课程，范源濂作为服部教授的翻译，曾指出："将来如有人写中国教育史，叙述师范教育之起源，第一页就应当从服部博士所曾尽力之事业说起。"②

1902年，直隶保定师范学堂创建之初，兼聘中日教习入堂教授，且因各地师范学堂急需教师，因此半年毕业考取领凭的师范生，即可派往各处小学堂充当教习。同年，贵州公立师范学堂的创办，教师仍然以聘请日本教习为主，包括著名的清宫宗亲、木藤武彦以及上野竹之助等。1903年，通州师范学校建成，聘请学界名流王国维及日本学者十余人为师范教习。1903年2月，南京三江师范学堂创设，师范学堂由江苏候补道杨觐圭、刘世珩任监督，延聘日本菊池谦二郎为总教习，及日本高等师范教习12人，专司讲授教育学及理化学、图画学、理财、博物、工业各科，同时亦选聘举贡廪增出身之中学教师50人，分授修身、历史、地理、文学、算学、体操各科。③ 1903年，全闽师范学堂，教员总数80余人，其中日本教员13人，另有职员20人。

四是国内学堂的毕业生。师范学堂作为培养师资的专门机构，其教员的组成也包含了国内学堂培养的毕业人员。据统计，"1907年，优级师范学堂中，国内学堂培养的教员占该年该类学堂师资的35%；在初级师范学堂中，从师范学堂毕业的教员占37%；在师范传习所，师范生身份的教员占50%。1908年，优级师范学堂中，国内学堂培养的教员占该年该类学堂师资的38%；在初级师范学堂中，从师范学堂毕业的教员占40%；在传习所等机构，接受过师范教育的教员占师资总数的55%。1909年，优级师范

---

① 黄仁贤：《中国教育管理史》，福建人民出版社2003年版，第252页。
② 宋嗣廉、韩力学主编：《中国师范教育通览》（上），东北师范大学出版社1998年版，第19页。
③ 宋嗣廉、韩力学主编：《中国师范教育通览》（上），东北师范大学出版社1998年版，第21页。

学堂中,从国内学堂毕业者占33%;初级师范学堂中,师范生毕业者占教员总数42%;师范传习所中,师范生身份的教员占58%。"① 从1907年到1909年,三年的数据统计结果可以看出,初级师范学堂和师范传习所,接受过师范教育的教师所占比例较大,优级师范学堂的比例次之。

清末新式学堂在"教育救国"的呼声中迅速兴起,以突破传统教育体制向具有近现代化特征的新式教育转轨为契机,拥有不同知识背景和社会身份的各色人等纷纷涌入教育改革的浪潮中。面临师资不足的情况,清政府采取了一系列的鼓励政策和措施,大力倡导兴办师范学堂,积极推进留日学生计划,在清末的学堂里,新、旧思想的交融,新、旧知识分子的混杂,成为这一时期新式学堂师资聘任的典型特征。在这样一个新旧教育体制的转换过程中,教师队伍作为其中一个重要因素,也不可避免地被时代的洪流所裹挟,成分复杂。

2. 清末学堂教员的聘任与检定

(1) 清末小学堂教员的聘任与检定

从1897年师范教育初创之日起,教师的选聘便开始逐渐打破以官为师、以吏为师的传统格局,尤以新学堂如破茧之势般出现后,对师资的选择则更为谨慎。1903年,清政府颁行《奏定任用教员章程》,对不同类型的教师任职资格进行规定,其中对小学堂教员任职资格的规定,如表6-1所示。

表6-1　　　　《奏定任用教员章程》中关于小学堂教员选聘规定

分类	选聘条件
高等小学堂正教员	以初级师范毕业考列优等及中等,及游学外洋得有高等师范毕业文凭者充选。暂时以简易师范生充选
高等小学堂副教员	以初级师范毕业考列中等,及游学外洋得有寻常师范毕业文凭者充选。暂时以简易师范生充选
初等小学堂正教员	以曾入初级师范考列中等,及得有毕业文凭者充选。暂时以师范传习生充选
初等小学堂副教员	以曾入初级师范得有修业文凭者充选。暂时以师范传习生充选

资料来源:舒新城编:《中国近代教育史资料》(上册),人民教育出版社1961年版,第345页。

---

① 张东霞:《清末学堂师资研究》,硕士学位论文,天津师范大学,2007年,第17—18页。

通过表6-1可知，清政府将"师范毕业"作为首要条件纳入了小学堂教师的选聘资格之中，依据其在师范学校的成绩高低，将其划分为高等、初等小学堂的正、副教员。这一任职资格章程的出台，有目的地规范了清末小学堂师资队伍的组成，一定程度上扭转了清末师资队伍混乱的局面，更是为清末师范学堂教师选聘提供了政策上的认可与支持。

与此同时，为进一步巩固小学堂师资队伍的整体水平，1909年11月，清政府颁布《学部奏遵拟检定小学教员章程》，对小学教员检定的实施机构、需检定师资类别、检定科目、检定条件，包括规定资格条件、教学任务完成情况、师德师风、教育研究以及检定不合格后的教员处理等情况均进行了详细的规定。

在受检人员资格要求方面，章程将小学教员师资检定分为两种形式，一是试验检定；二是无试验检定，对二者在检定实施机构、时间以及教师检定条件上予以区别。通过这两种形式的检定，清政府当局以期实现在规定的时间范围内，对不同层级的小学堂教员进行检定，以考察其是否能够按照检定章程要求提供合格的学历资质、任职履历以及其他待检定的资格证明等（见表6-2）。

表6-2　　　　　　　　　　小学堂教员检定资格

检定类别	需检定师资条件
无试验检定	1. 毕业于中学堂或中等以上各学堂，及与中学同等各学堂者 2. 毕业于各种科学专修科，期限在二年以上者 3. 在他省领有检定文凭认为合格者 4. 在外国师范学堂（即与本国初级师范学堂程度相当者）中学堂及与中学堂程度相当，或中学程度以上之学堂学习完全科目，确系毕业领有文凭者 5. 学有专长，具有普通学力，曾充官立高等小学教员一年，确系有经验，督学局或提学使司认许者 6. 有前条所系资格之一者，由督学局、各省提学使司给予检定文凭。其毕业于各项学堂者，查照学堂程度，如中学堂、外国师范学堂，准充两等小学正副教员；中等实业学堂及各种科学专修科毕业者，比照分别准充高等小学专科教员或初等小学某学专科教员。其具有前项第三条、第五条之资格者，应酌量分别准充高等小学或初等小学正副教员或专科教员

第六章 中国百年教师资格制度的沿革

续表

检定类别	需检定师资条件
试验检定	1. 官立初级师范简易科毕业生，年限在二年以下者 2. 官立初级师范简易科年限在二年以上，毕业在下等者 3. 毕业于民立初级师范简易科者 4. 毕业于师范传习所讲习所者 5. 在外国学习师范简易科，及各种科学速成科毕业生，年限在二年以下者 6. 举贡生监中文明通达，及通晓各项科学，愿充小学教员者 7. 有受无试验检定准充初等小学教员之资格，而愿受高等小学教员检定者 8. 试验检定又可分为高等小学教员试验检定、初等小学教员试验检定以及专科教员试验检定

资料来源：舒新城编：《中国近代教育史资料》（上册），人民教育出版社1961年版，第348—349页。

在检定实施人员及机构组织方面，根据章程规定，对检定小学教员的各项事宜，分京师和各省两部分施行，其中"京师由督学局办理，在各省由提学使司办理，其府厅州县距省会较远者，由提学使司酌量情形派员办理"①，即组织对科学精神以及教学之法有深入理解和造诣的职员，在学术上、声望上都有一定威信的专门教员或初级以上师范学校的毕业生等人，进行考核检定。

在检定考核内容方面，在实施检定的过程中，除对受检人员进行修身、经义、国文、算学、教育学、历史、地理等试验科目的检定外，清政府尤为重视教员的师德品行，规定"曾犯刑律者、现有刑事诉讼者、沾染嗜好者、举贡生监学生曾经斥革者、曾经斥革教员尚未开复者"② 均不得予以检定。

在检定结果评定方面，检定委员实行检定之后，对检定人员的成绩、履历等登记在册，并按规定发给合格文凭。同时，对违反相应规定而不尽职的教员进行辞退、对因事故致失教员资格者进行文凭撤销，对期满合格成绩优秀者给予免检资格。

通过对清末小学教员的聘任与检定情况的梳理与阐释可以看出，这一

---

① 舒新城编：《中国近代教育史资料》（上册），人民教育出版社1961年版，第347页。
② 舒新城编：《中国近代教育史资料》（上册），人民教育出版社1961年版，第350页。

时期小学教员的检定已经初具形态,虽然在实施的效果方面有待进一步考证,但不可否认,这种开师资检定之先河的意识,是值得肯定的,其意义也是不容忽视的。

(2)清末中学堂教员的聘任与检定

清末新政中,关于中学教师聘任的要求,最早出现在1903年颁布的癸卯学制中,学制指出,"高等教育阶段中,优级师范学堂为培养中学教师之场所"[①]。1904年,清政府颁行《奏定任用教员章程》,将中学堂教员的聘任条件进行较为细化的规定,具体分为普通中学堂正教员、副教员两类(见表6-3)。

表6-3　　　《奏定任用教员章程》中的中学堂教员选聘条件

分类	选聘条件
普通中学堂正教员	以将来优级师范毕业生考列最优等及优等,及游学外洋高等师范毕业考列优等中等,及得有毕业文凭者充选。暂时只可选择游学外洋毕业生,曾考究教育理法者充之,不必定在师范学堂毕业;或择学科程度相当之华员充之亦可
普通中学堂副教员	以将来优级师范毕业考列优等及中等,及游学外洋得有高等师范毕业文凭者充选。暂时只可择游学外洋毕业生,曾考究教育理法者充之,不必定在师范学堂毕业;或择学科程度相当之华员充之亦可

资料来源:舒新城编:《中国近代教育史资料》(上册),人民教育出版社1961年版,第345页。

相对于小学堂教师必须是师范学堂毕业的要求,中学堂的师资选聘条件则相对放宽,对教育理法有一定研究者或学科程度相当者亦可充任。面对中学堂师资紧缺的清末教育大环境,这种选聘政策一方面尽可能地拓宽了教员入职渠道;另一方面也无形地降低了中学教员的师范性与教育专业性。为妥善解决这一问题,1911年,有识之士提请《学部奏检定初级师范中学教员及优待章程折》,章程折中明确了中小学教育的重要意义,进而指出,只有拥有合格的师资,才能达到教育的预期收效。因此,章程折指

---

① 教育部教育年鉴编纂委员会编:《第二次中国教育年鉴》,商务印书馆1948年版,第366页。

出:"以应急需。惟未经检定,则教员是否合格既无标准之可言,待遇不优,尤非尊师重道之意"①。

因此,对师范学堂、中学堂教员进行检定,必不可少。根据章程折的要求,同年,《检定初级师范学堂中学堂教员章程》颁行,指出要对各省符合条件的师范学堂教员、中学堂教员进行检定。检定形式与以往相同,亦分为无试验检定和试验检定两种形式(见表6-4)。

表6-4　　　　　　　　初级师范学堂、中学堂教员检定条件

检定类别	需检定师资条件
无试验检定	1. 在大学预科及高等专门学堂或程度相等以上各学堂毕业。得有奖励或经学部核准升学者 2. 在外国高等专门各学堂及程度相等以上各学堂毕业。经学部考试录取者 3. 现充初级师范学堂中学堂或程度相等以上各学堂教员,满三年以上,经学部或各省提学使认为合格者
试验检定	1. 在本国优级师范选科或高等专门学堂及程度相等各学堂毕业。得有及格或修业文凭者 2. 在外国高等专门学堂或程度相等各学堂毕业,未经学部考试录取者 3. 现充初级师范学堂中学堂或程度相等以上各学堂之教员职员 4. 初级师范学堂毕业生,照章服务期满者 5. 曾充小学堂教员已满教授年限,得有实力尽职文凭,即在一学堂教授五年以上得有奖励者 6. 著有中学教科书以上程度之各种书籍(经学部原认定审定发行者) 7. 具有第三条无试验检定资格,即得有初级师范学堂中学堂某科教员检定文凭 8. 举贡生员,能通专门科学,兼明教育原理及教授法者 9. 曾任陆军队官等职,娴于体操训练者

资料来源:《检定初级师范学堂中学堂教员章程》,《教育杂志》1911年第3期。

在检定实施人员及组织机构方面,中学堂的检定仅在实施人员中增加了中国及外国大学堂高等学堂毕业生,其他与小学堂的检定实施人员及组织机构设置基本无二。在检定考核内容方面,除具体检验科目不同外,包括检定结果评定,均与小学堂教员检定无大区别。

---

① 《学部奏检定初级师范中学教员及优待章程折》,《教育杂志》1911年第3期。

通过对1911年《检定初级师范学堂中学堂教员章程》的梳理可以看出，清末时期的初级师范及中学堂教员检定较比20世纪初的小学堂教员检定规定更为详细，更为注重教学服务期限的考核，这在一定程度上避免了中学堂教员在招聘过程中，非师范毕业生缺乏基本的教育教学经验的弊端。与此同时，将教员资格检定与待遇优待相结合，除待以职绅之礼，准用顶戴，更可酌量加给津贴，这进一步增加了教师职业的吸引力，同时有效地推动教员资格检定的实施。

（3）清末师范学堂教员的聘任与检定

师范学堂教员作为其他学堂教员的重要来源，其师资的选聘尤为重要。1903年，《奏定初级师范学堂章程》指出："应师范之任者，必当敦品养德，巡礼奉法，言动威仪足为楷模；故教师范者宜勉励各生以谨言慎行，贵庄重而戒轻挑，尚和平而忌暴戾；且须听受长上之命令训诲，以身作则，方能使学生服从。"[①] 同年，清政府颁行《奏定任用教员章程》，将师范学堂教员分为正教员、副教员两类，并细化了优级师范学堂、初级师范学堂正教员、副教员选聘资格（见表6-5）。

表6-5　　　　《奏定任用教员章程》中的师范学堂教员选聘条件

分类	选聘条件
优级师范学堂正教员	以将来大学堂分科毕业考列优等及中等，及游学外洋高等师范考列优等中等，及得有大学堂毕业文凭暨大学堂选科考列优等者充选。暂时除延访有各科学程度相当之华员充选外，余均择聘外国教师充任
优级师范学堂副教员	以将来大学选科毕业考列中等，及游学外洋得有大学选科毕业文凭者充选。暂时延访有各科学程度相当之华员充选
初级师范学堂正教员	以将来优级师范毕业考列最优等及优等，及游学外洋寻常师范毕业得有优等文凭及毕业文凭者充选。暂时只可择游学外洋毕业生，曾考究教育理法者充之，不必定在师范学堂毕业；或择学科程度相当之华员充之亦可

---

① 舒新城编：《中国近代教育史资料》（中册），人民教育出版社1961年版，第676页。

续表

分类	选聘条件
初级师范学堂副教员	以将来优级师范毕业考列中等，及游学外洋得有高等师范毕业文凭者充选。暂时只可择游学外洋毕业生，曾考究教育理法者充之，不必定在师范学堂毕业；或择学科程度相当之华员充之亦可

资料来源：舒新城编：《中国近代教育史资料》（上册），人民教育出版社1961年，第342页。

根据清末各项师范教育政策的规定可以看出，这一时期的师范学堂教员的选聘有以下突出特点：首先，对师范教员师德品行的重视。注重教员的德行和学生道德的培养，是保证教师队伍素质、提升教师责任感的重要手段。尤其在清末复杂的社会局势下，动荡的教育环境、混杂的学生群体、拮据的教育资源，教育的成效与教师的德行紧密相关。其次，师范学堂教员中洋教习的大量选聘。作为舶来品的师范教育，从创设开始就有着浓厚的仿日痕迹，因此尤以游学外洋高等师范者为师范学堂教员选聘的热门人选。1907年，《女子师范学堂章程》规定："学堂教习，许聘用外国女教习充之；惟须选聘在女子高等师范毕业，品学优良者；且须明定应与中国女教习研究教法，其研究时限由该学堂自行酌定。"[1] 据统计，在清末的师范学堂，程度相当但不计文凭的华员和外国洋教习成为优级师范学堂教师的主要来源。

这一时期，除1911年清政府颁行的《检定初级师范学堂中学堂教员章程》外，并没有直接针对师范学堂教员的检定章程，但《奏定初级师范学堂章程》《奏定优级师范学堂章程》等均对师范学堂教员的准入资格、教习宗旨以及教法等相关内容进行了规定，在一定程度上也起到了检定与约束的作用。

清末新政施行以来，伴随着新式学堂的兴起，学堂教员作为保障和促进新教育普及与推广的重要因素被广泛重视，因此，对学堂教员的选聘与检定成为不可忽视的重要教育手段被提上日程。不可否认，在实施过程

---

[1] 舒新城编：《中国近代教育史资料》（下册），人民教育出版社1961年版，第817页。

中,这些选聘与检定政策措施并没有完全落实,但这种对教师资格检定的政策性引导,为民国时期的教师聘任与检定的进一步完善与发展奠定了基础,更是为之后教师资格的制度化建设提供了一种轮廓性的建设方向。

(二) 民国师范教师资格制度的建构与完善

尽管清末各省的学堂教师质量参差不齐,数量上也不尽充足,但清末学堂教员的选聘与资格检定,并未因社会性质的转变而夭折。相反,民国政府在清末的基础上,进行了一定程度的完善和修葺,并推动其进一步发展。

1. 民国时期小学教员的聘任与资格检定

(1) 民国时期小学教员的聘任

1912年民国肇始,普及义务教育成为国民教育的首要任务。而合格小学师资的聘任,成为其任务完成的先决条件。1912年,教育部公布《小学校令》,规定"凡充小学校教员者,须受有许可状,必须在师范学校或教育总长指定之学校毕业,或经小学教员检定委员会检定合格者;遇有特别情事,小学教员不敷时,得以未受许可状者代用为小学校副教员"[①]。1915年,教育部颁行《高等小学校令》,再一次重申高等小学教员检定事宜,同时指出,"遇有特别情事,高等小学教员不敷时,得以未受许可状者代用为高等小学校助教员"[②]。

1927年,南京国民政府成立后,为进一步补充合格小学师资,1933年3月颁行《小学规程》,并于1936年7月对其进行修正。《小学规程》对小学教员的任职资格做出了明确规定,"师范学校毕业者;旧制师范学校本科或高级中学师范科或特别师范科毕业者;高等师范学校或专科师范学校毕业者;师范大学或大学教育学院教育科系毕业生"[③]。

值得关注的是,为弥补合格师资不足的情况,国民政府启用代用教员。1917年1月,教育部颁行《施行检定小学教员办法》10条,针对检

[①] 舒新城编:《中国近代教育史资料》(中册),人民教育出版社1961年版,第452页。
[②] 舒新城编:《中国近代教育史资料》(中册),人民教育出版社1961年版,第472页。
[③] 中国第二历史档案馆编:《中华民国史档案资料汇编(第五辑第一编)(教育)》(一),江苏古籍出版社1990年版,第546—547页。

定未合格者过多的情况，明确提出了代用教员的聘任条件。《施行检定小学教员办法》指出，"实行检定后，如不合格者过多，教员不敷任用时，得以代用教员补充之。"① 代用教员须满足两项条件，即"受试验检定未能合格，而关于某科目成绩满六十分以上者，检定委员会得授予证书"② "试验不及格而平均分数在四十分以上者"③。

1936年，湖北省发布《各校选用代用教员应行注意要点》指出，"查各校聘任教员，应以检定合格者为主，如有某项科目，确系缺乏检定合格教员，准由各校遵照选用代用教员注意要点办理"④。选聘的代用教员需符合检定规程或任用规程的相关规定，亦须缴验证件，同时代用教员也要定期进行检定，检定不合格者，于学期终了时予以解聘。1940年，教育部颁行《各省小学教员总登记办法大纲》，规定代用教员也应由试验检定合格的人员担任，其中"合格教员登记核定后，由主管教育行政机关发给甲种登记证，其代用教员发给乙种登记证"⑤。

综上，民国时期的小学教员聘任坚持以师范毕业生为主，强调任教的教师须具有接受师范教育的经历且为检定合格者。与此同时，代用教员作为辅助教员一并纳入小学堂教员体系中去。

（2）民国时期小学教员的资格检定

1912年，为提升国民素质，传播民主思想，大力普及义务教育，小学教师需求量大幅攀升。为保障师资质量，提升义务教育层次，1916年，教育部公布《检定小学教员规程》。该规程以清末《学部奏遵拟检定小学教员章程》为蓝本，但相较其更加规范、完整。民初的小学教员资格检定主要突出表现在以下几方面。

第一，在受检人员资格要求方面，与清末相比，民初的小学堂教员检定，在内容上更为精简，更加注重对具有教育经验者的检定，对是否为师

---

① 《教育部订定施行检定小学教员办法》，《教育杂志》1917年第3期。
② 舒新城编：《中国近代教育史资料》（中册），人民教育出版社1961年版，第355页。
③ 《教育部订定施行检定小学教员办法》，《教育杂志》1917年第3期。
④ 《令省立各中等学校各校选用代用教员应行注意要点》，《湖北省政府公报》1936年第240期。
⑤ 教育部教育年鉴编纂委员会编：《第二次中国教育年鉴》，商务印书馆1948年版，第45页。

范学校毕业生则并没有进行过多关注（见表6-6）。

表6-6 小学堂教员资格检定

检定类别	需检定师资条件
无试验检定	1. 毕业于中学校并充小学教员一年以上者 2. 毕业于甲种实业学校并积有研究者 3. 毕业于专门学校确适于某科目教员之职者 4. 曾充小学教员三年以上，经地方最高行政长官认为确有成绩者
试验检定	1. 曾在师范学校中学校或其他中等学校修业二年以上者 2. 曾任或现任国民学校高等小学校教员满一年者 3. 曾在师范简易科毕业，期限在六个月以上者 4. 曾研究专科学术兼明教育原理著有论文者

资料来源：舒新城编：《中国近代教育史资料》（下册），人民教育出版社1961年版，第353—354页。

第二，在检定人员组成及实施机构方面，更为规范和统一。相对于1909年的《学部奏遵拟检定小学教员章程》，《检定小学教员规程》进一步规范了师资检定实施机构，即"凡施行检定，应由各省区行政公署组织检定委员会"①，检定委员会由会长、常任委员、临时委员三部分组成。其中会长由各省区行政公署教育科科长充任；常任委员设2—6人，由教育科科员、省道县视学以及师范学校校长教员组成；临时委员无数额限制，由省道县视学、师范学校教员以及中学以上学校教员组成小学教员检定委员会，并对各自职责规范进行了细化，同时规定检定委员的薪俸和津贴补助由各省区进行支给。

第三，在检定考核内容方面，民初的检定科目比照师范学校课程科目进行检定，并规定，除笔试、口试外，"并宜酌加实地演习"②。与此同时，接受检定的教师，不仅要提供志愿书及履历表、学历证明等，更要有保证人填写的品行证明书，一并交付检定委员会审查。

第四，在检定结果评定方面，受检定者达到检定分数要求，即颁发教员许可证与证明书。特别指出，凡受正教员或助教员试验检定者，若修

---

① 舒新城编：《中国近代教育史资料》（上册），人民教育出版社1961年版，第352页。
② 舒新城编：《中国近代教育史资料》（上册），人民教育出版社1961年版，第355页。

身、国文、算术三科没有达到六十分,仍作不及格处理。与此同时,为增加小学教员岗位的职业吸引力,民国教育部参照清末《优待小学教员章程》,于1917年2月颁发《小学教员褒奖规程》,给予小学教员以勋章、奖章和褒状三类奖励,并规定了奖励办法和评奖条件。同年,教育部订定《小学教员俸给规程》,划定了小学校长及正教员、专科正教员及专科教员以及助教员的薪资安排,同时提出升职加薪的条件,如"校长及正教员受一级俸后确有劳绩者。得增至八十元。专科正教员专科教员受一级俸后确有劳绩者。得增至六十元"[①],通过这一系列办法、规程的颁布施行,民国政府为小学教员提供了相应的保障和奖励措施,为进一步开展小学教员检定工作奠定了良好的基础。

1927年,南京国民政府成立后,为继续加强对教师队伍的统一与管理,国民政府加紧了对教员检定制度的建设。

第一,在受检人员资格要求方面,在国民政府成立之初,国民党教育行政委员会仿照法国教育行政制度,在中央设民国大学院主管全国教育,地方试行大学区,取代民国以来中央政府设教育部、各省设教育厅的教育行政制度。1928年,《中央大学区检定小学教员暂行规程》颁行,将小学教员划分为小学正教员、初级小学正教员、小学专科教员及初级小学专科教员四种,规定具有以下资格者,须受检定,包括"中等学校毕业者;曾在中等学校修业满三年以上者;曾任小学教员满三年以上者;研究学科学术,兼明教育原理,而有相当证明者"[②]。由于大学区制在短短两年时间内便被取消,因此,这一政策也随之停止施行。直至1932年,教育部颁行《小学规程》,其中第十二章第七十六条至第九十三条重新明确了小学教员聘任需符合的资格条件以及应定期接受相关部门的资格检定的政策,并对小学教员的薪俸、教学时间安排、休假、解聘等问题进行了规定。

1934年5月,教育部公布《小学教员检定暂行规程》,该规程秉承了以往小学教员检定各项规程的基本精神和流程,继续施行试验检定和无试验检定两种检定,并规定"试验检定至少每三年举行一次,无试验检定每

---

① 《教育部订定小学教员俸给规程》,《教育杂志》1917年第3期。
② 《中央大学区检定小学教员暂行规程》,《大学院公报》1928年第9期。

学期开始举行、各省市举行小学教员试验检定须于三个月前由各省市教育行政机关将日期及办法登报公布"①，并将检定结果呈报教育部备案。1936年12月，基于对1934年《小学教员检定暂行规程》的修改与补充，教育部正式公布了《小学教员检定规程》（见表6-7）。

表6-7　　　　　　　　　　小学教员检定规程

检定类别	需检定师资条件
无试验检定	1. 毕业于简易师范学校或简易师范科 2. 毕业于旧制中学或现制高级中学以上学校或与旧制中学、现制高级中学同等之学校，曾充小学教员一年以上或曾在教育行政机关或大学教育学院系或师范学校等所办暑期学校补习教育功课满二暑期者 3. 毕业于旧制乡村师范学校或县立师范学校或两年以上师范讲习科，曾充小学教员两年以上或曾任上述暑期学校补习满三暑期者 4. 曾充小学教员三年以上，经教育行政机关确认有成绩或曾在上述暑期学校补习满四暑期者 5. 有关于小学教育之专著发表，经教育主管机关确认有价值者
试验检定	1. 曾在旧制中学或高级中学毕业 2. 曾在师范学校或高级中学毕业一年并充小学教员一年以上者 3. 曾在师范讲习科毕业者 4. 曾任小学教员三年以上者 5. 学有专长并充小学教员一年以上者

资料来源：《小学教员检定规程》，《甘肃省政府公报》1937年第281号。

　　第二，在检定实施人员及组织机构方面，为保证教员检定施行的严谨与规范，1928年，《中央大学区检定小学教员委员会规程》出台，对小学教员委员会的基本成立规范进行细化，并规定"委员会每月开常会一次，遇必要时，得开临时会议"②，该委员会对大学区教育行政院负责。1932年12月，教育部颁布《小学法》，再一次重申小学教员检定的实施人员问题。《小学法》规定，小学教员的检定需由校长负责。同年，教育部颁布《小学教员检定委员会组织规程》，对检定委员会的7—9人的委员资质进行了规定，明确了各委员的职责任务，并单独提出设置命题阅卷委员会若

---

① 《小学教员检定暂行规程》，《福建教育周刊》1934年第1期。
② 《中央大学区检定小学教员委员会规程》，《国立大学联合会月刊》1928年第6期。

干人，由富于某科教学经验之师范学校或高级中学教员、小学教育专家组成。

第三，在检定考核内容方面，基本与民国初期保持一致，检定教员除学科试验外，须审查其毕业文凭、服务证书、平时著作等，并检查品行及体格，同时满足最低分数要求者即可为合格。

第四，在检定结果评定方面，民国后期的小学教员检定，除对合格者进行证书授予外，对检定合格有效期也进行了明确的规定。在1928年出台的《中央大学区检定小学教员暂行规程》中，明确提出了检定的有效期问题，"检定合格之有效期间，自发给许可状之日起，定为五年，五年以后，须重行检定。但在有效期间，教学成绩特别优良者，经县教育局长切实呈保，或在大学暑期或讲习所肄业，得有合格证书者，得酌量增加有效期限"①。1934年，《中学即师范教员检定暂行规程》出台，延长检定合格证书的有效期为6年。1946年，国民行政院颁行《国民学校教员检定办法》，提出"检定合格有效期自发给检定合格证书之次学期第一日起定为四年。检定合格教员在有效期间教学优良，经省市督学查报或县市教育行政机关呈报备案或于服务期间参加假期训练三年以上得有成绩及格证明书者期满后，发给长期合格证书"②。

与此同时，对未合格师资进行再培训也成为民国后期小学教员资格检定的突出特点。基于《中央大学区检定小学教员暂行规程》的施行，《中央大学区检定小学教员施行细则》进一步出台，提出对检定不合格的教员进行再教育培训，指出"在举行试验检定之后，其师资不足应用之县属，得单独或联合邻县举办小学教员训练班，招收检定未能及格者，予以相当时期之训练，俟训练终了，由委员会举行特殊试验，其成绩合格者，得给与教员许可证"③。这种对未合格师资进行重新训练，以达到合格水平后重新颁发教员许可证的政策规定，使得因客观因素导致检定不合格的教师获得再一次培训任教的机会，一定程度上保障了教师队伍的稳

---

① 《中央大学区检定小学教员暂行规程》，《大学院公报》1928年第9期。
② 《国民学校教员检定办法》，《教育通讯月刊》1947年第10期。
③ 《中央大学区检定小学教员施行细则》，《国立大学联合会月刊》1928年第6期。

定性。

1939年《小学准教员检定暂行规程》颁行，与其他教员检定规程相区别的是，暂行规程规定，检定合格证书的有效期为3年，届满者需重新检定。同年，《审查小学准教员资格暂行规程》公布施行，对检定过程中需提供的材料进行了细致的描述，包括教员资格审查表、最近脱帽正面半身二寸照片、毕业证书、服务证书、体格检验（须公立医院或已经卫生机关登记注册之医院或医师最近体检者）。①

至此，民国小学教员检定制度基本成型。从检定机构的设置，实施检定人员的构成，检定方式、受检教员资格的明确，再到检定内容、检定结果的评定，都渐趋统一和稳定。通过对民国时期小学教师资格制度的梳理可以看出，其虽承袭清制，但在认定流程、考试制度、证书颁发、有效期限等方面都进行了一定程度的修补和完善，尤其是检定规程与施行细则的政策搭配上，为小学教员的检定提供了更富操作性的支持，尽可能地保证了教员检定的贯彻，这种自上而下的政策推动，加快了教员检定的实施速度，提升实施成效，为确保小学教员师资队伍的稳定性提供保障。这一过程，不仅推动了小学教员资格检定制度的整体性完善，而且建构了教师专业化发展的雏形，为普及义务教育发展提供了合格的师资力量。

2. 民国时期中学教员的聘任与资格检定

（1）民国时期中学教员的聘任

1912年9月，教育部公布《中学校令》，规定"中学校教员以检定委员会认为合格者充之"②，同年12月，教育部颁行《中学校令施行细则》对中学教员的规定调整为由校长任用，报请行政长官即可。

1928年，《中学暂行条例》并未对教员的聘任与检定进行具体规定，仅指出中学校长及教职员资格和待遇会另行规定。而在中学教育较发达的湖北省，1928年，《湖北省省立中小学校长教职员任用条例》颁行，对高级中学校长、初级中学校长、职业学校校长、师范学校校长以及完全小学

---

① 《小学准教员检定暂行规程》，《国民政府公报》1938年第61号。
② 舒新城编：《中国近代教育史资料》（中册），人民教育出版社1961年版，第521页。

校校长、初级小学校校长的聘任条件进行了详细的规定，同时对以上学校的教职员任用和不得任用条件进行了阐释。例如，对高级中学校长的委任，需"国内外大学教育科或师范大学毕业，得有学位，曾任教育职务一年以上，著有成绩者；国内外大学高等师范或专门学校毕业，曾任中等教育职务三年以上，著有成绩者"①。可以看出，这一时期对中学校长等的任命，不以学历为唯一标准，教育教学经验丰富与否，成为必不可少的条件（见表6-8）。

表6-8　　　　　　　湖北省省立中学教职员任用资格

类别	资格
高级中学教职员	甲：国内外大学教育科或师范大学毕业得有学位者 乙：国内外大学毕业得有学位者 丙：国内外高等师范或专门学校毕业者 丁：高级中学毕业，曾任小学教职员三年以上者
初级中学教职员	甲：高等师范毕业者 乙：高等师范专修科或师范学校毕业，曾任小学教职员二年以上者 丙：专门学校毕业者 丁：高级中学毕业，曾任小学教职员三年以上者
职业学校教职员	甲：国内外大学毕业者 乙：高等师范或专门学校毕业者 丙：于某种技术学科确具专长者

资料来源：《湖北省省立中小学校长教职员任用条例》，《大学院公报》1928年第7期。

1935年，教育部颁行《中学规程》，其中第107—112条详细规定了中学校长及教职员的聘任条件与不得任用情况。其中，品格健全、才学优长成为聘任的重要标准。《中学规程》以首条首款形式，明确师德品行在教师聘任中的重要地位，可见，南京国民政府对师资德行十分重视（见表6-9）。

---

① 《湖北省省立中小学校长教职员任用条例》，《大学院公报》1928年第7期。

表 6-9　　　　　　　　　　中学教员资格聘任条件

类别	聘任条件
高级中学教员	高级中学教员须品格健全，其所任教科为其所专习之学科，且合于下列规定资格之一者： （一）经高级中学教员考试或检定合格者 （二）国内外师范大学毕业者 （三）国内外大学本科高等师范本科或专修科毕业后有一年以上之教学经验者 （四）国内外专科学校或专门学校本科毕业后有二年以上之教学经验者 （五）有价值之专门著述发表者
初级中学教员	初级中学教员须品格健全，其所任教科为其所专习之学科，且合于下列规定资格之一者： （一）经初级中学教员考试或检定合格者 （二）具有高级中学教员规定资格之一者 （三）国内外大学本科，高等师范本科或专修科毕业者 （四）国内外专科学校或专门学校本科毕业后有一年以上之教学经验者 （五）与高级中学程度相当学校毕业后有三年以上之教学经验，于所在学科确有研究成绩者 （六）具有精确技能者（专适用于劳作科教员）

资料来源：中央教育科学研究所教育史研究室编：《中华民国教育法规选编（1912—1949）》，江苏教育出版社 1990 年版，第 399 页。

1935 年，教育部颁行《中学规程》，对中学校长及各科教员的聘任做了进一步的规定。按照规定，每个中学需设立校长一人，校长不仅要管理校内各项事务，同时也要承担一定的教学任务，且不少于专任教师教学时数的一半。中学教员则需由校长提供合格履历，并呈请省、市教育机构核准后，才由学校发布聘书，方可入教。遇有不合格者，由学校解聘。

随着师范教育和高等教育渐趋成熟，这一时期的中学师资聘任与管理也趋于规范，典型的特征体现在对教师专任的规定上。1932 年，教育部在颁行的《中学法》中规定，"中学教员由校长聘任之，应为专任；但有特别情形者，得聘请兼任教员，其人数不得超过教员总数四分之一"[①]。

1935 年的《中学规程》中进一步提出，"中学各学科均应聘请专任教

---

① 中央教育科学研究所教育史研究室编：《中华民国教育法规选编（1912—1949）》，江苏教育出版社 1990 年版，第 349 页。

员，如一学科之教学时数不足聘请一专任教员时，得与性质相近之学科时数合并，聘请专任教员；但如事实上确有困难情形，得聘请兼任教员，但以限于音乐、图画、劳作等科作为原则。专任教员不得在校外兼任任何职务"[1]；在聘任人数上，"六学级以下之中学，其专任教员人数，平均每学级不得超过二人；七学级以上之中学，其专任教员人数，平均每两学级不得超过三人"[2]；在教学时数上，"初级中学专任教员，其每周教学时数为十八小时至二十四小时，高级中学专任教员，每周教学时数为十六小时至二十二小时"[3]。

综上，民国时期的中学教师聘任较清末有了长足的进步，更加注重教员选聘的道德品行，提高了教师聘任的学历层次，明确了专科教师聘任的学科背景，加强了对专任教师的管理。聘任标准的制定愈加详细完整、科学专业、严格周密，这也标志着民国时期的中学教师资格制度建设逐步走上正轨。

（2）民国时期中学教员的资格检定

为保证中学教师的质量水平，实现对中等教育的全面控制，1934年国民教育部颁发《中学及师范教员暂行检定规程》规定"中学及师范学校教员，由各省市教育行政机关组织中学及师范学校教员检定委员会，依照此章程检定之"[4]。

在受检人员资格方面，根据《中学及师范教员暂行检定规程》规定，"对中学及师范学校教员的检定，分为无试验检定与试验检定两种。无试验检定由检定委员会审查及其各项证明文件决定之；试验检定，除审查其各项证明文件外，并加以试验"[5]（见表6-10）。

---

[1] 中央教育科学研究所教育史研究室编：《中华民国教育法规选编（1912—1949）》，江苏教育出版社1990年版，第396页。
[2] 中央教育科学研究所教育史研究室编：《中华民国教育法规选编（1912—1949）》，江苏教育出版社1990年版，第396页。
[3] 中央教育科学研究所教育史研究室编：《中华民国教育法规选编（1912—1949）》，江苏教育出版社1990年版，第396页。
[4] 《中学及师范教员暂行检定规程》，《海外月刊》1934年第20期。
[5] 《中学及师范教员暂行检定规程》，《海外月刊》1934年第20期。

表 6-10　　　　　　　　　中学教员检定条件

检定类别	检定条件
无试验高级中学教员	（一）教育部认可之国外大学本科毕业者 （二）国内师范大学本科高等师范学校毕业后，有一年以上之教学经验者 （三）国内外专科学校或专门学校本科毕业后，有两年以上之教学经验者 （四）曾任高级中学教员五年以上，经督学视察认为成绩优良者 （五）有有价值之专门著述发表者
无试验初级中学教员	（一）具有高级中学教员无试验检定规定资格之一者 （二）国内外大学本科，高等师范本科或专修科毕业者 （三）国内外专科学校或专门学校本科毕业后，具有一年以上之教学经验者 （四）与高级中学程度相当学校毕业后，有三年以上之教学经验，于所任教科确有研究成绩者 （五）曾任初级中学教员五年以上，经督学视察认为成绩优良者 （六）具有精确技术者（专适用于劳作科教员）
试验检定高级中学教员	（一）国内大学本科毕业者 （二）国内专科学校或专门学校本科毕业后，有一年以上之教学经验者 （三）检定合格之初级中学教员 （四）曾任高级中学教员两年以上者 （五）具有精确之艺术技能者（专适用于图画音乐教员）
试验检定初级中学教员	（一）国内专科学校或专门学校本科毕业者 （二）与高级中学程度相当学校毕业后，有一年以上之教学经验者 （三）与高级中学程度相当学校毕业，有专门著述发表者 （四）曾任初级中学教员两年以上者 （五）具有精确之艺术技能者（专适用于图画音乐教员）

资料来源：《中学及师范教员暂行检定规程》，《海外月刊》1934 年第 20 期。

在检定实施人员及组织机构方面，中学教员的检定由各省市教育行政机关组织专门的检定委员会，定期进行。

在检定考核内容方面，中学教师的检定考试科目包括两大类，共同应试科目和专科应试科目。共同应试科目包括教育概论、教学法；专科应试科目则根据不同的学科具体规定考试科目。包括公民科、体育科、国文科等。每科目下又包含具体课程。以上科目满六十分即为合格。

在检定结果评定方面，检定合格者由省、市教育行政机关给予检定合格证书，有效期为六年，期满重新检定；未能及格者，而某科成绩满六十分者，给予该科目及格证明书，以后再请检定时，可免除该科目之试验。

通过对民国时期中学教师资格的检定办法的梳理,可以看出,民国时期与清末的检定在办法上并没有本质上的区别,但在受检人员资格要求方面更为细致,在检定实施人员及组织机构设置上更为专业化和规范,在检定考核内容方面更为丰富以及在对待检定结果评定方面更为合理和灵活,这种逐渐完善细化、丰富具体的资格检定制度的确立,不仅提升了民国中学教师的专业素养,而且为国民教育整体水平的提升,提供了更高层次的师资力量。

3. 民国时期师范教员的聘任与资格检定

(1) 民国时期师范教员的聘任

1912年,教育部公布《师范教育令》指出,"师范学校教员,以经检定委员会认为合格者充之"[1]。1912年公布、1916年修正的《师范学校规程》,"省立师范学校校长,由省行政长官任用;职教员由校长任用,但须详报省行政长官"[2]。1927年后,《大学教员资格审查条例》出台,详细规定了大学教员的等级、资格,将大学教员分为教授、副教授、讲师、助教四级(见表6—11),与此同时,规定了大学教员的审查条款,即大学教员须呈验履历、毕业文凭、著作品以及服务证书等以备检查机构检定资格所需。

表6—11　　　　　　　　　　大学教员聘任资格条例

等级	资格条例
助教	国内外大学毕业,得有学士学位,而有相当成绩者;于国学上有研究者
讲师	国内外大学毕业,得有硕士学位,而有相当成绩者;助教完满一年以上之教务,而有特别成绩者;于国学上有贡献者
副教授	外国大学研究院研究若干年,得有博士学位,而有相当成绩者;聘讲师满一年以上之教务,而有特别成绩者;于国学上有特殊之贡献者
教授	副教授完满两年以上之教务,而有特别成绩者

资料来源:《大学教员资格条例》,《大学院公报》1928年第1期。

通过对上述条例的解读可以看出,大学教员职称的层级递进,使大学的教师组成呈明显的由低级向高级发展的态势,在资格检定中对教师除履历以外的其他规定,更是进一步提升了教师检定的标准。确定大学内部之

---

[1] 舒新城:《中国近代教育史资料》(中册),人民教育出版社1961年版,第709页。
[2] 舒新城:《中国近代教育史资料》(中册),人民教育出版社1961年版,第717页。

评议会为审查教员资格的机关审查时须由中央教育行政机关派代表一人列席。此项规定除了一改过去由校长或学科主任自行聘任的局面之外[1]，同时更是中央政府收归教育权的有力尝试。

（2）民国时期师范教员的资格检定

1934年，教育部颁发《中学及师范教员暂行检定规程》，规定"中学及师范学校教员，由各省市教育行政机关组织中学及师范学校教员检定委员会，依照此章程检定之"[2]。根据检定规程规定，对师范教员的检定亦分为无试验检定与试验检定两种（见表6-12）。

表6-12　　　　　　　　　师范教员检定条件

检定类别	检定条件
无试验检定师范学校教员	（一）教育部认可之国外大学本科毕业者 （二）国内师范大学本科高等师范学校毕业后，有一年以上之教学经验者 （三）国内外专科学校或专门学校本科毕业后，有两年以上之教学经验者 （四）曾任师范学校教员五年以上，经督学视察认为成绩优良者 （五）具有价值之专门著述发表者 （六）具有精确技术者（专适用于劳作科教员）
无试验检定简易师范学校教员	（一）具有师范学校教员无试验检定规定资格之一者 （二）国内外专科学校或专门学校本科毕业后，具有一年以上之教学经验者 （三）与高级中学程度相当学校毕业后，有三年以上之教学经验，于所任教科确有研究成绩者
试验检定师范学校教员	（一）国内大学本科毕业者 （二）国内专科学校或专门学校本科毕业后，有一年以上之教学经验者 （三）曾任师范学校教员两年以上者 （四）具有精确之艺术技能者（专适用于图画音乐教员）
试验检定简易师范学校教员	（一）国内大学本科，专科学校或专门学校本科毕业者 （二）与高级中学程度相当学校毕业后，有一年以上之教学经验者 （三）与高级中学程度相当学校毕业，有专门著述发表者 （四）曾任建议师范学校教员两年以上者 （五）具有精确之艺术技能者（专适用于图画音乐教员）

资料来源：《中学及师范教员暂行检定规程》，《海外月刊》1934年第20期。

---

[1] 田正平：《近代中国大学教师的资格检定与聘任》，《教育研究》2004年第10期。
[2] 《中学及师范教员暂行检定规程》，《海外月刊》1934年第20期。

除中央政府对大学教师的任职资格与聘任所做的规定外,地方政府也进行了积极的配合,出台了地方性师范教员检定办法与细则。1929年,陕西省政府公布《大学教员资格条例》。1937年,广东省教育厅发布《广东省中学及师范学校教员第一次无试验检定办法》,规定"每学期开始前,举行中学及师范学校教员无试验检定一次"[①]。并指出师范学校教员具有以下资格之一者,得受无试验检定:"(1)教育部认可之国外大学本科毕业者;(2)国内师范大学本科、高等师范学校毕业后有一年以上之教学经验者;(3)国内外专科学校或专门学校本科毕业后有两年以上之教学经验者;(4)曾任师范学校教员五年以上经督学视察认为成绩优良者;(5)有有价值之专门著述发表者;(6)具有精确技术者(专适用于劳作科教员)。"[②] 为进一步巩固检定效果,广东省出台了《广东省中学及师范学校教员无试验检定委员会办事细则》。经统计,广东省从1941年至1946年间开展无试验检定7次,总计2568名教师检定合格(见表6-13)。

表6-13　广东省中学及师范学校教员历次无试验检定合格人数(1941—1946年)

级别	统计	第一次(1941年1月)	第二次(1941年)	第三次(1942年1月)	第四次(1943年)	第五次(1945年1月)	第六次(1945年3月)	第七次(1946年4月及11月)
合计	2568	1960	74	40	52	136	44	232
高中	1516	1099	52	28	34	92	35	176
初中	651	539	11	6	9	28	7	51
师范	264	188	10	6	9	16	2	33
简师	137	134	1	—	—	—	—	2

注:高中教员同时申请检定为初中师范或简师教员者,列入高中栏,初中教员同时申请检定为师范或教师教员者,列入初中栏。

资料来源:《本省中学及师范学校教员历次无试验检定合格人数》,《广东统计月报》1947年第2期。

---

① 《广东省中学及师范学校教员第一次无试验检定办法》,《广东省教育厅旬刊》1937年第9期。
② 《广东省中学及师范学校教员第一次无试验检定办法》,《广东省教育厅旬刊》1937年第9期。

近代中国师范学校的教师资格聘任与检定经历了一个不断发展与完善的过程。清末，我国新式教育处于起步阶段，教师的资格制度尚未建立，只呈现一种模糊的方向感，教师的来源途径随意性较大，职称以及评聘标准简单而笼统。1912年始，从南京临时政府创建直至南京国民政府成立，各级教师资格聘任与检定政策开始不断完善，一系列与教师任职资格与资格检定有关的法规、条例相继颁行。虽然震荡的教育气候对于政策、法规的连续性、效力发挥等有一定的影响，但重视教师任职资格的检定与管理的政策理念，是极具意义的。究其发展的根源，不外乎内部发展的需求与外部力量推动，即教育发展的必然选择与政府力量的不断推动。

教育发展的必然选择。教师作为教育发展的关键性要素，其重要性不言而喻。从清末新式学堂的兴起到民国后期各级各类学校体系的建立和完善，夹杂着西方理论与东方传统的近现代中国教育，不断吐故纳新，自我完善。庞大的求学群体，必然需要充足的、合格的师资力量。面对当时数量紧缺且质量参差不齐的教师队伍，如何甄选品行优良、知识渊博、教学经验丰富的教师，成为国民教育必须首先要解决的大问题。如何对纳入教师队伍中的各类人才进行监督与考察，更是成为国民教育能否得以尽快普及的关键。因此，教师资格制度的确立与不断发展和完善，成为这一时期教育选择的必然结果。

政府力量的不断推动。在"后发型"国家教育向现代化转型的征途中，政府力量的推动，政府的导向作用不可忽视。20世纪20年代以后，中国近代学校教师资格的检定与聘任制度已经逐步走向规范化、制度化。在这一发展过程中，借助政府颁行规程、条例力量的不断调整与完善，教师资格的聘任与检定行为从雏形、轮廓，逐步发展到具有约束力、规范性的真正意义上的制度性规定。在清末至民国动荡多变的教育气候下，这种由无序到有序、由散漫到规范、由被动到主动的制度化建设过程，绝大部分仰仗着政府的力量，而与此相对应的亦是国民教育中训育精神的普及与推广。

（三）中华人民共和国成立以来教师资格制度的改革与标准化建设

教师资格制度，即"国家对教师施行的一种法定职业许可制度。它规定了从事教师职业所应具备的资质和准入条件"。① 建立和完善教师资格制度是提升教师队伍质量和水平的重要保证。

中华人民共和国成立初期，为保证和提升新中国教师队伍的思想政治水平，党和政府先后出台政策强调要加强中小学教师的政治理论学习，提高其思想认识，但对中学校教师的其他具体聘任与检定条件并没有明确规定。1966年"文化大革命"开始，高等师范学校和中等师范专业学校停止招生，被迫中断教学工作。据统计，1978年全国高中教师中，中等学校毕业及以下程度的占46.8%；初中教师中，中等学校毕业及以下程度的占90.2%。②

经过"拨乱反正"与社会事业的恢复重建，从20世纪80年代开始，对教师资格制度的建设开始提上日程。根据教师资格制度的建设状况，可大致划分为四个阶段。

第一阶段：资格制度建设的准备阶段。相对于西方发达国家而言，我国的教师资格制度确立的时间较晚，发展过程较为缓慢。虽有清末、民国时期的经验累积，但传统的教师资格聘任与检定并不能完全适应新的社会性质。因此，在这样的背景下，我国的教师队伍在相当一段时间内，缺乏适切严谨的资格制度进行规范和约束，在准入理念、学历标准以及考核检定方面都亟待提升。改革开放后，为突破这一困境，提升教师队伍的整体水平，国家开始在各个方面对教师资格制度的建设进行准备，主要表现在以下几个方面。

在思想道德方面，1983年8月22日，教育部下发《关于中小学教师队伍调整整顿和加强管理的意见》。文件指出"合格的中小学教师应在政治上拥护中国共产党的领导、忠诚社会主义教育事业"③。1984年10月13日，教育部、全国教育工会颁发《中小学教师职业道德要求（试行）》，对中小学教师职业道德从六个方面提出要求。1986年4月12日，《中华人民

---

① 顾明远主编：《教育大辞典》（增订合编本），上海教育出版社1998年版，第709页。
② 教育部财政司编：《中国教育成就统计资料（1949—1983）》，人民教育出版社1984年版，第195页。
③ 何东昌主编：《中华人民共和国重要教育文献（1976—1990）》，海南出版社1998年版，第2119页。

共和国义务教育法》颁布，规定"教师应当热爱社会主义教育事业，努力提高自己的思想、文化、业务水平，爱护学生，忠于职责"[1]。

1990年，国务院批准颁行《中等师范学校德育大纲（试行）》以及《中等师范学校行为规范（试行）》。前者对中等师范学校德育工作任务、德育目标、德育内容等进行了规定；后者则对中师学生的行为进行了规范。1993年2月，中共中央、国务院下发《中国教育改革和发展纲要》，进一步提出"教师是人类灵魂的工程师，必须努力提高自己的思想政治素质和业务水平；热爱教育事业，教书育人，为人师表"[2]。

在学历要求方面，1983年《关于中小学教师队伍调整整顿和加强管理的意见》中指出，中学教师应在懂得基本教育教学规律和方法的同时，在学历上还应该达到一定标准。高中教师应具备本科水平或同等学力；初中教师应达到专科水平或同等学力。1986年《中华人民共和国义务教育法》中指出，要"有计划地实现小学教师具有中等师范学校毕业以上水平，初级中等学校的教师具有高等师范专科学校毕业以上水平"[3]。

在认证考核方面，1986年9月6日，国家教委下发《关于中小学教师考核合格证书试行办法》，明确了施行中小学教师资格证书制度的目的与重要意义。根据规定，对不具备国家规定学历的教师，经培训并通过相应考核后颁发教材教法考试合格证或专业合格证书，前者适用于不具备国家规定合格学历，且工作满一年及其以上的中小学教师；或者适用于工作满两年，并已取得教材教法合格证书的中小学教师。对学历不合格的教师提供两种证书，并对具有规定学历或证书的教师评聘教师职务。教师考核办法是我国教师资格制度建设的有力尝试，虽然带有明显的过渡性质，但却为建立严格的社会主义教师资格制度奠定了基础。

在配套政策建设方面，1986年5月，国家教委颁行《中小学教师职务

---

[1] 何东昌主编：《中华人民共和国重要教育文献（1976—1990）》，海南出版社1998年版，第2415页。

[2] 何东昌主编：《中华人民共和国重要教育文献（1976—1990）》，海南出版社1998年版，第3467页。

[3] 何东昌主编：《中华人民共和国重要教育文献（1976—1990）》，海南出版社1998年版，第2415页。

试行条例》《小学教师职务试行条例》以及《关于中小学教师职务试行条例的实施意见》，文件对中小学教师的职务设置、任职条件以及考核和评审做出了具体规定，并提出教师职务实行聘任或任命制。1991年，国家教委、人事部下发《关于当前做好中小学教师职务聘任工作的几点意见》，指出"聘任或任命教师职务，应对教师的政治表现和师德修养等方面进行考核"[1]。

通过对上述法规、条例的简单梳理可以看出，20世纪80年代开始一直到90年代初，国家为了创建具有社会主义特色的教师资格制度进行了充足的准备，从教师职业道德要求到学历准备再到资格考核办法的各个方面，无一不在实践中进行修正和调整，以期建设更加完善、规范、科学的教师资格制度。

第二阶段：教师资格制度的确立阶段。经过第一阶段的政策准备与经验积累，1993年10月31日，第八届全国人民代表大会常务委员会第四次会议正式通过了《中华人民共和国教师法》（以下简称为《教师法》），《教师法》第十条规定，"国家实行教师资格制度。中国公民凡遵守宪法和法律，热爱教育事业，具有良好的思想品德，具备本法规定的学历或者经过教师资格考试合格，具有教育教学能力，经认定合格的，可以取得教师资格"[2]。这是我国首次从法律层面明确教师的专业地位，首次以法律形式确定教师资格证为我国教师的基本从业许可证。《教师法》作为建设教师资格制度的基本法律，分别对中小学教师的权利和义务、资格和任用标准等方面进行了规定。

在学历要求方面，根据《教师法》的规定，教师资格证的种类分为幼儿园教师、小学教师、初级中学教师和初级职业学校文化、专业课教师，高级中学教师和中等专业学校、技工学校、职业高中文化课、专业课教师、高等学校教师以及成人教育教师6大类，并对每一类教师资格的基本学历进行了规定（见表6-14）。

---

[1] 何东昌主编：《中华人民共和国重要教育文献（1991—1997）》，海南出版社1998年版，第3180页。
[2] 何东昌主编：《中华人民共和国重要教育文献（1991—1997）》，海南出版社1998年版，第3570页。

表 6-14　　　　　　　　教师资格的基本学历规定

证书类别	应具备的学历
幼儿园教师资格	应具备幼儿师范学校毕业及其以上学历
小学教师资格	应具备中等师范学校毕业及其以上学历
初级中学教师或相当程度资格	应具备高等师范专科学校或者其他大学专科毕业及其以上学历
高级中学教师或相当程度资格	1. 应具备高等师范院校本科或者其他大学本科毕业及其以上学历 2. 取得中等专业学校、技工学校和职业高中学生实习指导教师资格应当具备的学历，由国务院教育行政部门规定
高等学校教师资格	应当具备研究生或者大学本科毕业学历
成人教育教师资格	应当按照成人教育的层次、类别，分别具备高等、中等学校毕业及其以上学历

资料来源：何东昌主编：《中华人民共和国重要教育文献（1991—1997）》，海南出版社1998年版，第3570—3571页。

在实施认定机构方面，根据《教师法》的规定，由学校、教育机构以及教育行政部门对教师从思想道德建设、业务水平、工作成绩等方面进行考核和监督指导。1995年12月，国务院发布《教师资格条例》，对教师资格的分类与适用、教师资格条件、教师资格考试、教师资格认定以及罚则规定等方面进行了详细规定。在实施认定机构方面，《教师资格条例》指出，"教育行政部门和受委托的高等学校每年春季、秋季各受理一次教师资格认定申请。具体受理期限由教育行政部门或者受委托高等学校规定，并以适当形式公布"①。

在资格考核过程方面，根据《教师资格条例》的要求，对教师资格进行认定，首先要由申请人提出申请，提交资格认定申请表及相关材料证明，包括：身份证明，学历证书或者教师资格考试合格证明，体格检查证明以及思想品德鉴定等相关材料。之后由教育行政部门或受委托高校进行资格审查，在认定期限内进行受理。与此同时，如果是非师范院校学生或

---

① 何东昌主编：《中华人民共和国重要教育文献（1991—1997）》，海南出版社1998年版，第3908页。

者社会公民申请教师资格证书考试，还应当对其教学实际能力进行考察。①

在《教师资格条例》的基础上，1995年12月，国家教委颁行《教师资格认定的过渡办法》。由于在《教师资格条例》实施前，还有一部分教师尚未取得教师资格，因此，对已经在岗的各级各类教师进行资格认定，成为落实《教师资格条例》的关键前提。《教师资格认定的过渡办法》中也再一次明确，依照《教师法》和《教师资格条例》的规定，"幼儿园、小学、初级中学教师资格由县级教育行政部门认定；高级中学教师资格由县级教育行政部门审核后报上一级教育行政部门认定"②。

综上可以看出，在我国教师资格制度确立初期，对教师资格进行检定的实施机构主要为各省市县教育行政部门以及其委派的高等学校，且不同层级的教育行政机构相对应不同类别的教师资格认定，县级对应初级中学和小学，市级及以上对应高级中学及以上教师资格认定工作。这种自上而下的认定机构，保证了教师资格制度政策执行的时效性与规范性，但与此同时也在一定程度上忽略了教师资格检定工作的专业化特性，为日后教师资格认证工作的开展埋下了隐患。

1996年1月至1997年年底，全国基本完成了1993年12月31日之前未完成的教师资格检定工作。1998年，教育部在上海、江苏、湖北、广西、四川、云南6个省（自治区、直辖市）的部分地市进行教师资格认定试点工作。1999年9月16日，国家教育部部长陈至立在全国中小学教师继续教育和校长培训工作会议上强调，要依法建立教师基本制度，全面实施教师资格制度。2000年9月23日，教育部颁发《〈教师资格条例〉实施办法》，对教师资格认定的相关问题做出详细的说明与操作规定。《〈教师资格条例〉实施办法》的正式启动，标志着我国教师资格制度正式确立。从学历要求的提高，到组织机构的明确，再到实施办法的完善，最后结果评定的客观全面，每一项内容的修改与完善都标志教师资格制度的建设更趋于成熟与规范，为进一步在全国范围内建立教师资格制度奠定了坚实的

---

① 何东昌主编：《中华人民共和国重要教育文献（1991—1997）》，海南出版社1998年版，第3908页。

② 何东昌主编：《中华人民共和国重要教育文献（1991—1997）》，海南出版社1998年版，第3915页。

基础。

第三阶段：教师资格制度的全面实施阶段。1999年6月13日，《中共中央国务院关于深化教育改革全面推进素质教育的决定》颁布，明确指出，要全面实施教师资格制度。2000年，教育部颁布《〈教师资格条例〉实施办法》。2001年1月，教育部在北京召开全面实施教师资格制度工作会议，在全国范围内正式启动实施教师资格制度。同年5月，教育部印发《关于首次认定教师资格工作若干问题的意见》的通知，对教师资格认定的各项相关内容等进行了再一次明确。2001年12月30日，教育部印发《中小学教师队伍建设"十五"计划》，对大力推进中小学人事制度改革，依法转变教师任用制度提出了，中小学要按照六项原则，施行教师聘任制度的要求。

据统计，教师资格制度实施以来，到2006年全国小学、初中、高中的生师比均有所下降，师资配置状态逐渐好转。教师学历层次逐年提升，全国普通小学、初中、高中专任教师学历合格率分别为98.9%、96.3%、86.5%，高学历教师比例逐年增加，专科以上小学教师达62.1%，本科以上初中教师占41.1%，研究生学历高中教师达1.4%。在新增教师中，具有大学专科、本科学历的教师成为主体。中青年教师成为中小学教师队伍的主体。

第四阶段：教师资格制度的调整与改革阶段。进入21世纪后，为了进一步推进素质教育，提高教师队伍整体水平，提升教师资格制度实施的有效性，教育部将中小学教师资格考试和定期注册的工作纳入了教师教育制度改革的计划中。

2010年4月，教师资格考试试点工作研讨会在北京召开，会上代表一致认为，"实行教师资格考试是改革和完善教师队伍建设的重大举措，国家要加快开展教师资格考试试点工作，积累经验，逐步推开，严把教师入口关，提高教师队伍素质"[1]。教育部2011年工作要点，将启动实施教师资格考试和定期注册制度试点工作列为2011年20项国家层面的重大教育

---

[1] 《中国教育年鉴》编辑部：《中国教育年鉴（2011）》，人民教育出版社2012年版，第305页。

改革项目之一，提出要深化教师管理制度改革，建立教师职业准入和管理制度，开展资格考试改革试点，试行5年一周期的教师资格定期登记制度。① 2011年1月，《国家中长期教育改革和发展规划纲要（2010—2020年）》印发，再一次强调了要完善教育人才管理制度，建立"国标、省考、县聘、校用"的中小学教师职业准入和管理制度。

同年，教育部颁发《教育部关于开展中小学和幼儿园教师资格考试改革试点的指导意见》（教师函〔2011〕6号）、《中小学教师资格定期注册试行办法》，印发《中小学和幼儿园教师资格考试标准》、32个笔试科目大纲和3类面试考试大纲，确定浙江、湖北两省为教师资格考试改革试点，浙江嘉兴市、湖北宜昌市为教师资格证注册试点。首次注册的公办学校在编在岗中小学教师，浙江嘉兴市为2.6万人，湖北宜昌市为2.8万人。②

根据《教育部关于开展中小学和幼儿园教师资格考试改革试点的指导意见》要求，2011年，我国将启动中小学和幼儿园教师资格考试改革，期望以改革为契机，建立起国家教师资格考试标准，省级教育行政部门统一组织，实行"国标，省考"的标准参照性考试。具体规定，"考试分为幼儿园、小学、初级中学、高级中学四类。按照四个学段不同的考核要求，分学段分学科地设置考试科目，考试分为笔试和面试两部分。笔试合格者，方可参加面试。笔试和面试均合格者，由教育部考试中心颁发中小学和幼儿园教师资格考试合格证明"③。2012年，教育部部长袁贵仁在全国教育工作会议上做《扎扎实实推进教育规划纲要贯彻落实》的讲话，他指出，要"严把教师准入标准。建立'国标、省考、县聘、校用'的教师准入和管理制度，出台教师资格考试指导意见和定期注册办法"④。

---

① 《中国教育年鉴》编辑部：《中国教育年鉴（2012）》，人民教育出版社2013年版，第66页。

② 《中国教育年鉴》编辑部：《中国教育年鉴（2012）》，人民教育出版社2013年版，第268页。

③ 《中国教育年鉴》编辑部：《中国教育年鉴（2012）》，人民教育出版社2013年版，第288页。

④ 《中国教育年鉴》编辑部：《中国教育年鉴（2012）》，人民教育出版社2013年版，第2页。

2012年8月，国务院《关于加强教师队伍建设意见》（国发〔2012〕41号）颁行，这是中华人民共和国成立以来第一个全面部署教师队伍建设工作的文件。意见根据教育规划纲要的要求，明确了教师队伍建设的战略地位、总体要求、重点任务和政策措施，提出了破解重点、难点问题的方向和路径。

2013年2月，教育部办公厅印发《关于2012年扩大中小学教师资格考试制度和定期注册制度试点工作的通知》（教师厅〔2012〕1号），在浙江、湖北两省试点基础上，将试点扩大到上海、广西、海南、河北等6省（自治区、直辖市）。截至2012年年底，6省区市共组织3次全国性考试，共有22.9万人参加考试，同时结合工作考核对24.3万名在编在岗教师进行了首次注册。[①] 2015年7月，按照教育部工作总体安排和有关省份的改革意愿，决定进一步扩大中小学教师资格考试和定期注册改革试点范围。在浙江、湖北等15个省（自治区、直辖市）试点基础上，新增13个省（自治区、直辖市）为试点省份。其中北京、江西、河南、湖南、甘肃、青海、宁夏等7省（自治区、直辖市）于2015年秋季启动改革试点，天津、辽宁、黑龙江、广东、重庆、云南等6省（自治区、直辖市）于2016年春季启动改革试点。新增试点省份原则上选择1—2个地级市开展中小学教师资格定期注册试点。[②]

2015年11月，浙江省全省进入实施中小学教师资格定期注册制度试点工作中。2016年4月，海南省海口市成为新增试点城市，同年5月，教育部经研究同意江苏省、河南省、湖南省进一步扩大中小学教师资格定期注册制度试点工作。江苏省、湖南省在全省范围实施中小学教师资格定期注册制度，河南省在洛阳、信阳、濮阳市开展中小学教师资格定期注册制度试点工作。2017年6月，福建省、江西省在全省范围，河南省在安阳市、鹤壁市、焦作市、济源市、滑县、长垣县范围，海南省在三亚市、昌

[①] 《中国教育年鉴》编辑部：《中国教育年鉴（2013）》，人民教育出版社2014年版，第284页。

[②] 中华人民共和国教育部：《教育部办公厅关于进一步扩大中小学教师资格考试与定期注册制度改革试点的通知》，2015年7月31日，http://www.moe.gov.cn/srcsite/A10/s7151/201507/t20150731_197045.html，2017年11月5日。

江县范围，云南省在昆明市呈贡区、大理州永平县、红河州弥勒市、临沧市沧源县范围，青海省在海东市、海北州、海南州及省直各中小学校范围开展中小学教师资格定期注册制度试点工作。

为了进一步提升教师资格标准化建设，2013年2月，教育部颁行《幼儿园教师专业标准（试行）》《小学教师专业标准（试行）》《中学教师专业标准（试行）》。专业标准由基本理念、基本内容、实施建议三部分内容构成，分别对幼儿园、小学、中学教师在专业理念与师德、专业知识、专业能力三个方面提出具体的专业素质要求。专业标准是教师队伍建设标准体系的重要组成部分，填补了中国中小学和幼儿园教师专业规范要求的空白。3个专业标准是国家对合格中学和幼儿园教师的基本专业要求，是中小学和幼儿园教师实施教育教学行为的基本准则，是中小学和幼儿园教师培养、准入、培训、考核等工作的重要依据。同年8月，为确保中小学教师资格考试和定期注册改革扩大试点工作平稳顺利实施，教育部再一次印发《中小学教师资格考试暂行办法》《中小学教师资格定期注册暂行办法》，要求各省市结合本地实际情况，认真执行。

综上所述，截至目前，以实施教师资格考试制度改革和定期注册制度为重点的教师资格制度建设正在有条不紊地进行中。可以看出，推动教师资格考试由"省考"转向"国考"，试行资格证书定期注册，不但有利于提高教师准入门槛，强化教师专业素养，更是从根本上加强了教师从业资格的专业性和权威性，促进了教师队伍综合素质的提升，最终推动教育改革发展。在这一过程中，建立和逐步完善教师资格申请的标准，规范和保证教师教育的专业化地位，提升教师职业的人文关怀与专业性建设，成为新中国教师资格制度建设的核心目标与价值追求。

二 百年教师资格制度沿革的特点

纵览教师资格制度发展的百年历史进程，回顾其嬗变的历史脉络，可以看出，在一定时期，教师资格制度的嬗变总是会遵循着一定的发展轨迹和规律原则，这种在时间上由远及近、在内容上逐渐细化的教师资格制度建设过程，展现了教师资格制度发展整体上的波动趋势，认清这种过程性的、动态的变化特点，对厘清教师资格制度发展脉络，意义重大。

（一）教师聘任与检定标准的不断规范与提升

清末新政初始，由于师资的匮乏，对中小学教员的聘任并无明确、具体的标准规定，当时中小学堂充斥着科举出身的旧式文人、外国洋教习、留学生等各式各样的教员，这些人缺乏必要的现代知识，教育教学经验更是无从谈起。1904年，清政府颁行《奏定学堂章程》，对中小学教师的聘任便从是否有接受师范学堂教育经历、是否获得师范学校毕业文凭开始。虽然当时师资极度缺乏，且师范教育本身发展亦不完善，导致所聘教师符合条件者并不多，但这种以师范学堂毕业生为首选的教师聘任条件的设定，意图对从源头处实现对教师专业性把控的意识和标准规定，对民国时期教师聘任条件的制定具有极大的借鉴意义。

随着民国时期国民教育的不断普及与发展，教师的聘任不仅承袭了清末时期的基础，需要应聘者提供师范学历，同时还需具有一定年限的教学经验，这种将学历与经验相结合的聘任条件，进一步提升了教师聘任标准的科学化、规范化水平。同时洋教习的数量逐渐减少，代之以学成归国具有师范教育经历的留学生群体，他们一方面掌握西方先进的师范教育教学知识；另一方面了解中国本身的国土民情，投身教师队伍后，为民国师资队伍注入了更为专业的新鲜血液。从要求学历，到重视教学经验，再到国外师范教育留学经历的聘任条件的设定，清末至民国时期的教师聘任标准不断细化，并逐步提升。尤其是民国中后期，代用教员以及具有教育理法大成者的任用，更是提升了师资聘任的灵活性、开放性，以期实现最大限度的人才吸引，最终推动国民教育现代化的步伐。

新中国成立后，为了进一步确保教师资格制度的实施与完善，不仅在检定标准、内容、手段等方面进行了完善与规范，更是推进了教师资格的法制化与标准化建设。从2000年《〈教师资格条例〉实施办法》的颁行，到《关于首次认定教师资格工作若干问题的意见》的实施，再到《中小学教师资格定期注册试行办法》的施行，教师的聘任与检定制度不断得以规范和提升。

（二）始终关注教师的专业理想，将道德标准融入教师资格制度中

教师的专业理想是教师专业情意的重要组成部分，是教师成为一个成熟教育教学专业工作者的向往和追求，它为教师提供奋斗的目标，是推动教师献身于教育工作的根本动力。教师的专业理想，其核心是对学生的爱，对教师职业的爱。

从历史的梳理可以看出，基于对教师道德要求的师资聘任与检定标准的制定，是一个渐进的运动变化过程，而其发展的程度和水平也体现了不同时期的教育发展水平。"为师之道，端品为先，学高为师，身正为范"，师德品行是教师素养的核心内容之一，从清末各级教师聘任到整个民国时期的发展来看，对教师德行的聘任标准都进行了规定，并且不同时期在内容上都保持了相对的一致性。

清末教师选聘政策出台伊始，具有高尚的道德情操便作为重要的聘任条件出现在不同的规章、条例之中。1903年《奏定初级师范学堂章程》颁行，对应聘者的品德言行进行了明确规定：敦品养德，循礼奉法，言动威仪。随着民国时期教师资格政策的完善，对教师的德行进行评审检定也被纳入检定标准中来。对教师道德的要求从遵循传统规约跨入具有筛选意义的法律约遵守上，尤其是违反明确规定的道德要求，而不予聘任和解聘处罚条件的出现，更是推动了师德作为教师资格筛选条件的可操作性。1916年，《师范学校规程》规定，充任教员之要务，在于使学生身心健康，意志坚定，爱国尊法。1932年《师范学院规程》颁行，并于1941年修正，规程提出，师范学校教员须品格健全。基于对师德品行的重视，在进行教师资格检定的过程中，对出现有不符合教师职业道德、触碰法律官司以及其他不道德行为者，一律给予不合格成绩。如果在合格期限内出现此等行为，则给予撤销资格证书，甚至解聘的惩处。

进入21世纪后，党和国家对教师"立德树人"更是提出了明确要求。2018年，中共中央、国务院印发的《关于全面深化新时代教师队伍建设改革的意见》指出，要"引导广大教师以德立身、以德立学、以德施教、以德育德"。2018年，习近平总书记在全国教育大会上发表重要讲话，指出，立德树人是教育事业发展必须始终牢牢抓住的灵魂。大学是培养人的地

方，培养学生和产生的社会效应具有几何递增效应，对于师范大学来说，更是有超几何效应。因此，要坚持将立德树人的宗旨贯穿到师范院校教学、管理始终，深化落实。

结合教师职业道德发展要求，深入践行师范院校立德树人的根本任务，是党对师范学校办学使命和发展道路的新阐明、新指引。师范学校要以习近平新时代中国特色社会主义思想为指导，把立德树人作为立身之命和中心环节，全面贯彻落实党的教育方针，牢牢把握社会主义办学方向，为党育人、为国育才，保持中国特色社会主义师范大学的本色、底色，更要创造亮色。要深入贯彻党委领导下的校长负责制，以现代大学制度统领师范教育制度体系，以社会主义核心价值观引领校风、教风、师风、学风建设。①

三 百年教师资格制度沿革的路径

（一）认证标准由单一走向多元，注重教师知识与技能的综合培养

专业的知识与技能，是教师从事教育教学工作的重要前提，是教师专业素质的关键要素。在教师资格制度的发展过程中，教育教学经验与教育实践能力始终是教师选聘与检定的重要条件。

在历史发展的进程中，由于师资短缺、人才储备不足等原因，一度在教师资格认证过程中出现了重学历轻技能的现象，教师资格偏低、教师资格认定把关不严，许多不具备教育专业学术背景、缺乏教师能力训练的非师范生，按照规定参加社会公开认证的教师资格考试，考试合格后即可获得教师资格证书，这种缺乏系统、专业教学技能培养的师资来源，在一定程度上削弱了教师职业的专业性，降低了教师能力水平，影响了教师队伍整体素质。

但从清末单纯的师范学历证明到民国时期师范学历与教育经验的并重再到当下教师资格标准的全面建设，无一不将具备丰富的教师专业知识与充分教育教学技能以及教学实践能力置于教师资格标准的首位。中华人民共和

---

① 戚万学：《新时代师范大学的发展向度》，《教育研究》2021年第2期。

国成立后,《中华人民共和国教育法》《中华人民共和国教师法》《教师资格条例》以及《〈教师资格条例〉实施办法》的相继出台,更是为教师资格准入的标准化、规范化建设提供了根本的政策支持与实施保障,尤其是《幼儿园教师专业标准(试行)》《小学教师专业标准(试行)》《中学教师专业标准(试行)》的颁行,更是明确了专业知识和专业能力在教师专业发展过程中的重要地位。

教师专业标准与教师资格认证体系的结合,一方面将师资培养建立在广博的学科专业知识基础之上;另一方面通过教育实习与见习制度的完善,提升学生的专业能力,以期为教师教育事业的发展提供合格的人才。教师资格考试改革的各试点省份陆续地对非师范生的教师资格进行了一定范围的改革,从单纯教育学、心理学考察和简单的面试,转变为从考察基础知识到兼顾基础知识与教育能力的考察,有的省份将《综合素质》一科单独设置,重点考察申请人的综合素质和发展潜能。因此,增加对教师专业知识和专业技能的关注,既是提升教师资格认证标准的需求,同时更是推动教师专业化发展的动力。

加强对教师专业知识和技能的培养不仅是要针对当前的师范专业学生,更是要为非师范专业报考生提供优质的教育教学知识学习和实践技能培训的机会,建设科学、严谨、完整的教师教育自学课程体系,建设一批优良、高质、规范的教育培训机构,为非师范生进入教师队伍提供优良的服务,提升其实际教育教学知识水平和能力。

(二) 资格考试制度由"双轨"向"单轨"转变,打造教师教育新格局

在国际教师教育发展日益综合化、开放化的影响下,我国的教师教育体制也在不断变革,对教师教育的资源优化整合更是如火如荼进行中,原有的封闭定向的教师教育体系已经被打破,1999 年,国务院颁发《关于深化教育改革 全面推进素质教育的决定》指出,"鼓励综合性高等学校和非师范类高等学校参与培养、培训中小学教师工作"[1]。至此,以倡导综合性

---

[1] 何东昌主编:《中华人民共和国重要教育文献(1998—2002)》,海南出版社 2003 年版,第 289 页。

高校参与教师培养为标志的开放性、非定向型的教师教育体系逐步开始确立。

在这一体系建设初期，我国教师资格的获得存在两种途径：一是师范专业的学生在修满学分、毕业前直接获得；二是非师范生通过参加教师资格考试获得。这种混合式的教师资格制度在实施初期对于拓宽师资来源，吸引优秀人才进入教师队伍做出了积极的贡献，但我国师资队伍建设由量化建设向质性突破的不断转轨过程中，混合式的教师资格制度开始不断受到诟病：首先，这种教育制度的设定无法保障师资来源的质量，不利于教师专业化的发展；其次，这种标准不统一，程序不公平的教师资格认证制度，不符合教师教育发展的内在规律，不利于开放型教师教育体系的完全建立。

因此，为打破这种双轨制的教师资格制度的限制，逐步建立统一的国家教师资格考试制度，严把教师准入"入口"，成为新时期教师资格制度建设的重要使命。2013年，根据《中小学教师资格考试暂行办法》的规定，我国开始实行教师资格全国统一考试，无论是师范毕业生抑或是社会人员，都需要参加国家统一的教师资格考试，方可获得教师资格证书。不难发现，这种全国统考的形式，在一定程度上提升了教育的公平性，有效促进了教师专业化的发展，更满足了开放型教师教育体系建设的需求。

（三）资格期限由"终身化"向"定期认证"过渡，提升教师专业化水平

我国对教师资格有效期的规定，存在一个不断变化的过程。对教师资格有效期的规定，一方面出于统一管理师资队伍的需要；另一方面源于教师聘任政策的逐步规范。1909年，清政府颁行《拟检定小学教员章程》，以期对任职期内的小学堂教员进行资格检定。但由于当时师资数量的极度匮乏，因此并没有对教师资格制度的有效期进行规定。随着资格检定政策的逐步完善，1928年，《中央大学区检定小学教员暂行规程》中首次提出教师资格的有效期问题，期限定为5年，期满后，须重新检定。1934年，《中学及师范教员检定暂行规程》出台，延长检定合格证书的有效期为6年。1946年，国民行政院颁行《国民学校教员检定办法》，又将检定合格有效期缩短为4年，并规定在合格期满内教学成绩优良，且有暑期培训3

次，并获得合格证书者，可获得长期合格证。教员资格有效期的提出，既是一种约束、限制性规定，亦是一种鼓励、推动政策。这种基于有效期限定的资格检定，成为推动资格标准落实的内在动力。小学教员可以通过提升教学成绩或学历资格而获得延缓有效期的机会，更是从根本上推动了教师专业化程度的提升。

中华人民共和国成立后，由于师资的不足，并没有对教师资格证的有效期进行明确规定，教师资格证的有效期被默认为终身，从我国基础教育发展全局的现状看，21世纪后期开始呈现出弊大于利的态势。首先，随着基础教育质量的提升，缺乏持续学习、持续更新机制的终身制教师资格，难以使教师与时俱进；其次，终身制的存在阻碍了教师队伍检定机制发挥效用。无论合格与否，一经获得，终身受用的教师资格，使得教师资格检定机制形同虚设；最后，教师专业化理论认为，教师是从事教学的专业人员，在教师的职业生涯过程中，势必要经历一定的发展过程，这一过程是连续的、动态的，不断学习的过程，这种与终身学习理念相悖的政策规定，不利于教师专业素养的提升，最终将影响中小学教师队伍整体质量水平的提高。因此，对这种不利于教师专业发展的"终身制"教师资格制度进行改革，迫在眉睫。

取消教师资格"终身制"作为教师资格制度改革的重要议题，已经被提上教师资格制度改革的日程。2013年，教育部印发《中小学教师资格定期注册试行办法》，选取浙江省嘉兴市、湖北省宜昌市为教师资格证注册试点，首次开始试行教师资格5年定期认证制度。截至2018年共有30余省份开始进行试点注册，为全国范围内推行教师资格的定期注册奠定了基础。

第七章 中国百年师范教育制度变迁的影响因素

"历史的重要性不仅仅在于我们可以向过去取经,而且还因为现在和未来是通过一个社会制度的连续性与过去连接起来的。"① 纵观我国教师教育改革现状,既有因承袭旧制所带来的传统痕迹,同时又兼具现代社会的更新理念,梳理百年历史,探索师范教育制度变迁的动力机制、发展路径,以期最终为教师教育改革与发展厘清思路、储存智慧。

一 百年师范教育制度变迁的外生性影响因素

(一) 制度生成的环境因素

外生性因素是影响和制约师范教育制度变迁发展的各种外部因素的统称,是这种变迁发生的外在条件和既定因素。在师范教育制度变迁的过程中,影响制度生成的环境因素主要包括政治环境,即制度在生成、完善、改革时所处的政治背景;经济环境,指制度在发生变革时所处的经济制度情况;文化环境,即师范教育制度演变过程中对传统文化的扬弃与对外来文化的汲取。这些因素交织在一起,共同推动我国师范教育制度不断吐故纳新、嬗变演进。

---

① [美] 道格拉斯·诺斯:《制度、制度变迁与经济绩效》,刘守英译,生活·读书·新知三联书店出版社1994年版,第1页。

1. 政治环境:"教育气候"的变换

混乱和变化急剧的社会形势,是清末至民国时期的时代印记。从辛亥革命爆发推翻封建清王朝统治,到民国初期军阀混战,再到抗日战争的爆发、国共内战,直至社会主义新中国的成立,我国的师范教育从创立到发展完善,政治环境的变动,带来教育气候的不断变换。这种不断更迭变换的政治环境,一方面,统治阶级放松了对师范教育制度的专治管辖,为师范教育发展提供了较为宽松的政治环境,使得许多教育界的有识之士将更多目光投向师范教育本身,以完善师范教育体制、巩固师范教育成果;另一方面,混乱的社会秩序,使得师范教育发展缺乏当政者的有力支撑,更使得师范教育的发展,一度陷入非理性的政策指引中。

在民国时期,由于战时的特殊情况,国民政府虽有心发展师范教育,但皆因力所不能及,使许多师范教育政策并未真正得以施行。同时,因政局的不断变动,师范教育政策也处于持续变化过程之中。面对动荡的政局,如何处理和调整师范学校政策与国家方针理论之间的矛盾和不适应,也成为制约整个师范教育发展的症结所在。

中华人民共和国成立后,初期的恢复与调整为师范教育的发展带来了新的契机,以苏联为模板的师范教育制度体系的确立,突出地表现为政治意识与教育理念的高度结合。这一时期的师范教育制度服从于政治的需要,师范教育各项工作的开展体现了对政府政治意图的遵从。"文化大革命"时期,师范教育制度建设进入停滞状态。直至党的十一届三中全会召开,改革开放政策的颁行与实施,才给予师范教育制度恢复与重新发展的稳定的政治环境。面向世界、面向未来、面向现代化的教育理念的提出,进一步推动了师范教育制度的调整与变革。进入 21 世纪后,稳定、和谐的政治环境,更是为师范教育制度的发展提供了更为广阔的发展空间、更加充足的教育资源。

2. 经济环境:经济体制变革的推动

伴随着国家政权的统一与社会形势的好转,因政治形势转变带来的教育环境因素的影响逐渐式微,而日益全球化的经济发展趋势,开始逐渐成为影响师范教育制度变革的重要推力。一是生产力与科学技术发展的客观需要,推动了师范教育制度的创生与发展。清末民初,封建农业经济体系被打破，资本主义生产方式影响范围逐渐扩大，推动了我国师范教育的产生。随着资本主义经济的不断发展，生产力水平的提高，民国的师范教育制度开始逐步完善与定型。中华人民共和国成立后，社会主义生产关系的确立，改革开放后市场经济体制的不断深入发展，促使师范教育制度进行了更为深层次的调整与变革。教师作为直接或间接推动科学技术发展的人才资源，开始得到更大程度上的重视。由于经济发展的全球化范围的扩大，对多种人才的需求不断增多，进而带动了师范教育各个领域不断发生变革。

二是经济理念对教育影响泛化程度逐渐加深。自1978年改革开放实施以来，我国的改革主要集中在经济领域之中，在教育上则是建立与社会主义市场经济相匹配的教育体制。因此，当追求国家利益最大化成为教育改革的原动力时，经济社会中"效率优先，兼顾公平"的思想，便逐渐泛化到教育政策制定的各个环节和各个领域中来。这一时期社会矛盾在教师发展领域的主要表现为，在强调加速培养大量基础教育师资的同时，兼顾教师质量，以满足不同地区对提升教师素质的普遍要求。

在"效率与公平"矛盾导向下教师政策体系建设，呈现出以垂直型建构为主、水平型为补充的政策建构的特征。这一时期的教师政策，在以强调"经济增长至上""效率优先，兼顾公平"的强大经济体制转轨的推动下，首先表现出的依然是由政府主导、自上而下权威推进的垂直政策体系建构维度。1978年10月，教育部印发《关于加强和发展师范教育的意见》，鼓励大力发展师范教育，并强调要特别积极地、有计划地发展高等师范教育。1985年《中共中央关于教育体制改革的决定》提出"教育必须为社会主义建设服务，社会主义建设必须依靠教育"的论断，强调教育为经济建设服务，"教育体制改革的根本目的是提高民族素质，多出人才、出好人才"。1986年又连续出台《关于基础教育师资和师范教育规划的意见》《关于加强和发展师范教育的意见》，强调"建立一支有足够数量的、合格而稳定的师资队伍"。这些政策的颁行，使得师范教育体制得到有效恢复与发展，所表现出来的自上而下的权威性，极大满足了"效率优先"在教师数量上的要求。

在经济体制改革中透析教师体系建设，改革的触角不仅内化于教师发展的全部过程之中，同时更是展现了政策制定者在应对社会主要矛盾转变过程中，对其基本任务和基本要求理解的逐步加深。在制度建构过程中，教师政策在处理教师数量与质量的博弈上，一方面展示了改革开放后我国教师政策改革的基本导向；另一方面也不断凸显了师范教育各个因素间自身的修正与完善。从立足教育为经济建设服务、强化教育的经济功能，"多出人才，快出人才"，到逐渐形成从追求数量、学历补偿，到提升专业素养，从职前职后的分离走向统一的发展格局。这种基于经济社会需求引导下的教师制度体系调整，也必然会带来教师自身发展的变化。

3. 文化环境：中西文化的交融

从清政府开始，涌入这个古老国家的不仅仅是西方列强的坚船利炮，伴随而来的还包括西方国家的教育理论与思想。在中西文化的不断碰撞、交融中，我国的师范教育制度体系从无到有，渐趋完备起来。中西文化的交融对我国师范教育制度的影响，一方面，是基于传统的保守文化对师范教育制度变革的阻碍，特别是在课程内容选择与教育教学理念等方面影响颇深；另一方面，是西方的师范教育制度理念的影响以及西方教育思潮的传入又对师范教育制度的变革起到了积极的推动作用。因此，在这种彼此牵制与力量消长的过程中，我国的师范教育制度体系开始不断演进变革。

尤其是21世纪后，终身教育思想广泛传播，以终身教育理念为依据的各项教育规章政策开始出台。在师范教育领域，以实现终身教育为目标的师范教育改革不断开展起来，其中尤以师资培养的一体化建设最为瞩目。2001年，"教师教育"取代"师范教育"，将终身教育思想融入教师养成的过程之中，致力于教师职前培养与职后培训相统一的师范教育制度建设被提上日程。在终身教育思想的指导下，职前师资培养模式开始发生转变，"宽口径、厚基础、精专业，强能力"培养思路的摸索，师范教育课程结构的不间断调整，其目的都是培养学生形成终身教育的思维观念与行为方法，为师资培养的终身化、全面化奠定必要的基础。

与此同时，在学习西方先进教育经验的基础上，不断探索本土化发展路径已经成为师范教育制度改革的重要任务。这种本土化探索，在充分了解和剖析西方教育经验的基础上，结合我国师范教育发展实际，以提升师资培养水平，完善师范教育各项事业为根本目标。

（二）师范教育制度的非均衡性

在新制度经济学的观点中，制度的非均衡性是制度变迁的基础。所谓制度的非均衡性是指，"人们对现存制度的一种不满意或不满足，而意欲改变的状态。这时就会产生新的、潜在的制度变迁需求和潜在的制度变迁供给"①。

回顾百年教师教育变迁轨迹，制度的不断更迭与调整，无不是基于对社会发展需求的调试与满足之上。我国的师范教育制度创建之初衷，即是为了应对"数千年未有之巨变"所带来的"数千年未有之变革"，是为适应半殖民地半封建社会的转型而创生出的制度形式。清末时期师范教育制度在"中体西用"思想的影响下，制度建设的突出特点在于无论是师范教育目标的确立、师范教育政策的厘定，还是师范教育课程内容的选择等，都体现了浓厚的半殖民地半封建社会的色彩。这种从无到有的探索式制度的建设，打开了国人师资养成的视野，拓宽了新式人才培养的渠道。为满足清末时期"师夷长技以制夷"的教育期待，清末师范学堂率先明确培养任务，把握培养思路，将现代教育理论与中国传统文化相结合，制定师范教育课程制度体系，确定师范生的权利与义务，轮廓式地构建了具有一定中国特色的师范教育制度的雏形。这种以工具价值为主要标志的清末师范教育制度，一定程度上满足了新式教育启蒙时期对师资的需求。

这一时期的中国社会，具有一个明显的主题，即围绕半殖民地半封建社会的性质，在资本主义意识形态的影响下，借助充分的、权威的政治权力，对清末社会的各项事业进行根本改造，基于"清末新政"实施下的改造率先在新式师范学堂的创建中得以快速而有效地开展，这在一定程度上符合了"社会改造，教育先行"的内在社会发展规律。

如果将 20 世纪上半叶作为一个整体置于完整而漫长的历史链条中来考察，因其时间线条的清晰和前后社会矛盾差异的显著，很容易得出这一时期教育制度变迁的原因所在。事实上，从清末到民国时期的跨越，中国面

---

① 徐雨虹、高瑾：《新制度经济学视角下学前教育投资体制研究》，华东师范大学出版社 2017 年，第 20 页。

临社会性质的切换、社会主要矛盾的更迭,都必然使得清末的师范教育制度无法更好地满足社会发展与教育更新对师资人才提出的新要求,因此,这种制度的变革与调整势在必行。

1911年辛亥革命的爆发,结束了几千年的封建王朝统治,取而代之以民主主义社会,以资产阶级为代表的政权登上了历史的舞台。民国时期资本主义逐步发展,为了提升国民素质,打造资产阶级新民,对师范学堂进行调试和改革,成为民国社会教育制度变革的重要举措。不论是军阀的混战,抑或是复辟的倒行逆施,都无法撼动历史车轮必然向前的运动轨迹,破旧立新,成为师范教育制度生存的必然选择。而相对较长的历史发展阶段,也给予了民国师范教育制度较充分的调整和建设时间。

民国的师范教育制度在"三民主义"思想的统整与规范下,制度建设的突出特点在于,在承袭清制的基础上,以加快培养师资速度,满足基础教育发展对教师数量的需求为主要任务。这种将师范教育与基础教育紧密结合的制度建设,进一步明确了师范教育的功能价值,提升了师范教育的地位和作用,满足了民国时期普及义务教育、提升国民教育整体水平的教育目标。在40年民国历史进程中,师范教育制度几经调整和完善。

在政策领域,扩大规范引导范围,提升措施的针对性与可操作性,分阶段、分步骤对不同类别的师范教育机构进行有效指导和规范;在资格准入、教师检定方面,为确保师资整体水平的稳定,明确检定时间、丰富检定标准、规范检定实施过程;在课程领域,撤销讲经等封建传统色彩浓厚的课程,增设教育理论与教学教法等科学课程,制定课程实施标准,围绕普及义务教育的目标,不断丰富课程内容、完善教学形式;在师资培养模式上,一度打破清末时期师范院校单一的培养模式,扩大师资培养范围,虽然效果有待商榷,但意识的突破,值得肯定。这一系列的制度调整与建设,极大限度地满足了国家教育建设的需求,契合了民国时期社会发展对师范人才的要求。

与此同时,民国时期增加了对乡村师范教育制度的关注与建设。随着中国整体适应社会性质转变状态的确定,乡村民众的教育水平亦牵动着国民政府的视线。如何实现对占中国半数以上人口的教育,弥补乡村教育不足,突破乡村教育逐渐式微的瓶颈,满足乡村社会发展的需求,成为乡村师范教育制度建设的重要前提。基于此，民国政府在乡村师范教育制度上，明确乡村师范教育宗旨、建设乡村师范教育实施机构、提出乡村师范师范教育课程标准，逐渐将乡村师范学校的"量"化建设，转为"质"化提升，进一步满足民国社会建设需求。

事实上，师范教育制度由清末到民国时期的转变，民众对师范学校接受的程度加深，教育覆盖率与国民整体教育水平的提升，社会现代化整体的推动，都是师范教育社会功能的表现，也是师范教育制度变革促进社会变迁合目的性的根本体现。但很显然，由于资产阶级自身发展的缺陷和民国时期社会环境的失调与动荡，师范教育制度的建设不可能尽善尽美，不可避免地会出现整体架构上的弊端与瑕疵。随着社会发展的渐进与纵深推进，这种不协调与不稳定，必然带来师范教育制度价值取向的失衡、社会功能的异化，并最终无法满足人们对教育的期待，继而打破师范教育制度的均衡性，产生新的非均衡性。

中华人民共和国成立后，师范教育制度的非均衡性周期开始延长，师范教育制度的建设始终处在动态的调整与完善过程之中。任何一种制度所作用的范围和对象都不是一个阶层和群体，他们受制也受益于这种制度。社会发展对教育人才规格要求的不断提升，持续打破师范教育制度的均衡状态，为动态满足社会发展和教育自身的需求，师范教育制度的改革周期逐渐延长，调整范围逐渐增大、程度逐渐加深。

而我们也清楚地意识到，新中国成立初期的这种基于"不满足"状态下的制度变迁，是一种弱批判性质的制度调整，这种弱批判性即体现在新的师范教育制度对旧的师范教育制度的甄别与扬弃，即在原有制度基础之上的调整与完善。所以，新中国成立后的师范教育制度变迁不会是一蹴而就、一触即发的过程，由"三级"培养模式向"二级"培养模式的转变，由职前职后教育分离到统一，由教师专业化要求的日益深化等深层次制度调整都是基于对原有制度的弱批判性改造。伴随着终身教育思想的持续引导，师范教育制度领域的非均衡性将一直持续，并成为常态。我们也应该意识到，在师范教育制度的非均衡性发展形势下，师范教育制度的变迁和调整将一直延续，成为师范教育制度发展完善的不竭动力之源。

二 百年师范教育制度变迁的内生性影响因素

在对我国教师教育制度进行百年历史梳理的过程中可以看到，教师教育制度的每一次革新与完善，都是在打破原有平衡状态基础上，以求得更高层次的提高；教师教育制度的每一次徘徊与迷惘，都是在原有状态的忖度上以求得创新式的发展。溯本求源，基于对教师教育制度变革的内生性影响因素的探析，厘清教师教育制度变革的活力之源，成为本书写作的重要目标。

（一）制度本源的价值追求

在师范教育制度变革的过程中，制度本源对价值的追求，成为支撑其变迁的内在动因。在师范教育制度变革的过程中，基于自身发展状况的不断深入，促使师范教育制度不断向专业化发展方向靠拢，以各项组成要素的标准化建设为手段，不断推动开放性体系的建构，最终实现以实践化为目标导向的师范教育制度体系。

1. 对专业化发展的诉求

教师专业化发展是教师知识结构和专业实践不断提升与更新的过程，是现代教育发展的必然结果。近年来，世界各国都在强调教师专业发展的重要作用。人们逐渐意识到，要想提高学生的学习能力，必须要对教师进行持续的、高质量的专业教育。在师范教育制度变革与发展的过程中，教师是最为关键的角色，其专业化水平的高低，对师范教育制度改革的成败具有直接的影响。要想实现教师的专业化发展，就必然要构建专业化的教师教育体系，以我国中小学教师的在职培训为例，20世纪70年代末以来，以学历补偿为主要目的的职后培训，开始向旨在提高教师专业能力的继续教育迈进。

1999年，教育部颁布《中小学教师继续教育规定》，指出参加继续教育既是中小学教师的权利，同时也是义务。这在一定意义上标志着我国的教师职后培训开始进入法制化轨道，预示着我国已经开始关注教师专业化的发展。但在具体的实践过程中，我们的教师在教学过程中重传统教学轻创新理念；教师队伍专业意识较低，缺少专业感；职后培训重形式轻内容等，这些问题的出现滞缓了我国教师专业化发展的步伐。因此，加强教师专业知识和能力的培养，提升教师学科专业化知识水平、完善教师培训，健全职前、职后培训机制，提高教师的专业道德，成为促进教师专业化发展的重要途径。

基于对教师发展的可持续性、高质量的专业化需求，以明确师范教育政策目标指向，构建科学专业的师范教育课程体系，打造高效的职后培训体系为完善方向的师范教育制度改革势在必行。

2. 对标准化建设的定位

教师专业标准是衡量教师专业素养的准绳，是师范教育制度建设的发展方向。现代师范教育制度必须要走向一种基于标准化的建设，这是作为"制度"自身发展与成熟的要求，也是国际教师教育改革与发展的必然走向。自20世纪80年代开始，世界主要国家纷纷制定教师教育标准作为教师教育改革和保障教师教育质量的一个基本前提，这实际上已经成为教师教育改革的基本趋势。从我国师范教育发展的实际来看，伴随着整个国家的社会、经济等各领域的发展，教师教育在高等教育的大众化和精英化两种力量的推动下，也发生了急遽的变革和转型。在师范教育制度变革的过程中，我们逐渐意识到，明确教师工作的专业地位，细化教师的从教规格，规范教师的培养、准入、培训、考核规格，对提升教师队伍整体水平意义重大。

2011年，以规范和引导教师教育课程与教学，培养造就高素质专业化教师队伍为根本目标的《教师教育课程标准》颁布施行。2012年，为构建教师专业标准体系，建设高素质专业化教师队伍，教育部发布《关于印发〈幼儿园教师专业标准（试行）〉〈小学教师专业标准（试行）〉和〈中学教师专业标准（试行）〉的通知》，对我国师范教育制度向标准化方向发展进行了有力尝试。这些围绕教师的专业理念与职业道德、专业知识与专业能力等方面的标准体系的确立，进一步明确了国家对合格幼儿园、中小学教师专业素养的基本要求，并成为师范教育课程、教师教育模式以及教师资格制度施行的基本规范，以及完善和改革的重要依据。

在当前师范教育迅速发展的背景下，制定师范教育课程标准对于规范师范教育机构的课程与教学、开展实施与评价具有重要的现实意义。在对教师进行职后培养的过程中，按照教师专业发展阶段，对不同时期的教师建立不同的专业发展标准，使不同类型的教师在职业生涯发展的不同阶段都有相应的规范和要求，从而引领和促进教师的专业成长。由此可以看出，基于师范教育各组成部分规范化、专业化发展的需要，以标准化建设为定位的师范教育制度改革势在必行。

3. 对开放性体系的架构

开放的师范教育体系的建设，是为打造综合院校广泛参与教师培养，拓宽优秀师资来源渠道的重要举措。在经历了封闭式师资培养模式、混合型师资培养模式后，实现开放式师资体系的合理架构，既是为了满足当时社会发展对新型师资人才的需求，同时也是促进师范教育制度体系的进一步完善与成熟的必然选择。

改革开放以来，为适应多极化的世界政治、经济新格局，中国师范教育开始逐渐打破独立封闭式的"定向型"师资培养模式，有步骤地扩大师范人才培养范围，加大与国际教育接轨力度，在这一时期，大量的外籍教师来华任教，同时大批的学者教师到国外交流，积极参加国际学术会议，积极争取国际学术活动承办权，加速融入先进的国际师范教育发展领域。

与此同时，在享受信息资源快捷方便的同时，中国的师范教育也受到来自全球化的压力，如何以更科学的政策体系，来把握师范教育发展的基本方向，如何以更前沿的师范教育知识，来设置师资培养的课程结构，如何以更规范公平的手段来检定、规范教师的任职资格，如何以更为开放、多元的方式来培养新的师资人才，成为当下师范教育改革不可忽视的重要问题所在。

因此，在改革开放向深水区迈进的过程中，打造更为开放的师范教育制度体系，既是满足世界政治、经济一体化发展的客观需要，同时也是推动师范教育制度向更具有融合性、科学性发展的主观要求。

4. 对实践性取向的明晰

坚持建设以实践性取向为重要标志的师范教育制度，是破解师范教育"学术性"与"师范性"矛盾的最有效解决方法。纵观百年师范教育制度嬗变历程，关于师范教育的"学术性"与"师范性"之争，始终存在。如何实现二者的和谐统一，如何对二者进行合理的结构配置，一度成为制约师范教育制度发展的重要问题。实践性的师范教育制度取向，以目的性、统一性和多样性为基本特征，对加强教育理论与实践结合具有重要的指导意义。尤其是在基础教育改革的背景下，坚持以实践取向教师教育理念为指导，以《教师专业标准》为依据，以提升师范生的实践能力为重点，以培养合格的中小学教师为目标，构建培养实践能力为取向的教师教育课程体系和教学方法，打造培养实践能力为导向的教师教育课程的教学团队和共享资源网，成为师范教育制度发展的必然走向。

（二）师范教育制度功能的调整

虽然说师范教育制度的变革总是与一些外在因素相关联，但承认这种外在的制约和影响，不等于放弃师范教育制度的内生性理念。因此，从最根本的意义上说，师范教育制度变革与师范教育制度的功能是紧密联系在一起的。师范教育制度的变革除了应对外在环境因素的变化要求外，就师范教育制度本身而言，传统制度在实施过程中的执行偏差与部分功能的丧失、失调等，都会造成制度的衰微或倒退，从而影响制度整体功能的发挥，最终，为了不被社会淘汰，而进行主动或被动的变革。根据有关学者的论述，将教育制度的功能概括为自由功能、伦理功能以及秩序功能。

首先，基于教育制度自由功能调整下的教师教育制度变革，所谓的自由功能，即制度作为一种规约，它不仅能告诉人们不能、禁止做什么，同时也告诉人们能、可以自由选择地去做什么，从而划定了一条行为的边界线。[①] 因此，在这种所谓的制度自由下，约束和限制、自由和放任成为恒久存在的矛盾体，二者的比例分配与结构划分，决定了制度自由的程度与功能发挥的效用。

纵观我国师范教育发展历程，对教育制度自由功能的矛盾比例划分，约束和限制占了较大比重。在培养模式上，独立封闭的师资培养模式一度成为我国师资培养的唯一形式，这种单一、封闭的培养体系，在我国师范教育制度创立前期，发挥了极大的积极作用。任务明确的培养机构、整齐

---

① 李江源：《教育制度的现代转型及功能》，《教育理论与实践》2004年第1期。

划一的人才规格、规范统一的课程设计保证了师资的来源途径、加快了师资的培养速度,尽快满足了社会发展建设对师资人才的需求。但这种培养模式是单一的、刻板的、不自由的。

因此,随着社会改革加剧与师范教育发展的夯实,传统的自由功能开始失调,决定自由功能的两大矛盾要素亟待重新分配比例。由此,师范教育制度开始出现变革,2000年始,基于教师专业化需求的师范教育体系开始由"三级"向"二级"过渡,以非师范性综合院校参与为典型特征的开放型教师教育模式开始逐步建立。这种区别于以往的,拥有更宽松、自由培养氛围的师资培养新体制的逐步完善,重新建构了教师教育制度的自由功能,继而推动了教师教育制度的革新与完善。

其次,基于教育制度伦理功能调整下的教师教育制度变革。师范教育制度作为教育制度中占有特殊意义的功能系统,对教师的培养等活动,有着明确的规范作用,但同时,教师特殊的职业道德也影响着整个师范教育制度功能的伦理性。在师范教育制度嬗变的历程中,人们对师范教育制度的认同、遵守都是基于一定的自觉性和自愿性,而这种自觉和自愿主要来源于对教育制度体系制定中所反映出的尊师重教、师道尊严的传统习俗的认可与赞同,这种符合基本伦理道德心理的制度体系,被推崇和遵守,也即是"遵从教育制度,才会是一种出于对教育制度内在价值肯定基础之上的主动共鸣行为"[1],师范教育制度只有与其相配套的伦理价值相符合,才能够获得实际的效力,教育制度的制定、变革,亦是为了实现一定的社会伦理价值。

基于社会发展对教师作为发展中的人的价值的愈加重视,对教师职业理解的愈加客观、专业,以教育习俗、传统以及社会一般道德观念为伦理标准的伦理功能已经无法更好地维护教师教育制度的实施。因此,加快推动教师教育制度法律体系的革新和完善,用以扩充制度伦理功能的实施范围与效用,成为师范教育发展的必然要求。这一点从对师德师风的制度体系建设中即可窥见一斑。由最初的以道德习俗为主要约束、规范手段的师德师风建设,到将其提升到教师教育发展的战略高度水平,颁布实施一系

---

[1] 李江源:《论教育制度的伦理道德之维》,《教育理论与实践》2006年第1期。

列具有明确规定且兼具惩处性质的政策法规，这种基于伦理道德上的约束与法律上的惩处的双重性，无不提升了制度伦理功能的实施力度。

最后，基于教育制度秩序功能调整下的教师教育制度变革。在这里我们所强调的教育制度的秩序功能，主要是指教育制度在实施中公平性与公正性的体现与保证，是教师教育制度能否有效、有序实施的重要特征。

不可否认，一个公正的教育制度体系、制度化了的教育行为规则，是守护教育秩序的重要力量。相反，若这制度体系失去了公正与公平，也即将面对修正和变革。尽管不同时代对教育制度的秩序功能的阐释会各有侧重和不同，但随着社会政治、经济文明的不断发展，教育的公平与公正的内涵，亦得到了多角度的深化。

第一，对进入教师职业领域的公平保证。保障符合教师资格标准的人，能够公平地进入教师队伍中来，是教师教育制度秩序功能施行的首要标准。这种基于对教师行业准入的公平性的保障，从源头上规避了秩序功能的失效，为师范教育制度的健康发展提供了必要的条件。在师范教育制度建设过程中，为吸纳更多的优秀人才进入教师队伍中来，以扩充师资来源、提升教师层次水平、保障入职公平为根本目的的，国家统一的教师资格考试机制被逐步建立起来。这一改以往教师普遍来源于师范性大学的状况，打破了师范类学历的限制，为教师职业打造了准入的"宽口径"，极大地提升了对进入教师职业领域的公平保证。

第二，教育机会的平等。这里所谓的教育机会的平等，一是指教师教育制度起点的公平与过程的公平。教师教育制度的起点公平，即指在条件允许的情况下，公平接受系统教育理论学习的人，都有自由选择进入教师队伍的平等权利。在教育课程设置、教育实习安排等方面均应享受与师范生同等的待遇，同时更要充分享有继续教育的权利。二是个人所拥有的特权都应该被取消，即取消教师资格终身制的制度规定，实现教师资格的有效期制度设计，扩大改革试点范围，实现全国统一标准，保证秩序功能的有效实施。

第三，对教师教育资源的合理配置与调整。从我国师范教育制度创建伊始，这种教育资源的不平等关系已经存在。城市与乡村的资源差异、中西部地区与沿海地区差异，一直困扰着师范教育制度的秩序公平。近些年，为了突破这一困境，实现对教师教育资源的公平配置，党和政府逐渐加大对西部地区教育政策的倾斜，提升对乡村教师的支持力度，完善教师流动的机制建设等一系列制度手段正在出台并实施，以期实现对制度秩序功能的完善。

综上，教师教育制度功能的调整，促使教师教育制度随之发生变革，这种基于制度内部因素的优化组合，推动了教师教育制度的建设朝着更加完善、科学的方向进行。因此，关注教师教育制度功能发挥的效力与范围的变化趋势，适时调整教师教育制度建设方向，最终实现制度功能的效用最大化。

（三）制度变革与个人发展关系的明确

传统的教师教育制度强调的是对教师教育教学行为的约束与规范，是以社会发展利益为前提的制度体系，在传统的教师教育制度体系中，被推崇和赞许的是社会集群利益的满足，它回避了教育制度中的关键性问题，即教育与个人发展之间的辩证关系。

在这样的制度理念支配下，我国传统的教师教育制度，在构建过程中存在一定的缺陷。

第一，它不是从我国教师培养的实际操作过程中抽象概括出来的，而是基于对他国先进经验的模仿。这一点从我国师范教育创建的经历即可看出，从1897年南洋公学创建伊始，对日本、美国、苏联师范教育经验的模仿和学习贯穿了大半个世纪。虽然在一定程度上缩短了我国师范教育制度创建的破冰之路，但为克服和摆脱不同国家师范教育制度中的积弊与水土不服，也极大地增加了我国师范教育制度建设的成本。在这样的构建过程中，对制度不妥之处的矫正与规范，占据了大量篇幅，使得"人"的发展退居其次。

第二，我国的传统师范教育制度，并不是建立在完善的理论基础之上，这种缺乏科学理论指导的上位制度，一定程度上忽视、削弱了制度中教师个人发展的价值，甚至将二者置于对立面，强调制度的社会效益，忽视甚至忽略制度的个人收益。这一点从我国师范教育培养目标的流变中可窥其端倪。以师资人才培养满足"师夷长技以制夷"的社会发展宏愿，到以满足基础教育普及发展目标为己任，再到为社会建设服务，无一不是将师范人才的培养宗旨建构在社会发展需要基础之上，鲜有提及以制度形式推动、实现个人发展。因此，基于完全理性下的制度设计和制度运行规则，因缺乏人才发展理论的指导，产生了一定的非理性教育结果，即在相当长的一段时期，我国教师的工具价值大于其人本价值。

反观当下的现代教师教育制度，则以强调教师个人教育利益的正当性和合法性为根本前提。现代的教师教育制度为教师提供了一个公平竞争的舞台，在这个舞台上，教师是绝对的主角，拥有绝对的话语权。每一个教师都可以通过这个舞台合理地表达他的发展诉求、教育期许以及利益报酬等。与此同时，现代的教育制度又不仅仅强调个人价值实现，而是强调个人价值与制度理性的协调和统一。这种现代的师范教育制度，不仅能够为教师提供巨大的教育利益激励，同时也给予了教师充分选择、发展的自由空间，与此同时，在教师教育规则与条例的约束与规范下，又合理地保障了教师发展的正规化与专业化。

因此，基于对现代教师教育制度的展望与考量，这种以围绕教师发展为本位的现代教师教育制度的确立，势必会对我国教师教育事业的改革提供新的发展思路与方向。

首先，在教师教育理论建设上，结合教育发达国家教师教育的先进经验，摆脱盲目照搬的借鉴形式，逐步构建具有中国社会主义特色的教师教育理论体系，以指导当下教师教育制度建设与教师教育事业改革。

其次，在教师教育的目标宗旨上，进一步矫正传统教师教育制度长期关注社会发展需要的目标导向，逐渐调整为坚持以人的发展为本位的现代教师教育宗旨，突出教师的主体地位，强化教师的专业发展趋势，不断完善教师发展的内、外环境建设。

再次，在教师教育的实施措施上，进一步完善教师教育政策群建设，丰富实施办法，破除仅以约束、惩戒为主要形式的政策手段，辅之以规范、鼓励、奖励等措施，并最终实现教师教育政策功能的全面发挥。

最后，打造教师职业发展的专业化语境，增强教师发展的专业性。加快教师教育各项事业的标准化建设步伐，提高教师队伍准入标准，加大教师资格制度检定力度，实现国家统一教师资格考试下的公平与公正。同时，在终身教育理论指导下，不断加大对教师个人发展的支持力度，破除职前职后培养体系的障碍，实现一体化教育；完善教师资格准入与检定制度，提升教师资格层次和水平；加大政府、师范院校、中小学之间的资源优化组合，激活教师教育事业发展中关键要素活力；着力培养卓越教师，推动教师专业化的进一步完成，最大限度地给予教师优先发展、公平竞争的权利和机会。

综上，纵观传统教师教育制度与现代教师教育制度的发展方向与建构形式的区别，可以看出，坚持以教师为本的发展理念，逐渐深入我国当下教师教育制度体系建设之中。无论是从教师教育理论体系的建构上以实现中国梦为主要建设方向的社会主义教师教育事业的改革目标的确认，还是教师终身化、专业化发展目标的确认；无论是基于教师教育事业各项政策颁布的科学论证与实施，还是教师教育各项事业标准的逐步明确和完善，都推动着教师教育制度不断地更新、完善，这种内涵式的变革，为实现社会主义教师教育事业建设的道路自信、理论自信、制度自信提供了巨大保障。

突破以往研究中以政治、经济、文化为制度变迁根本影响因素的逻辑分析路线，实现以社会政治、经济结构变迁为背景的，结合教师教育制度自身发展结构、功能的变化为主要影响因子的动力机制分析，更能客观反映教师教育制度变迁的内在规律与逻辑主线。因此，在制度非均衡性为根本变迁动力的基础上，以教师教育制度功能的调整，以及教师教育制度理念的变化为依据，实现对百年教师教育制度嬗变动力机制的把握。

第八章　中国百年师范教育制度变迁的历史经验与启示

一　百年师范教育制度变迁的历史经验

我国的教师教育制度从无到有、从弱到强、从小规模到庞大体系，不断发展壮大，在百年的建设历程中，有成功的经验，同时也有失败的茫然。通过对教师教育政策、教师教育课程、教师资格制度，以及教师教育模式百年历程的回顾与分析，可以清晰地发现，我国的教师教育制度在建设过程中，依然存在着诸多问题，基于以上的问题，我们认为，在当下的教师教育制度改革和完善的路径选择中，需要关注以下几个方面。

（一）兼顾国家利益与个人价值的利益诉求

长期以来，我国教师教育制度的实施，都囿于国家、政府的利益诉求，中央政府通过直接输入的方式，将制度形式、内容进行固定，再以制度输出的方式，将实施意见指派给各级地方政府和各级各类师范教育实施机构。这种高效、直接的制度实施途径，在教师教育制度创建之初，带来了极大的益处和便捷。但随着社会形势的革新，政治经济状况的日趋变化，教师教育制度的功能，已经不再局限于单纯满足社会发展的利益需求，简单地受限于政府的调控与引导，因为这在一定程度上势必将以牺牲教师教育制度的持续发展为代价。制度结构决定制度功能，制度功能的设定，同时也影响制度的选择与安排。为了实现教师教育制度的可持续发展，必然要将发展目光聚焦到国家利益与教师个人发展价值兼顾的路径选择上，重新选择与设计教师教育制度的出发点和落脚点，推动以终身教育理念为指导的，符合国家与个人双重利益的教师教育制度体系的建设。

首先，在教师教育制度目标确定上，要始终将师资人才培养的目标，定位在以符合国家利益为根本前提、以最大限度满足人才发展需求为最终目的上来。在教师教育制度建设的百年历程中，始终坚持以为基础教育培养合格师资为己任，这是符合国家普及教育、提升国民素质的根本利益前提的。但不可否认，随着人们对师范教育认识的逐步深化，对教师教育理想的逐渐深入探讨，师范教育的目的，也开始逐步丰富和完善起来。尤其在教育专业化和终身教育思想的引领下，教育作为培养人的根本目的属性被凸显出来。

因此，兼顾国家和个人的利益价值追求，成为现代教师教育制度目标厘定的双重标准，在这一目标确定过程中，为突出教育的根本属性，更是要以坚持教师发展为本位，始终将促进教师的终身化发展，置于教师教育制度完善的根本方向上，建构和谐、完善的制度体系，为教师教育的发展提供制度上的支持和保障。因此，对教师教育制度目标的重新定位与解读，为实现兼顾国家利益与个人价值的利益诉求的路径选择，提供了理论基础。

其次，在教师教育制度实施上，要想实现国家利益与个人价值的有机统一，就势必要将教师教育政策、教师教育课程、教师资格制度以及教师教育模式等的有序施行，作为根本手段。

第一，教师教育政策作为师资培养工作的目标指向，是教师教育制度目标的"传声筒"。要想在师资培养过程中，兼顾国家利益与个人价值的有机统一，就必须坚持教师教育政策的厘定方向，将保障教师发展权利，实现教师发展价值纳入法律体系中来，以政策手段规避风险，提升效率。

第二，教师教育课程作为教师培养工作的有力抓手，是教师教育制度目标的"指示板"。要想在师资培养过程中，实现对国家利益的高度重视，对教师个人价值的充分尊重，就必须在教师教育课程内容中进行有效渗透，以确保教师教育制度理念的真正落实。

第三，教师资格制度作为师资培养的前提基础，是教师教育制度目标实现的"守门者"，要想在师资培养过程中，均衡国家利益与个人价值，就要在师资队伍的源头处实现对人才的管控,严把入口关,将具有高度思想政治觉悟的优秀人才,纳入教师队伍中来。

第四,教师教育模式作为师资培养的根本手段,将教师教育制度的各要素统整在一起,为国家利益与个人价值的有机统一提供了必需的制度环境,因此,对教师教育制度各要素实施与功能的定位和阐释,为实现兼顾国家利益与个人价值的利益诉求的路径选择,提供了现实可能。

综上,教师教育制度变迁的路径选择,必须要兼顾国家利益与个人价值的利益诉求,保持教育制度目标设定的合目的性与合人性化。也只有将二者结合,才能够实现教师教育制度发展的可持续化、终身化。

(二) 将教师教育的资源配置和效率公平放在重要位置

在传统的教师教育制度变迁过程中,中央政府为了保证对教师教育的控制和引导,通过规章、法规的立法形式,对教育资源进行了行政性的分配与安排。这种资源配置的形式,在一定程度上推动了个别地区教师教育的优先发展,突出了制度中局部带动整体的功效。但随着资源配置长期的失衡,带来的必然是教育制度公平性的式微。而制度的公平,是制度赖以生存发展的根基所在。因此,要想实现教师教育制度的稳定发展,必须要将资源配置和效率公平放在重要位置之上。

首先,在教师教育资源配置上,由于传统的城乡二元体制的限制,我国的城乡经济发展水平存在较大差异,这也导致了师资人才流动的城市化倾斜明显,造成了教育资源分配上的不均衡现象,也由此导致了我国教师教育整体水平偏低,局部地区落后的现状。因此,要想破解这一困境,就必须要坚持城乡区域一体化发展,实现东、中、西部一盘棋的教师教育理念。提高对落后地区教师的支持力度,适当进行政策倾斜。当下,农村义务教育的基础,虽得到一定程度的巩固和提升,但村镇地区发展不平衡、总体水平不高以及缺乏动力机制的问题,并没有得到根本性改善,要想解决这些困扰农村义务教育可持续发展的核心问题,就必须在保证国家财政投入的基础上,充分利用市场机制和现代技术条件,激活政府、市场和技术的力量,以深入贯彻《乡村教师支持计划(2015—2020年)》为契机,最终真正促进农村基础教育的均衡、高效和可持续发展。

其次，在教师教育制度的效率与公平方面。教育公平与教育效率是两个对立统一，不可偏废的教育制度目标。教育公平是基于教师资源配置分配过程和分配结果的价值判断，是对其"合理"与"不合理"的审视。而教师教育效率，则是指教育作为经济、政治手段，促进国家、个人发展的程度和水平。学生发展的状况和水平，是直接衡量教育效率的重要标准。在我国社会主义市场经济建设初期，"效率优先，兼顾公平"的政治、经济理念，开始在教育领域延伸。这一发展理念，直接将推动经济社会的发展目标置于教育发展之上，最终导致教育公平出现偏颇，这种教育效率与公平的矛盾争执，为教师教育的可持续发展埋下了巨大的隐患。

不可否认，在效率优先的指导下，一部分省份的教师教育优先发展起来，起到了引领和示范的作用，但长期的师资优势集中，东部优先西部、城市先于农村的，局部的、不公平的资源配置方式，最终带来的是教师教育整体效率的下滑。这种公平制约效率的教师教育困境，亟待被突破和解决。

因此，教师教育制度改革的路径选择，必须要将师范教育的资源配置和效率公平放在重要位置，将二者结合，避免片面化，尤其在教师教育资源配置、教师教育事业发展战略和教师教育公共政策的制定过程中，要充分考虑教育的公平与效率问题，最终推动教师教育制度建设的科学化、公平化。

（三）加强对制度的监管和约束，减少制度执行失范的行为

所谓制度的失范，即是指随着社会的发展，人们对某种规范的背离或否定。这种失范是动态的、多变的且可逆的。在既往的教师教育制度变迁中，由于缺少对制度行为的有效约束，制度的失范行为并不少见，这也势必影响了教师教育制度的创新与发展。教师教育制度由传统走向现代化的过程中，社会生活发生了全面且深刻的变革。在教育制度转型过程中，由于旧机制的筛选、淘汰与更新和新机制的生成、发展与效用发挥的过程，不能及时而有效地衔接，遂形成了一定的制度空白，这就为制度的失范带来了可乘之机。这些失范的教育行为，延缓了我国教师教育现代化的进程，导致了教师教育领域个别行为的失序，引起了社会各界对教师教育领域的关注，甚至非议。因此，要想规避这些制度师范的行为，当务之急就是增强对教师教育制度的监督和约束。

首先,搭建教师教育制度监管的第三方平台,实现对教育制度施行的有效规范。在我国的社会教育发展现状中,对教师教育制度的实施进行监督和规范的平台与机制的建设,尚处在理论探索与创新实践的初期。当下我国的教师教育正以前所未有的速度飞快发展,根据 2016 年教育部教育统计数据的整理,截至 2016 年,我国普通高等学校共有专任教师 1601968 人,高中阶段共有专任教师 2575569 人,初等教育阶段共有专任教师 5801544 人。[①] 在这种庞大的教师群体的背后,我们不能不重视对教师教育制度实施行为的监督与管理。

因此,加强对教师教育制度监管平台的建设,是当前我国教师教育事业发展与变革的迫切需求。与此同时,加强对教师教育制度监管体制的建设,也是保障每个希望进入教师队伍学生的公平发展的需求。加强对教师教育制度监管平台的建设,首先就要注重除政府和相关师范院校机构以外的第三方独立评价主体的建设。这种新的,以过程性、动态性、发展性为根本评价标准的第三方机构,可以对教育制度实施过程中的制度失范行为进行有效监督,并通过定期的动态评价反馈,及时规范、矫正制度实施过程中的失范行为。同时,由于这种机构独立与政府行政体系之外,更有利于与教师专业学术机构开展深入合作,提升各师范院校自身的自检与评价能力,落实对教师教育制度的监督与规范。

其次,加快对教师教育制度各要素的标准化建设。随着教师专业化水平的不断提升,教师教育也开始朝专业化方向迈进,其中以 2011 年《教师教育课程标准》的出台为重要标志。教师教育制度的标准化建设,不但关系到教师教育发展长远目标的实现,同时更是对教师教育制度有效实施的重要规范与保障。教师教育制度的标准化建设,既是一种行业标准,同时也是教师教育各项事业开展的专业标准。对教师教育制度标准化的建设,要突出整体性,统筹规划性,要将其置于社会教育发展的大背景下,

---

① 中华人民共和国教育部:《2016 年教育统计数据:各级各类学校校数、教职工、专任教师情况》,2017 年 8 月 24 日, http://www.moe.gov.cn/jyb_sjzl/moe_560/jytjsj_2016/2016_qg/,2017 年 11 月 20 日。

突出教师教育制度各环节间的衔接与关联。研制教师的行业准入标准，保障教师人才的健康流动与发展，是促使我国教师教育制度实现由传统向现代顺利转型的关键环节。

最后，完善教师教育课程标准，确保建立一套与先进教育理念接轨、凸显我国社会主义特色的教师教育课程标准，是保障我国教师教育制度实现由自由建设到标准化建设的有力支撑。与此同时，教师资格制度的标准化建设，更是保障教师教育制度可持续发展的关键因素。在教师资格确认和检定的过程中，以标准化为导向，有效地推动教师专业发展。

综上，教师教育制度改革的路径选择，需要搭建教师教育制度监管的第三方平台，实现对教育制度施行的有效规范，减少制度执行过程中失范的行为。与此同时，要加大制度标准化建设力度，以期最终推动教师教育制度专业化的实施进程。

（四）提升制度建设的前瞻性，把握世界教师教育发展动向

现代的教师教育呈现出信息化、多样化、民主化、专业化、终身化等多元特征，要想时刻保持教师教育制度的活力，必须将教师教育制度的建设，放置在全球教师教育发展背景下，增加前瞻性的考量，提升创新意识。打破碎片化式的制度建设方式，加强系统规划，实现教师教育制度的整体性推进。

首先，扎实本土教师教育制度建设，夯实基础。我国是有着悠久师道传统的大国，在教师教育发展的百年历程中，虽经现代教育文明不断浸染，但其传统色彩依然浓厚，尤其是对教师的职业定位、职业期待上更保有着浓厚的儒道特色。教师要有教无类，要因材施教，要知识渊博，要安贫乐道等。这些传统的观念，杂糅着现代教师的职业要求，构成我国教师教育制度创建和发展的思想源流。

纵观百年历史进程，我国近代师范教育制度的建设和发展，基本按照两条道路演变：一是对西方师范教育制度的借鉴与学习；二是基于对西方制度的本土化修复和补充，这两条路线不断交替行进。不可否认，对西方师范教育制度的借鉴，对我国早期的师范教育制度建设大有裨益，但随着中国社会工业化进程脚步的稳步推进，对这种舶来制度的修复和补充，耗

费了巨大的教育资本,增添了诸多的教育负担。因此,扎实推进本土化的教师教育制度建设,通过对中国特有的师资培养现状进行深入剖析和解读,实现政策、课程、模式等各个方面的本土化建设,才是推动我国教师教育事业改革不断发展的不竭动力之源。

其次,放眼世界教师教育先进经验,实现中西交融。教师教育制度的革新,是一项任重而道远的系统工程,尤其是在当下飞速发展的社会主义中国,更应该立足国情、基于现实,放眼世界。信息全球化速度的加快,为我国现代教师教育制度的建设提供了大量的资讯和经验。剥离这些经验和资讯的形式化外衣,深入挖掘先进教师制度建设的核心与本质,打造我国教师教育现代化的国际舞台,成为当下我国教师教育制度实现中西交融的关键所在。也只有将国际经验与本土教师教育实际的改造相结合,才能最终为我国基础教育事业的发展做出新的历史性贡献。

最后,教师教育制度改革和完善的路径选择,应坚持学习西方先进经验,不断融合具有社会主义的本土化特色。既要打破研究视野的限制,同时要时刻保持对教育改革的敏感度,不但要注意其改革的手段和方法,同时更要探索符合中国教师教育改革实际的新路径。既要脚踏实地,夯实教师教育制度基础,又要保持制度建设的前瞻性,实现对教师教育制度的启发式引导。

二 百年师范教育制度变迁的当代启示

(一) 完善师范教育政策体系建设,夯实师范教育制度政策根基

1. 着力增强对师范教育政策群的建设

所谓"政策群",即指"国家、政府和一定类型政治体制中的执政党,在一定时期内制定并实施的内容不同,但理念同源、导向相近的一组政策的合体"[①]。随着社会教育形式的日趋复杂,教育知识的日新月异,教师教

---

① 张勤:《当代中国的政策群:概念提出和特质分析》,《北京行政学院学报》2000年第1期。

第八章　中国百年师范教育制度变迁的历史经验与启示

育问题的层出不穷，试图以某一单一政策为解决问题的方法已经难以奏效。21世纪以来，以解决教师教育发展过程中的问题为指向，以推动教师教育整体发展为目标的多项教育政策不断颁布、施行，这些不同的政策构成了当下的教师教育政策群。通过对政策群效应的研究和剖析，为促进教师教育变革提供更强大的动力，为教师教育的改革提供更多维的政策保障。将教师教育政策体系建设置于"政策群"的宏大语境之中，更是打开了公共政策研究的新思路，为透视当下中国教师教育政策制定的逻辑路线提供了新视角。

一是要增强教师教育政策群建设的渐进性和实效性。对待教师教育政策体系的建设，既要有破旧立新的勇气，同时更要吸取政策群建设的经验与教训，既不能一蹴而就，也不能因循守旧，而是要随着时代的进步调整改善，不断更新、循序渐进。21世纪伊始，党和政府便深刻地认识到了教师教育在迎接未来社会发展挑战中的重要地位，意识到要想具备高竞争力的人才队伍，就必须创建一支高素质的教师队伍。

为此，在教师教育政策体系的建设中，就必须在政策实施过程中体现渐进性，在政策内容上彰显时代性。从选拔优秀人才进入教师队伍，到职前教师培养、职后教师培训，再到教师流动、退出等政策的补充和完善可以看出，我国的教师教育政策群建设，遵循教师职业的从进到出的路线轨迹，在不断提高教师准入标准的基础上，以围绕社会发展对教师需求为出发点，不断更新标准内容，调整教师来源结构，吸引优秀人才进入教师队伍中来。在教师职前培养的过程中，以多方合作为契机，加强政府、高校、中小学在教师培养过程中的资源整合与互利共赢，通过群策群力，实现自上而下与自下而上相结合的政策实施系统的创建。伴随社会改革环境的变化与更迭，实现对教师教育政策的必要调整与修改，加入适应时代发展的教师的核心素养等新要求，在这样一个循环渐进的不断补充修改的过程中，实现对教师教育改革认识的深化，提升改革的实效。

二是要增强教师教育政策群建设的标准性、连贯性。20世纪80年代以来，在终身教育思潮的影响下，欧美等发达国家基于推动教师专业发展的需求，纷纷将制定教师专业标准作为提高改革效率、提升教师素质的重要手段。1994年，美国颁布《2000年目标：美国教育法》，以立法的形式鼓励并资助各州建立学术标准和测试标准；1998年，英国公布新的教师教育专业认可标准；2003年，澳大利亚印发教师专业发展标准。

随着我国教师教育改革的纵深发展，对教师标准化政策的需求，也变得愈加强烈。在教师教育发展的过程中，我们逐渐意识到这种标准化、规范化的政策管理，对于教师教育的科学评价、教师的专业成长意义重大。20世纪90年代末以来，我国的师范教育三级格局被打破，培养层次逐步提升，但在此过程中，"由于缺乏统一教师标准，导致不同类型的高校、相同类型的不同高校在实施教师培养时，培养目标的设定、课程体系的建构表现出明显的差异性甚至随意性"[1]。因此，加快对教师教育各项标准政策的建设，以形成具有集群效应的政策群系统，既是教师教育发展的国际经验，也是摆脱我国教师教育事业发展困境的必然举措。

与此同时，同一政策适用范围的逐渐变化，必然要求政策内容进行相应的调整和丰富，这种政策的变化，极大地影响了教师群体的发展，迫使教师不断更新观念以适应新政策的要求。但不可否认，任何一项政策的调整与丰富，都不应是孤立的、突兀的，政策的重新制定或补充，不仅要以前项政策为基础，更要考察政策是否真的有效、社会需求是否满足等方面。要保持"牵一发动全身"的政策敏感，树立政策群意识，将政策的调整与实施，纳入整个教师教育政策系统中去，确保教师教育政策目标的连贯性与灵活性、教师教育政策实施的实效性和稳妥性、教师教育政策群的系统性和统一性，避免因政策的频繁调整而带来教育发展上的混乱局面。

2. 增强教师权利意识，完善教师流动、退出机制

在对教师教育政策体系建设、完善的过程中，以国家、政府以及教育专家为主的政策制定者，竭尽所能地为教师教育的科学发展建言献策。但随着教师队伍整体水平的不断提高，教师专业化发展的渐趋成熟，普通教师作为教师教育政策的参与者和实施者的主人翁地位开始引起关注，基于对教师发展权利问题的研究，也开始得到重视，由此对教师职业流动、退出政策机制的完善，也被提上日程。

---

[1] 蒋亦华：《当代中国教师标准问题之研究》，《教师教育研究》2007年第4期。

首先，要拓宽教师参与政策制定的途径。在教师教育政策的制定过程中，参与政策制定教师的范围和水平，直接影响教师教育政策制定的民主化程度和有效性、适用性。为国家政策的出台提供有效的智力支撑，为师范教育的改革发展服务，充分发挥师范教育学科的优势，积极动员教师全面参与国家教育改革和重大政策制定，是当下教师教育政策制定科学民主化的必由之路。让教师教育改革的直接相关者参与到教师教育政策的制定和修改中来，一方面，有利于实现教师教育政策的适切性、针对性；另一方面，也使得民主化得到最大限度的保障，确保政策体系的制定真正符合人民群众的根本利益。

保证教师长期有效参与教育政策制定，最有效的办法是在教育政策制定中，保证教师参与政策制定权力的制度化、规范化、法制化。然而，由于缺乏明确的教师参与政策制定的规范，使得广大教师参与教育政策制定的愿望难以实现。现实中，我们应加强制度建设，以保障教育政策制定过程中教师的广泛积极参与成为常态，一是要将教师参与政策制定的权利以法律的形式固定下来，确定教师参加政策制定的行为不仅是教师权利的体现，更是义务的要求。进一步明确教师参与政策制定的手段和方法，转变传统的教育政策制定观念，实现从教育政策专家决策转向专业人士广泛参与，从观念碰撞转向充分利用新的技术手段，如大数据分析等，从"坐而论道"转向实地研究教育研究，突出教师调查、教师意见反馈在教育政策制定中的基础性作用。二是要提升教师参与政策制定的深度，教师群体中进一步构建参与性的民主政治文化，为教师参与教育政策制定提供良好的文化氛围，培养教师的参与意识与公共精神，明确教师在政策制定过程中的角色定位，使教师在教师政策制定中具有主人翁的意识。三是确保参与教师教育政策制定教师的代表性。教师代表应当从各级各类教师中推选，并根据教育政策制定的目的灵活调整。

其次，要继续完善教师流动政策体系，促进教师队伍合理流动。优秀教师资源的合理流动，是加快实现教育均衡发展的有效手段。为了彻底贯彻落实好这一政策理念，1996年，以"建立教师流动的有效机制，采取切实的政策措施，鼓励教师从城市到农村，从强校到薄弱学校任教"为主要任务的《关于"九五"期间加强中小学教师队伍建设的意见》颁布。2010

年《国家中长期教育改革和发展规划纲要（2010—2020年）》颁布，明确指出，"均衡发展是义务教育的战略性任务，要实行县（区）域内教师和校长交流制度"。① 2016年国务院颁布《国务院关于统筹推进县域内城乡义务教育一体化改革发展的若干意见》，强调，要"推动城乡教师交流，城镇学校和优质学校教师每学年到乡村学校交流轮岗的比例不低于符合交流条件教师总数的10%，其中骨干教师不低于轮岗教师总数的20%"。②

教师的轮岗、交流政策主要是基于城乡教师流动所开展的教师资源的优化配置，是为解决城乡教育公平问题所提出的改革良方。但不可否认，在当下的教师流动体制下，存在诸多的问题。因此，进一步完善教师流动政策体系，规避政策实施过程中的遗漏与执行缺位，强化政策实施的规范性与强制性，保障教师流动的公平性、合理性成为完善教师流动政策的根本指向。

最后，健全教师退出机制。教师的退出，是指根据相关法律法规的规定，按照一定的执行程序和步骤，教师主动提出或被动接受，离开教师岗位，退出教师队伍的行为。教师的主动退出是指基于个人意愿，以追求更适合自身发展前景的工作而提出的主动辞职、退出。教师的被动退出，则是指根据相关规定，对不能胜任教师工作、不称职的教师进行辞退清理的行为，被动退出带有强制性。

随着教师教育改革发展的纵深化，教师退出机制开始逐渐得到重视，并纳入法制建设中来。尤其是近几年，更是在教育部的强力推动下，各地迅速展开实践探索与试点工作。尤其是以"县管校聘"为指导原则的城乡区域内的教师调配、流动机制，更是成为热点和焦点。2016年，国务院下发《关于统筹推进县域内城乡义务教育一体化改革发展的若干意见》，对此进行了明确的规定。因此，在健全和完善社会保障的基础上，建立完善

---

① 中华人民共和国教育部：《国家中长期教育改革和发展规划纲要（2010—2020年）》，2010年7月29日，http://www.moe.gov.cn/jyb_xwfb/s6052/moe_838/201008/t20100802_93704.html，2017年11月20日。

② 中华人民共和国中央人民政府：《国务院印发关于统筹推进县域内城乡义务教育一体化改革发展的若干意见》，2016年7月11日，http://www.moe.gov.cn/jyb_xxgk/moe_1777/moe_1778/201607/t20160711_271476.html，2017年11月20日。

的教师退出机制,对于不适应教育教学工作的人员,通过严格的准入制度和流畅合理的调整及退出机制,让有意愿进入教师队伍、有能力从事教师事业且热爱教师职业的优秀人才进入教师队伍中来,并且实现长期从教、终身从教,已经成为激活教师管聘体制的有效手段。

2017年4月,山西省人民政府颁行《关于统筹推进县域内城乡义务教育一体化改革发展的实施意见》,指出,"对教育教学技能相对落后、难以胜任新课程改革教学任务或因年龄较大、身体状况等原因无法承担满工作量的教师,要制定具体的退出管理办法"[1]。2017年11月,安徽省出台《推进中小学教师"县管校聘"改革指导意见》,指出,"各地要坚持公开、公平、公正的原则,以岗位职责为依据,逐步建立以竞聘上岗为核心的教师退出机制"[2]。此后,四川省、浙江省、甘肃省等均提出了通过完善教师退出机制,持续推进县域内城乡义务教育一体化改革发展的改革意见。

但我国的教师退出政策体系的建设尚处在探索阶段,相应的政策制定还处在完善阶段。因此,要想扩大教师退出机制的影响范围,必须完善教师退出政策建设,要明确退出标准、规范退出程序、健全再就业培训机制。与此同时,要打造科学、公正的教师退出舆论氛围,规避传统意识中只有不尽职、不负责的老师才会被辞退的观念,形成和谐的舆论环境,正视教师的职业选择,支持合理的教师退出。

(二) 优化师范教育课程结构,推动师范教育制度内涵式发展

1. 保持师范教育课程结构的多元与均衡

如果说教师教育课程理念是教师教育的灵魂,那么,教师教育课程的结构便是教师教育的骨骼,它为教师教育的发展注入了行动力,推动了教

---

[1] 山西省人民政府:《山西省人民政府关于统筹推进县域内城乡义务教育一体化改革发展的实施意见》,2017年5月8日,http://www.shanxi.gov.cn/zfxxgk/zfcbw/zfgb2/2017nzfgb_76680/d8q_76706/szfwj_76707/201705/t20170508_6940558.shtml,2017年11月20日。

[2] 安徽省教育厅:《安徽推进中小学教师"县管校聘"改革将建立教师退出机制》,2017年11月7日,http://www.moe.gov.cn/jyb_xwfb/s6192/s222/moe_1743/201808/t20180827_346201.html,2017年11月30日。

师教育的快速成长。

第一，优化教师教育课程结构。通过对教师教育课程历史变迁的梳理可以看出，以专业学科知识、教育学科知识以及教育实习为基本组成部分的教师教育课程体系，是我国教师教育课程结构的重要基石，其地位稳固、理论基础夯实、实践效果明显，为社会主义现代化的建设提供了重要助力。这种结构框架是科学的，但也逐渐因为其单一与不均衡的发展前景，而不得不面临调整与变更。

所谓的课程结构优化，即在遵循社会发展规律、教育发展规律、人才发展规律的三方约束下的课程结构调整，通过这种结构调整，以期在规定时间内和现实条件下，取得课程的最大收益。合理的课程结构，首先，要符合社会发展、符合师资培养课程发展的内部规律，形成动态课程结构，搭建丰富、多元的课程结构体系；其次，要符合专业知识的内在逻辑结构，按照理论与实践相统一的原则，合理安排课程内容，注重课程之间逻辑关系与内部协调，形成一个完整严谨的知识学习和技能训练的课程平台；最后要遵循一定的优化原则。如"科学性与思想性的统一、接受知识与培养能力的统一、智力因素与非智力因素的统一、反馈与调节的统一以及全面与个性化的统一"。[①] 遵循这些原则，有利于更好地保障课程结构的完整性和科学性，使其更加全面、更加系统。

第二，均衡发展，显性课程与隐性课程相结合。所谓显性教师教育课程，即"教师能够意识到并且能够用语言、符号、文字等进行表达的课程知识"[②]。直观表现为教师的专业知识课程的学习，在知识更新的情况下，它亦随之改变。而隐性课程知识，也称缄默课程知识，是教师课程知识体系中不可用语言、符号等表达出来的，其实质是教师对课程的理解力与领悟，它扎根于教师的潜意识区。

在现在的教师教育课程体系中，对专业课程知识以及教育理论知识的学习，均属于显性课程范围，而以教育实践、教育见习、教育实习为主要

---

① 李才俊：《新课程背景下教师教育课程结构的优化》，《课程·教材·教法》2006年第10期。

② 郑先俐：《教师课程知识的类型分析》，《西昌学院学报》（社会科学版）2008年第2期。

课程形式的实践类课程，大体可归为隐性课程。我们清醒地意识到，只有将理论与实践相结合，才能够最大限度发挥理论的作用。显性课程只有内化为隐性课程，才能真正用以指导教师教学以及其他工作。而现在的教师教育课程体系的设置，恰恰没有合理配置二者的关系，过度偏重理论学习，虽然使教师掌握了规范、系统的公式、程序、法则、规律，但并没有形成属于个体的经验，难以深度影响和指导教师个体的行为。因此，如何将二者互相转化，成为教师教育课程均衡发展的关键所在。

第一，在课程目标上，要注重教师专业化的培养，强化师范生、教师自我反思意识的形成。深刻的反思和体悟，是实现显性知识内隐化的有效方法，通过反思，将理论知识的学习和教育经验的运用相结合，形成一套具有个人特色的教育教学体系，创造性地分析、解决教育教学中的问题，最终推动教师专业化发展。

第二，在课程结构上，调整专业学科知识、教育理论知识以及教育实践课程的时间分配，增加教育实习机会，延长教育实践时间，使师范生能够更加充分地将显性知识内隐化。

第三，建立教师专业发展模式，为教师实践性知识共享打造可能和空间。实现教师的实践性知识共享，就要将教师的教学经验、实践成果不断地进行交流和分享，教师要研究课程、研究学生，更要研究自己。通过三种不同的学习组织形式的配合和组合，实现实践性知识的共享。同时，创建交流平台，营造共享交流氛围，促进实践知识共享、同伴互助、经验互补的良好互动模式的形成，推动教师在实践性知识转化过程中，不断超越自身既有的能力范畴，开启具有创造性、前瞻性的专业化成长。

第四，注重课程评价体系的完善。发展的、动态的教师教育课程的评价制度，是推动内隐和外显知识相互转化的重要工具。推动过程性评价在教师实际工作中的主导地位，对其在教师教育过程中发生的问题，进行有效干预和指导，是打破结果性评价带来的消极作用的有效手段。重视教师在发展过程中个人能力的培养，拓宽教师发表个人见解的渠道，倾听教师的声音，保护追求卓越发展的自主意识。

与此同时，打造教师对课程的反馈平台，实现不同视角下，教师对课程标准的评价、对课程内容的评价、对课程实施的评价，以及对课程绩效的评价。通过表达式评价、对话式评价、内化式评价等方式，使教师参与到课程评价当中去，提升课程评价的信度和效度，使内隐知识和外显知识在评价实践中互相转化。

2. 实现师范教育课程的实践化取向

2011年《教师教育课程标准（试行）》中，将育人为本、实践取向、终身学习作为根本理念贯彻在整个课程标准的制定当中。由此可以看出，实践取向不仅是指教学实践，更是指在教师教育过程中强调和重视教师实践知识的获得，实践智慧的形成。这种实践性不仅仅从职前的教育实践中来，从一线教师的"做"中来，更从前人的教育经验中提取，即包括理论中的实践和实践中的反思中来。师范生在修业阶段必须参加一定时数的学校实习，已经成为教师教育课程的重要组成部分。这种基于学校组织的教育实践，"从目的上来说，使学生通过自己的广泛观察获得经验，在实践中对理论进行科学的反思以及形成对实践进行批判的能力；从职业规划来说，形成对未来职业领域的认识，还可以对他们未来的职业决定、专业选择和学习计划进行检验。与此同时，在实践经验的背景下进行有意义的学习建构，意义重大"[1]。

第一，实践作为课程目标的重要指向性标准的确立。教育实践是对教育理论与中小学教育现实的整合，是推动大学资源与中小学教学实际相互贯通的桥梁，因此，以实践化为重要标准的课程目标的确立，既是师范教育发展的必然要求，同时也符合基础教育发展的规律。教师教育课程改革的国际趋势显示，实践与反思已经成为教师教育专业化发展课程计划的核心。有专家认为："教师专业发展不是从理论学习到实践应用的线性过程，而是一个在实践体验的基础上结合经验进行反思的渐进过程。"[2] 因此，随着各个国家对教师专业发展认识的逐渐深入，基于对实践经验反思为核心的教师教育课程计划，得到极大推崇。

一直以来，教师教育课程因其更多地强调理论知识的学习与掌握，而

---

[1] 周南照、赵丽等：《教师教育改革与教师专业发展：国际视野与本土实践》，华东师范大学出版社2007年版，第151页。

[2] 张文军、钟启泉：《教师教育课程改革的国际趋势》，《教育发展研究》2012年第10期。

欠缺对教育实践智慧的关注，最终导致教育理论与实践断层的出现，对基础教育的发展产生了消极影响。要想摆脱这种困境的干扰，就要提升实践在教师教育课程中的地位，突出其指向性的作用。

一是要，转变培养观念。之所以要坚持以实践为取向的教师教育课程设计，既是对教师专业实践本质的遵循，同时也是对实践性知识认识逐渐加深的必然回应，更是完善教师教育理论课程的必然选择。教师教育课程的目标是培养教育实践者。因此，在教育理论包裹下的教育实践，是教师教育课程体系中不可或缺的重要一部分。作为实践者，教师需要在日常的教学情境中解决各种问题。因此，引导理论学习服务于实践观念的树立，是教师教育课程实践化向纵深发展的首要条件。二是要，以中小学为基础，搭建教育实践平台。要想获得实践技能的提升，必然要处在实际教育环境当中。强化中小学校与师范院校之间的联系，最大限度提供职前教育实践机会，是当下教师教育课程实践的最理想化平台。常规化、阶段化的不定期实践，为师范生提供了真实的教育情境，促使其真正参与、理解，形成体验，从而在课程实施过程中，提高针对性、实践性和有效性。通过这种教育实践平台的搭建，更好地落实教师教育课程的实践化目标。

第二，"实践共同体"的创设与推进。所谓教师学习实践共同体，是指"学习者（包括专家、学者、中小学教师及教育支持者）利用信息技术、网络等工具进行交流、合作与实践形成的相互影响、相互促进的团体"[1]。教师学习实践共同体的创建，不仅能促进学习者之间的交流合作，也能将他们的学习与实践紧密结合起来。通过开展集教师的培训、调研、实践教学为一体的学习实践活动，努力探索构建区域性教师学习实践共同体的策略，增进教师"共同体"的意识、采取多种学习和实践形式，形成互动学习的机制。基于这样的理论构想，以首都师范大学为首的 T-D-S 实践模式、以东北师范大学为首的教师教育创新东北实验区，即 U-G-S 教师教育等模式应运而生，丰富和发展了"实践共同体"的形式，扩大了影响规模，完善了大学与中小学合作的实践路径，打造了校府合作、校校合

---

[1] 周南照、赵丽等：《教师教育改革与教师专业发展：国际视野与本土实践》，华东师范大学出版社 2007 年版，第 369 页。

作的实践模式。

以教师教育创新东北实验区为例,其坚持以"面向实践"为实验区建设的理论基础,"强调为了实践、学会实践;强调教师的发展要在真实的教育生态环境中通过实践完成,更强调理论与实践之间的有机整合"。[①] 实验区的创设,目的就是将教师的培养回归到实践中去,让师范生在真实的教学情境中,体悟、观察、实际操作,从而构筑属于自己的教师教育经验模型。虽然"实践共同体"的建设尚在完善之中,但其意义不可估量。

第三,"要围绕'谁来培养人''培养什么人'的教育核心,进行高等师范学校课程思政体系建设,进行'一二三四'的课程思政教学改革。构建以满足社会发展需求的人才培养目标为一条主线,以线上、线下两种教学空间,在教学目标、教学实施、教学评价三个方面进行整体改革,通过课堂教学、课内实践训练、教育见习实习研习、校外实践活动四种途径,达到'课程思政理论与立德树人实践并重''知识、能力与素养并行'的'一二三四'教学模式,为师范生育人教育理论知识获取和教学实践技能形成提供巨大的发展空间,发挥立德树人思政理论课程最大教育效能,守好师范学校育人主阵地"。[②]

(三) 创新师范教育模式,凸显师范教育制度专业化方向

1. 践行终身教育理念,凸显教师本位的专业发展观

当下的教师教育改革在终身教育理念的推动下得到不断的深化,以强调教师的个人价值和自我发展为目标的各种教育模式不断涌现。为了进一步保持教师教育模式改革的强劲动力,提升教师专业化发展水平,需不断扩充对教师专业化的认识水平及时刻践行以教师为本的专业发展观。

第一,提升教师专业化水平,推动教师专业化进程。教师专业化,作为教师个人价值与职业价值实现的重要标准,在教师教育模式的改革中成为不可避免的焦点问题,专业的教师,需要专业的教育来培养,教师专业

---

① 董玉琦、刘益春等:《"U-G-S":教师教育新模式的设计与实施》,《东北师范大学》(哲学社会科学版) 2012 年第 6 期。

② 霍东娇:《中国共产党发展高等师范教育的百年历程、成就与展望》,《黑龙江高教研究》2022 年第 2 期。

化要靠专业的教师教育来实现。

因此，推动教师教育模式的改革，必然要以建设教师专业化为根本目标。我们这里所指的教师专业化，既包括教师职业的专业化，同时也包括教师个体发展的专业化。研究教师个体的专业化，就不得不提到教师群体的专业化建设，教师群体的专业化建设，重点是对集群式行业整体的建设，包括其自身独有的运行机制以及与市场接轨的特定形态等，是大环境的构造与完善，是教师个体完成专业化进程的根本保障，在这里"教师的个体专业需要借助组织化的教师教育专业建制和专业化的教师教育繁衍机制，为教师提供全日制、独立化且供个体不断晋升的职业发展道路，并为教师个体构建据以规范其行为模式和致思方式的专业伦理规范"①。

不可否认，在任何职业门类的专业化过程中，都会经历一个从"非专业"，经"潜专业""准专业"向成熟"专业"转变的过程，教师作为特定职业在从不成熟走向成熟的典型发展过程中，教师的专业化运动始终保持着持续性和未完成性。

一方面，不同国家和地区的教师专业化运动在时间、速度上都存在着先后和快慢的区别，同时仍有一部分尚未开展；另一方面，从特定高等教育系统看，即使有些大学和学院教师已经较为成功地进行了专业化运动，但也仍面临着两大任务：一是保持、巩固已有的专业化成果；二是促进下一代教师的专业化。因此，把握教师专业化内涵，明晰教师专业化发展规律，在终身教育思想的指导下，不断夯实基础，提升标准，推动教师专业化不断完善、成熟，继而实现教师教育模式的动态化调整与变革。

第二，充分体现教师本位，凸显教师主体地位。以教师为本的教师教育模式，是指在师资培养过程中，从价值观的设计到培训内容的实施再到培训结果的评估，均以教师本身作为出发点和落脚点，激发教师参与的积极性和主动性，竭力满足教师对高标准、高质量的教师培训的期望。

（1）保证教师的主体地位，就是要在教师教育理念上始终保持教师本

---

① 李铁绳等：《基于教师专业化视角的教师教育专业建构》，《广西社会科学》2015年第12期。

位。突破传统的以制度为核心的教育理念，改变以往教育情感缺乏、忽视教师实际的"一刀切"的工作做法，强调尊重教师、服务教师、信任教师以及发展教师，主张通过教师的自身发展和自主创新激发教师的内在潜能以及对工作的积极主动性，从而提升教师教育的整体水平。

（2）保证教师的主体地位，就要构建全方位的教师教育管理机构。构建能够应对教师教育新形势的，具有规范性、灵活性的教师教育管理模式。增加不同部门的沟通与资源共享力度，拓宽教师发展的各项信息渠道，使教师的职前培养与职后培训工作更加灵活、有效。

（3）保证教师的主体地位，需提升教师教育的目标激励与弹性评价。合理的目标激励是促进教师主动发展的诱因，对于激发其工作的潜能是非常重要的，通过满足教师个体的多样化需求，从而提升教师自身发展。此时的目标激励应注重将物质与精神激励相结合，要保障激励措施的针对性、实效性。注重对教师施行弹性评价，即在制定考评目标时，要注重对教师进行发展性评价，既重视结果考评，同时更要关注过程中的发展；既关注考评指标的差异性，同时提升考评结果的时效性，实现对教师发展过程的实时监督与信息反馈。

2. 抓住大数据时代脉搏，提升师资培养水平

随着全球化经济的发展，以大数据分析为主要参考依据的社会政治、经济决策的出台，预示大数据手段的重要应用意义。在当下的教师教育模式改革的进程中，充分利用大数据手段，对教师培养的整体设计、课程内容、培训模式等方面进行改革和创新，势必成为教师教育模式变革新的趋势。

首先，在教师教育模式设计上，面对信息更迭频繁，海量数据爆发的新时代，要转变教师教育模式的传统观念，形成数据化的思维。从对数据的搜集、分析、整理、反馈的过程中，发现教师教育模式的内在规律与潜在问题。与此同时，也必须明确观点，即在充分利用大数据技术的同时，既要摒弃对模式经验的简单模仿，也要认清这种基于事实真相的数据被挖掘出来，是具有针对性与时效性。尤其在教师职后培训过程中，要加强对各个环节进行数据监控，以期为未来中小学教师培训模式的改革和完善提供参考。

第八章　中国百年师范教育制度变迁的历史经验与启示

其次，在课程方面，根据每位教师的学习需求、学习习惯、学习时间以及学习态度，依托大数据手段，建立丰富的课程资源库，为教师提供个性化学习所需要的课程内容，建立起富有弹性和针对性的教师课程学习体制，以满足新时代教师培训的需求。传统的教师教育课程体系的规划，主要依托于学科专业的经验判断和职后教师的岗位需求，前者主观性较强，缺少现实依据；后者从获取岗位再到熟悉内容，再到培养学生，信息反馈周期较长，滞后性明显。而大数据手段下的课程体系规划，具有一定的前瞻性，在一定程度上能够克服事实依据不足、滞后性明显的弊端。通过对学生整个学习过程数据的记录和监控，做到课程内容根据学习反馈数据进行实时调整，建立生成性课程体系。

最后，在培训方式上。利用大数据技术的分享、预测、分析功能，对参与培训的教师进行实时性的追踪调查，通过对所搜集数据的分析整合，从而为每一位教师提供一个更具有针对性的、具有操作性的培训计划，重新设计教师的培训手段，将传统的引领群体的培训方式，转化为对教师个体的关注，切实提高培训的实效性。

尤其在教育实习、见习领域，充分利用大数据手段，以 U-G-S 模式为主导，进行数据跟踪和资源共享平台的建设，及时获取中小学实习需求、向师范生提供实习资源与评估信息。与此同时，对学生实习期间的课堂教学视频、教案、班主任工作等现状进行数据分析，学生间互动观摩，互相促进，公开化、透明化，有利于打破教育实习、见习时间短、效果有限的现状，推动教师实习、见习效果的最优化。

（四）规范教师资格制度，实现师范教育制度公平化建设

1. 完善教师资格制度整体设计，对制度规避实施有效防范

所谓的制度规避，是指"制度相关者有意识地采取手段，改变或超越制度边界的行为与活动"[①]。教师资格制度的制度相关者，包括：一是教师资格政策法规的制定者，主要指我国的省级及以上的教育行政部门；二是

---

① 李军、王绽蕾：《制度规避的负面效应及其消解》，《陕西师范大学学报》（哲学社会科学版）2008 年第 2 期。

教师资格制度的执行者，主要指县级教育行政部门以及接受国家委派的高等师范学校；三是教师资格制度的目标群体，主要指报考教师资格的各类申请者。这些不同的主体采取制度规避的手段也不尽相同。

一是教育制定者对制度的设计存在着利己主义倾向，带有一定程度上的滞后性。体现在教师资格制度上，主要表现为：对教师资格制度目标设定含糊，缺乏一定的操作性。例如，教师资格的认定中将师风道德建设放在了首位，但如何建设师风，如何提升道德，则鲜有涉及。因此，这种笼统且缺乏操作性的指标，无疑为教师资格制度的规避行为提供了"温床"，也势必会造成制度设定与目标执行之间的偏差。二是制度执行者的制度规避主要体现在"上有政策，下有对策"的制度执行中。主要表现为：对政策的机械照搬，不顾实际情况，消极执行；曲解政策，附加利己条件；敷衍塞责，得过且过，不求实效。三是制度目标群体的制度规避，主要表现为打擦边球，钻制度空子，以突击方式，通过资格考试，获得教师资格证。

不可否认，制度规避行为反映了制度功能的缺失与困境。这种现象长期以来一直存在，但并没有得到重视。然而，制度规避行为带来的危害不容忽视。它不仅影响了制度功能实施的效果，更破坏了社会的公平秩序。因此，消解制度规避行为，对教师资格制度的实施意义重大。基于当下教师资格制度实施的现状，可以从以下几方面出发：第一，强化制度意识，推进制度目标建设合科学化与合操作性相结合；第二，转变实施机构职能，去利己主义观念，提升服务意识；第三，加强教师教育培训，规范教师资格准入标准；第四，完善监督管理手段，健全制度体系运行机制。

2. 建立教师资格考试监督机构，确保制度公平性

教育制度的执行过程中的监督和服务，是保证制度实施效果的重要环节，教师资格制度更是如此。建立教师资格考试监督机构，以有效掌握资格考试执行的动态过程和效果，对有失偏颇的操作行为进行必要的纠正、警示和规范，为教师资格制度的有效实施提供服务和保障，极具现实意义。

第一，教师资格考试监督机构的独立化。监督机构是发现问题、诊断问题的机构，其职能是对政策的制定、执行，对获得的效果开展研究及有

效反馈。目前，我国的教师资格的制定和执行主体，以各级教育行政机关为主，因此独立的第三方监督机构的设置，有利于保证无论是对制度的执行抑或是结果的公平性、有效性的监测均不受教育行政机关的干涉。与此同时，及时的信息反馈可以对教师资格制度的完善与改革提供必要的依据与支持。因此，建设独立于教师资格执行行政机关体制外的第三方监督机构，意义深远。

第二，教师资格考试专家队伍建设。教师资格考试制度的执行与操作和参与考试的评聘专家密不可分。目前，我国教师资格执行机构对参与考试的教师专家的基本构成，除了简单的职称与学历规定外，并无其他细致的要求。这种缺乏严格选拔机制、任命标准的考核队伍，也已然成为滞缓教师资格制度进一步朝专业化方向发展的又一不利因素。因此，为了加强这一制度设计上薄弱环节的建设，打造具有良性竞争与流动性的专家选拔机制，并在此基础上形成科学、专业化的评聘教师专家团队，势在必行。

（五）妥善处理师范教育制度中的对立统一关系

1. 妥善处理师范教育政策发展过程中的对立统一关系

师范教育政策的颁布实施、制定执行，调整修改、完善补充，都不是某一元素单独地在起作用，而是多重因素的交织，因此，把握师范教育政策体制建设过程中各要素的关系，对于完善师范教育政策体系建设，意义重大。通过对师范教育政策的梳理和分析我们可以看出，政策的制定实施包括三个核心的因素，一是政策活动的主体，包括政府、教育组织、个人；二是教师政策的手段，包括制度、机制、计划、意见、标准等；三是其他因素。

师范教育政策的活动主体主要包括：政府及其各级机构、各级各类师范学校及其他教师培养机构、教师群体。这里的活动主体，既是指师范教育政策制定的主体和参与主体，同时也是师范教育政策的受益主体和保障主体。师范教育政策的实现手段主要包括对教师教育各项事业制度的建构以及教育标准、计划、平台、工程等的设计与实施。这里所指的教师教育事业的各项制度是具有针对性的，对教师教育事业中的某一项内容的实施而专门设定的目的、方针、体系、设施和机构等，是实现教师教育事业发展的有效手段。师范教育政策制定中的关系处理，也即是对教师教育政策主体与教师教育政策手段之间关系的处理。

首先，师范教育政策活动是具有强烈外部性影响的活动，它可以给利益主体带来消极的或积极的影响，为了维护教师教育领域的公共利益，必须用制度来规范教师教育政策价值主体的控制源和从中获得利益的活动，以平衡国家利益、公共利益、教育组织利益、个人利益的关系。而具有某种特征的教育制度一旦确立，就对活动主体如决策者、教育组织、个人的活动产生规范和制约作用，直接影响活动主体的活动方式，形成二者之间规范和被规范的关系。因此，选择和建设具有什么样特征的师范教育制度，就成为师范教育政策制定需要考虑的核心问题。

其次，师范教育政策执行中，任何利益主体的利益获得都必须依赖教育组织和个人的教育与学习活动。换言之，任何教育价值和教育政策价值的实现不仅取决于对教育资源的控制等外部条件，更重要的是取决于受教育者个人的才能和努力，取决于受教育者个人与教育组织的活动方式，例如，政府是通过师范教育政策和教育管理活动培养国家、社会发展的合格师资人才来实现国家利益和公共利益；教育组织是通过领导、管理和组织开展教师教育活动来培养国家、社会所需要的师资人才来实现公共利益和自身群体利益；教师则是通过学习和接受教师教育达到自身发展的目标来获得直接和间接的个人利益。如果离开了所有的或大多数个人的完善发展，上述任何一方的利益都会落空。让教师群体按照什么样的方式活动？教师教育组织如何实施教育？教师个人如何进行学习？都会受到制度的制约。

最后，师范教育政策的活动主体与师范教育政策的实施手段的关系主要体现在：任何一个政治系统都有两种主要的输入方式——"要求"和"支持"。简单来说，"要求"就是政策制定主体的各种各样需要或意向的表达；而"支持"就是人们对于某些特定"要求"的挑选、选择和赞同。政策的决策主体（政策的制定者）、执行主体和利益主体对政策的认可和执行程度，赋予了教师教育政策源源不断的生命力。而这种来自政策利益主体所表达的愿望、需要或意向，是依靠专制的制度手段，迫使其他成员"服从"和"遵守"的。因此，教师教育政策的活动主体与教师教育制度手段二者不可分割，互为依存。①

2. 妥善处理师范教育课程发展过程中的对立统一关系

师范教育课程并不是单独孤立的系统，无论是课程目标的设置，抑或是课程内容的选择，都受到来自不同领域环境的影响，因此，要想实现师范教育课程的可持续发展，必须妥善处理与之关系密切的关系系统。

（1）正确处理师范教育课程的国际化与校本化课程的关系

随着信息社会的不断演进，世界距离被网络逐渐缩短，各种资讯、知识的普及、更新速度，令人目不暇接。为了保证课程的实效性，师范教育课程必然要汲取先进国家的教育经验，调整课程目标、更新教育手段、拓展知识范围、改善授课方式等。尤其是教师专业化潮流的普及，更是给我国师范教育课程体系的建设带来了前所未有的新冲击。调整学科类课程与教育类课程的比例结构，重新审视教育类课程的重要性，成为众多教师教育研究者的关注热点。

与此同时，基于校本研究的师范教育课程体系的研发，已然成为我国教师专业化发展的显著特征和主要途径。通过校本课程研究，提升教师的科研水平，通过理论研究，深入指导实践，促进教学的改革与发展。可以看出，基于校本的课程研究是解决现实教育教学问题的最有效途径，师范生在学习过程中要将教育研究的前沿理论和科研方法的掌握作为必备的技能，把校本课程的研发作为自身教学实践反思的平台与基础，以此不断提高教与学的质量和效果。

基于以上的分析，可以看出，国际化与校本化并不是矛盾的双方，要想实现二者的双赢，必须将二者糅合，以校本课程为基础，融合有益知识经验，将其进行本土化的改造；以国际视野为站位，拓宽校本研究视域，与国际教师教育研究接轨，保证校本课程开发的前沿性、时代性。

（2）妥善处理师范教育课程的社会需要与个体发展之间的关系

纵观师范教育课程百年嬗变历程，社会需要作为主流意识一直贯彻在课程实施的整个过程中。从清末为洋务运动培养经世致用人才到民国为规

---

① 霍东娇、曲铁华：《21世纪以来我国教师教育政策的核心要素分析——基于扎根理论的研究》，《广西社会科学》2017年第6期。

训国民培育师资，再到中华人民共和国成立初期为建设社会主义而量化的劳动师资，师范教育课程对个体发展的关注被掩盖在社会需要之下。随着基础教育改革的不断推进，教师教育专业化要求的不断提升，个体发展的诉求被逐渐提高，终身教育、以人为本的新的课程标准的提出，更是将这一观念放置在理论指导的战略高度上来，因此，关注人的需要、注重人的发展是新时代赋予教师教育课程的重要任务之一。

但我们也应该清楚地意识到，社会需要与个人发展并不是鱼与熊掌的关系，社会的进步需要个人的努力，个人的发展需要社会给予不断的支持与保障。仅仅对社会需要进行评估，并不能成为课程改革和进步的不竭动力，只有结合个人发展的需要才能得以双管齐下，共同推进教师教育课程体系建设更加完善。因此，从教师教育课程的长远利益出发，社会需要与个人需要二者均不可偏废。

(3) 合理实现师范教育课程继承性与创新性相统一的关系

我国的传统课程资源厚重丰富，这些瑰丽的资源成为我国教育课程内容的特色所在，更可贵的是，广阔的历史反思视野，亦可为师范教育课程的改革与完善提供一条可资借鉴的历史之路。因此，从清末师范教育创办伊始，伴随着西学东渐而来的传统教育内容经过不断吸收与改造，不断丰富课程资源。

不可否认，历史发展带来的不仅是经验与智慧，还包括糟粕与流弊，凸显课程的创新性，另辟蹊径创造性地解决问题，成为当下教师教育课程发展的一条崭新路径。然而，毫无根据的创新是无本之木、无水之源，最终会形成空中楼阁。因此，建立在传统基础上的课程创新，才是当下课程改革所提倡的创新。这种创新尽管包括课程实施手段的创新、课程结构的创新、课程内容的创新等，但毋庸置疑，基于课程目标下的种种创新，是有章可循的有意义创新。因此，将课程的传统继承与创新性相统一，既保存了传统课程的价值与意蕴，同时也为课程的创新提供土壤与机会，二者相辅相成、互为依托。

历史梳理的意义，不单单是对历史过程的描摹与阐释，更是对其发展轨迹、嬗变路径的分析与整理。这一历史叙事的过程，"不但叙述一件事，更要叙述相关的事，不但叙述事件的外貌，也叙述一件事的内蕴；叙述历史史实的渊源、原因、发展和影响，也叙述历史整个的演进以及以往、现在、未来三者之间的关系"①。由此，教师教育课程的发展与变迁，是历史的变迁，更是一种文化价值取向的迁移。

从清末的"中体西用"、民国的"三民主义""民主共和"直到 20 世纪后半期的"科学人文主义"，教师教育课程在课程目标、内容宗旨及实践练习等方面，均因紧随着社会的变迁而被打上时代的烙印，这种基于社会迁移的课程转向，带来的更多的是工具主义的效用，而掩盖了教师教育课程本来的面目。当"以人为本""可持续发展""终身教育"的思想大潮席卷世界的时候，中国的教师教育课程体系也被卷入其中，在历史的洪流中沉浮，需要的不仅是披荆斩棘的勇气，更多的是乘风破浪的手段。因此，调整课程目标的航向，规划课程实施的航程，重构课程结构的资源搭配，成为护航师范教育课程大船扬帆起航的必然动力与目标追求。

无论是师范教育课程发展的过去还是未来，把握课程理念的发展方向，优化课程结构体系，坚持实践化的价值取向以及合理处理课程与其他因素的关系，都不会是沉疴宿疾，都更应该成为教师教育课程发展过程中始终应该被关注的核心问题。

3. 妥善处理师范教育模式发展过程中的关系

在教师教育变革的大趋势中，我国的师范院校无论是基础厚重的重点大学还是亟待发展的地方院校纷纷举起了改革的旗帜。自 20 世纪 90 年代以来，师范教师教育模式改革力度逐渐增加，范围逐渐扩大。在众多的教师教育模式变革中，可以发现，能否正确处理以下几种关系是构建和完善我国教师教育模式的关键所在。

(1) 教育研究与实践取向的关系

在教师教育模式的构建中，"教育研究"与"实践取向"的矛盾一直以不同的形式存在，而且经常出现"顾此失彼"的现象。当下教师教育发展面临着新的挑战，关于师范院校发展是以教育理论的研究为主，还是坚持以实践取向为行动指南，如何实现二者的和谐统一，成为当下师范教育发展的讨论要点。

---

① 杜维运：《史学方法论》，北京大学出版社 2006 年，第 164—165 页。

第一，教育理论研究与实践取向的内涵。按照传统的教师教育的意义，大学作为研究高深学问之处所，应坚持以教育教学理论问题的深入研究与传授为主；而实践取向，则是坚持以中小学教育实际问题为导向，实现教育理论与教育实践的融合，增强师范生对所学理论知识的认识、吸收与内化。

根据对二者内涵的解读，可以看出教育理论研究和实践取向发展，应是教师教育发展的全部内涵，二者并不是矛盾的双方，相反，是统一的整体。基于教育理论的深入研究，才能够更好地指导教育实践，而以问题实践为导向，更能提升教育理论的实际应用水平。但同时，我们也不可否认，单纯的理论研究缺乏有的放矢的切入点，容易造成理论空洞；单纯的问题导向，容易造成就问题论问题，限制教育理论的发展和深入融合。因此，要想保证教师在培养过程中实现均衡发展，只有将二者有机结合，融为一体，贯穿于整个教师教育之中，相辅相成，才能成为完善教师教育模式的必由之路。

第二，如何实现二者的有效融合，体现教师教育模式的时代特色，成为当下教师教育发展的方向之一。为了摆脱以往师范院校教师教育培养过程中的弊端，弥补教育知识欠缺、教学技能不足的情况，许多师范院校纷纷改革原有的教师教育模式，尝试把学科知识、教育类知识的讲授与教学技能的掌握简单相加，与此相应的是在课程设计上呈现同样的结构方式。这种教师教育模式不但增加了学生的学业负担，使其在学习过程中，疲于奔波在知识学习与实践操作之中，缺乏深入思考与消解内化理论知识的过程，同样对于缺乏理论反思的教学操作也难以真正提升学生的实践水平。

因此，合理设置师范学校课程，是实现教育理论研究与实践发展的关键所在。以北京师范大学为首的师范院校提出的"4+X"模式，则很好地解决了这一问题，这些模式尝试将学科专业教育与教师专业教育合理地分离与组合，按照各学科的发展规律，促进专业学科向高水平发展，与此同时，加大教育实践力度，保证教育理论研究与实践发展的平衡。

（2）师范大学综合化与教师教育专业化

师范大学的综合化与教师教育专业化问题是伴随着教师教育不断发展而衍化出的问题，高等师范院校如何在扩大自身综合化建设的同时，推进教师专业化的进程,以继承和发扬师范教育的特殊性,成为当下教师教育改革的又一命题。

第一,综合化与专业化的内涵。师范大学的综合化,主要是指"师范院校从只有单一的师范专业,到拥有高等教育学科专业体系中的多种专业,大部专业,甚至全部专业"。① 21世纪后,师范大学为提高自己的办学实力,增加其可持续发展性,也通过非师范专业的设置来扩展教育领地。

尽管师范大学的综合化现象,在21世纪初便出现了端倪,但起初并没有引起广大学者的关注,当这一综合化现象不断呈扩大化趋势,带来的必然是师范大学学术研究与教育实践活动之间结构的变化,甚至出现教师教育功能弱化的现象,那么,构建"综合大学+专业学院"的教师教育模式,正确处理二者关系,亦成为突破当下教师教育改革瓶颈的有力举措。

第二,如何正确处理师范大学综合化与教师教育专业化的关系,重新定位综合化趋势下师范学校中教师教育的专业位置,应从以下几方面出发:首先,要从制度上解决专业化与综合化之间的矛盾。保证教师教育的专业化地位,就要设立专门的教师专业教育机构,就要坚持以系统的教育教学知识的学习和教育教学技能的培养作为基础,只有秉持这一理念,对原有的教师教育资源重新整合与调整,才能实现二者的有机融合。其次,调整课程结构体系。从我国教师专业化发展角度看,传统的"老三门"课程已经远远不能满足教师教育改革的发展需求,结合当下我国师范院校课程改革实际,一是应加强师范课程的选择性,尤其是综合化的师范学校体系内,应增加师范类与非师范类课程的融通,扩大师范教育视野;二是要注重创新性,突破课堂限制,加强与中小学校的联系;三是注重研究性,加强对教师课程体系的开发设计与教学研究。

师范大学综合化和教师教育专业化这两种基于不同角度出发的概念,其实并不存在真正的矛盾性,只有在综合化进程中开展教师教育,才能最大限度地提升教师的专业化水平,也只有实现教师教育的专业化,才能更好地推动师范学校综合化的步伐。

---

① 李学农:《师范大学综合化与教师教育专业化》,《江苏高教》2005年第2期。

(3) 师范教育的公益性与市场化

教师教育的公益性与市场性是伴随着改革开放不断深入，社会主义市场经济体制不断完善成熟所出现的矛盾统一体。教师教育的公益性是教师教育本身固有的特性之一，是与义务教育性质密不可分的。与此同时，免费师范生政策的实施，更是推进了教师教育公益性的进程。但由于社会经济的快速发展，无孔不入的市场竞争因素早已经介入教师教育的领域，教师教育的公益性与市场性并存成为现代教师教育的重要特征。之所以说公益性与市场性是矛盾的统一体，主要表现如下。

第一，教师教育的市场性要求建立开放型教师教育体制。市场经济的开放性、多元化为教师教育的发展带来了多种渠道、多种经验，不仅拓宽了教师教育的发展路径，同时也带来了丰富多样的教育资讯，这无疑推动了教师教育开放型体制的建立。

第二，教师教育是为义务教育和基础教育培养教师的社会公益性事业，作为整个教育系统中的内循环，它的资源来自教育系统，它的产品也必然会回到教育系统中去，它补充、维持、增强着教育系统本身的活力。因此，在一定程度上市场的资源配置手段难以发挥作用，但这并不表示教师教育的发展能够脱离市场经济的社会背景，从教师教育模式与外部市场的关系看，如何使教师教育模式满足市场经济对人才的需求，如何使教师教育模式与其他人才培养模式相比保有充分的竞争能力，都需要市场经济进行调节和指导。

因此，只有审时度势，才能准确预测社会发展的趋势和未来对教师规格与质量的要求，要坚持创新，才能突破长期以来限制教师教育发展的瓶颈，而做到这些，就必须着眼于当下的社会主义市场环境，在竞争中寻得更好的生机，更高更快地发展。

4. 妥善处理教师资格制度发展过程中的对立统一关系

(1) 教师数量与教师结构的供求关系

中华人民共和国成立初期，为了缓解社会经济建设对教师的大量需求，我国开始实行以"省考"为根本形式的教师资格考试，大量人才涌入教师队伍当中，极大地解决了教师数量不足的问题。随着社会教育事业的发展，社会对教师数量的需求已经逐渐转移为对教师质量的追求。基于历

第八章 中国百年师范教育制度变迁的历史经验与启示

史制度主义的分析视角,研究者认为,"当改变现有的制度安排,行为者就能够获得在原有制度下无法获取的某些潜在利益时,他们就会产生强烈的改变现有制度安排的需求"[1],因此当"省考"无法满足当下社会教育对师资质量的需求时,教师供给与社会需求之间便产生了失衡,这种失衡不仅影响了教师队伍本身的建设,甚至影响了社会的进步。因此,推动教师资格考试制度改革,提升教师资格考试标准,成为调节这种失衡的良药。

首先,落实国家统一教师资格考试。为了适应当下教育发展对教师的需求,规避"省考"过程中出现的种种弊端,从 2010 年开始,国务院办公厅印发《关于开展国家教育体制改革试点的工作》,提出开展教师资格考试改革。2013 年,《中小学教师资格考试暂行办法》出台,以国家统一考试为根本考试形式的教师资格考试开始逐步推行。实行国家统一的教师资格考试,一方面解决了各省"各自为政"的教师资格认证标准不一的问题;另一方面有利于有效地考察教师的专业知识和基础技能水平,提升了教师的准入资格。不可否认,在新旧制度选择的过程中,定会存在新旧力量的调试与博弈。因此,改善失衡,实现平衡的社会需要与教师供给的改革之路,基于"省考"与"国考"之间的调整与转换,任重而道远。

其次,遵循过程性的教师资格评价规律。在"省考"实施的过程中,教师资格考试的成绩单是决定其能否获得教师资格证的绝对性前提。这种基于考试成绩的结果性评价,容易出现评价内容不完善、评价过程不严谨、评价结果不客观的现象,致使部分经由"省考"进入教师队伍的教师在教师教育知识与能力上存在一定的不真实,最终导致与社会发展所需要的师资不符的情况,造成失衡。

最后,加快从结果性评价向结果与过程性评价并重的建设脚步,遵循过程性的教师评价规律,对教师资格考试的申请者进行多方面、多层次的分阶段考核,关注其教师教育知识的学习与理解、教师专业技能的掌握与运用,全面考核申请者的综合素质,只有每一个方面都达到考核要求,才

---

[1] [美]奥斯特·罗姆:《制度分析与发展的反思:问题与抉择》,王城译,商务印书馆 1992 年版,第 138 页。

予以颁发教师资格证。过程性考核的方式避免了"一刀切"、终身制的教师资格证制度带来的弊端，有助于教师教育教学理论的更新，更有助于教育实践能力的进步，为教师专业发展提供了外部动力、制度保障与政策依据，成为调节社会需要与教师供给关系的又一有效途径。

（2）城市与乡村、普通与特殊教师资格标准的灵活与统一

基于我国的城乡二元体制，东、中、西部教育发展水平差异明显的现状，如何在保障教师资格考试公正性、权威性的基础上，增加教师资格考试的灵活性与自主性，以统筹边远穷困地区的教师选聘工作，克服因地域差异而带来的社会需要与教师供给之间失衡，成为当下施行国家统一的教师资格考试制度不得不面对的难题之一。

一方面，特殊地区对教师的"能力"与"质量"的标准设定与普通地区有所不同。例如，少数民族地区的语文教师，不仅要懂得普通话，同时要懂得少数民族语言与当地方言，只有这样才能胜任语文教学工作。另外，从我国现行的师资配备情况来看，偏远地区的教师需求量极大，虽然国家有针对性地实施了特岗支教、乡村教师帮扶计划，有效缓解了乡村对师资的数量需求，但师资问题依然明显，高补充、高流失问题依然存在。针对以上情况，我们建议在教师资格考试的政策制定中应该借用国家的力量，对边缘贫困地区进行适当的政策倾斜或延长过渡性政策的使用。"要统筹考虑社会需求与教师供给之间的双向调节与动态平衡，处理好数量、结构与质量的关系。"[①]

另外，对普通师资与特殊教育教师资格标准进行区别与明确。坚持以政策顶层的完善设计为依托，是确保特殊教育教师从培养到准入，再到职后培养流程科学、规范的有力保障，是最大限度捋顺特殊教育教师专业化发展路径的有力举措。要想区别特殊与普通教师的资格，必然要坚持统一与特殊相融合的理念，以高效运用教师资格制度考试为根本手段。以普通中小学教师为对象的统一国家教师资格考试制度已经趋于完善且成效显著，借力统一资格考试，通过增加特殊教师知识、技能考核，从而完善特

[①] 管培俊：《以科学发展观指导教师队伍建设的认识论和方法论问题》，《教育研究》2009年版第1期。

殊教育教师的资格种类、层级。与此同时，通过拓展普通教师的特殊课程修习，扩大参加特殊教师资格考试对象范围，最终实现特殊教师队伍专业化、普特教师融合化的特殊教师资队伍结构的搭建。

(3) 教师资格制度考试与其他因素的关系

首先，考试成绩与实际能力的关系。资格考试的职能，在于挑选符合要求的申报者，并给予资格认定。教师资格考试的目的，主要在于甄选在教育教学知识与专业能力上兼具的专业化人才进入教师队伍。但与一般职业的资格选择不同，教师的教育教学能力、教师的专业化水平、教师的职业情感、教师的价值观等显然不是单一考试可以衡量的，这些以培养时间为保障前提的专业素养的养成，是教师专业文化熏陶的过程，更是教师身份认同以及教师专业精神塑造的过程，这种过程性的培养以及专业精神的测量，很难通过教师资格考试来进行衡量和判断。因此，对教师资格申请人的职业情意的专业化考察，成为教师资格制度改革过程中尤为关注的内容，尤其是对非师范毕业申请者更是应当着重考察。

其次，考试改革与报考者的关系。教师资格制度考试的报考者是教师资格考试制度改革的最直接相关者，其中以师范院校的在校生为主要的报考群体。基于对这一群体的调查研究发现：第一，一部分报考者在申报教师资格考试的过程中存在"跟风"现象，其对教师职业的理解与认识更趋向于对一份稳定的工作、一份安逸生活的认识，而缺乏必要的对教师职业精神的深刻理解与体悟；第二，参与考试的报考者知识基础参差不齐，专业能力更是良莠不齐，对所考知识缺乏深入的理解，普遍对面试抱有畏惧心理；第三，报考者的实践技能普遍缺乏，大部分报考者在实际的教育教学技能方面准备不充分，尤其是非师范生更显薄弱。因此，如何树立正确的职业观和考试观，提升报考者的职业认同感与专业精神是对教师资格制度改革提出的又一挑战。与此同时，增加教育教学实践机会，对申请教师资格考试的，无论是师范生还是非师范生，均应统一标准，提高其对教育教学实践技能的重视程度。

再次，考试改革与地方师范院校的关系。地方师范院校是教师资格考试改革的基本践行者。如何贯彻教师资格政策与保证教师资格考试的顺利实施，地方师范院校责任重大。

通过研究发现，目前的地方师范院校在职业规划、课程设置等方面，都存在着一定的不足，主要表现如下。

第一，大部分的地方师范院校对学生职业规划的重视程度不够，尤其当综合性院校参与到师资培养过程中后，与一般本科院校相似专业培养区别不大，很大程度上导致了师范毕业生职业意识模糊，非师范生不能更好地利用师范教育资源，为其职业规划服务。

第二，地方师范院校课程结构不合理。在师范专业，显著特征为专业知识与实践技能培养的结构性设置不合理，专业理论课设置较多，实习、见习时间短；在非师范专业，通识类教育课程课时少，且不全面，更是鲜有教育实习、见习的机会，师范专业与非师专业间课程缺乏有效的沟通，最终导致有志进入教师领域的非师范生不能充分学习教育教学的全部课程，而滞缓其进一步朝专业化方向的发展。因此，要想推动教师资格考试改革进一步向纵深发展，地方师范院校必须采取有针对性的改革措施，以适应新的社会环境对师资人才的需求。

其一，地方师范院校要注意引导学生树立正确的职业观，增强其职业规划意识，尤其应针对教师资格考试内容及其相关规定进行及早的宣传和普及，以帮助学生尽早根据自己的实际情况进行学习计划的安排。其二，完善教育课程的学习与管理系统，进一步明确教育课程的培养目标，调配非师范生的教师资格相关课程的选课安排，不断提高对教育实习、见习课程的认识，提升教育实习、见习课程的学习水平，加强指导，增加灵活性、可选择性，为非师范生打开了教育实习、见习机会的大门，最终推动准教师队伍水平的整体性提升。

最后，考试改革与社会培训机构的关系。随着教师资格考试"国考"的逐步推行，考生数量大幅提升，以考试指导为主要目标的社会培训机构数量大大增加。作为专业院校的辅助教育系统，这些社会培训机构的出现，一方面为参加资格考试的考生提供了教师教育方面的相关课程教育；另一方面就教师资格考试进行了有针对性的考试培训。

调查显示：第一，大部分报考者对这些培训机构的出现是持支持态度的，尤其是非师范生。第二，作为新兴的培训机构，普遍存在营利性目的突出、培训内容应试化明显的特点，针对考试技巧、考试内容的学习和训练占了大部分培训时间。基于教师职业的特殊性。要想合理充分地发挥社会培训机构的作用，必须注意聘用具有高水平、专业化的课程规划团队，建立丰富多元的培训体制，用以不断增强教师教育培训质量。与此同时，国家应出台相关的法律法规，以规范和健全培训机构的行业标准，建立社会培训机构的权利和义务体系，增强对其资质评估和运作监督管理的力度，以保证社会培训机构能够良性健康地运行。

结　　语

致天下之治者在人才，成天下之才者在教化，职教化者在师儒。自1897年盛宣怀创办南洋公学师范院伊始，师范教育已走过120余年的历程。省思中国师范教育百年沧桑，从初创的蹒跚摸索，到民国的动荡前行，直至中华人民共和国成立后的完善革新，师范教育制度发展阶段特征明显，经验与教训并存。

中国近代师范教育制度建立于清代末年。甲午战争后，面对帝国主义侵略的加剧和阶级矛盾的不断深化，救亡图存，"废科举、兴学校"的声音不绝于耳。为满足社会变革对新式人才的迫切需求，师范教育得以兴办。虽然受各种因素的综合影响，这一时期的师范教育在办学宗旨、课程管理以及教学内容等方面仍保有浓厚的封建性，但其基本反映了当时社会发展对教育的一般需求，反映了历史发展的必然性。因此，其开创先河之意义，不可取代，也因其奠定了师范教育制度发展的基本格局，更彰显了其促进历史前进的积极作用。

1912年，民国成立。这一具有划时代意义的社会政治格局的变迁，为日后师范教育的动荡发展埋下了伏笔。从民国成立到中华人民共和国的诞生，师范教育宗旨的流变，师范教育地位的独立与依附之争，师范教育制度的曲折发展，都体现出师范教育制度作为促进社会进步的必需品，所不能被取代的特殊存在意义。也是在这样的情势之下，师范教育制度得到了进一步的巩固和完善。在这一时期，师范教育政策体系得到进一步丰富和补充，师范教育课程逐渐剥离了传统的封建内容，开始不断建设以教育理论课程与专业课程相结合的课程结构体系，教育实习地位不断被提升。在师资培养上，以1922年新学制颁行为转折点的师资培养模式，由独立封闭型转向以开放型为主要特征的美国师资培养模式，后因效果不佳，逐渐调整回"独立定向型"师资培养模式。

1949年，中华人民共和国成立后，为提升师范教育为社会主义现代化建设服务的深度和广度，党和政府开始着力调整师范教育制度体系内的矛盾关系，打破师范教育制度发展的禁锢，恢复师范教育制度发展的动力，为实现师范教育制度的飞跃式发展不断助力。虽然在发展过程中出现过踟蹰和迷茫，但亦得到了及时的调整与规范。

尤其是进入21世纪后，在改革开放与终身教育思想的指导下，师范教育制度进入了新一轮的改革与完善时期，基于服务社会发展、服务教师人本发展的双价值取向的定位，师范教育政策体系愈加完善、师范教育课程结构更趋合理、师范教育模式逐渐开放、教师资格检定更加标准。尤其是从"师范教育"向"教师教育"职业话语的过渡，更凸显了师范教育制度内涵式发展趋势。

在对百年师范教育制度变迁历史梳理的基础之上，不难发现以制度生成的环境因素变化以及制度本源的价值追求为重要影响因素的制度变迁，承载着从清末初创到当下发展的百年历史经验，从国家建设与个人发展的利益博弈，将教育资源配置和效率公平放在重要位置的外在诉求，到加强对师范教育制度的监管和约束，以减少制度执行的失范行为出现的内部建设，师范教育制度不断提升前瞻性，把握世界教师教育发展动向，以期进一步加大对师范教育政策的完善力度，夯实师范教育制度政策的根基、优化师范教育课程结构，推动师范教育制度内涵式的发展、创新师范教育模式，凸显师范教育制度专业化方向，最后规范教师资格制度，实现教师制度的公平化建设，最终构建更为完善、规范、科学的具有可持续性的师范教育制度。

站在历史发展的当下，回望过去，捡拾明珠，省思教训；展望未来，着眼世界，夯实基础。进一步推动师范教育制度的发展和完善，以期为社会主义教育事业的发展做出新的历史性贡献。

参考文献

[中文著作]

白晓明、柳国梁：《基础教育教师发展：政策与制度》，杭州大学出版社 2011 年版。

陈时见主编：《教师教育课程论历史透视与国际比较》，人民教育出版社 2011 年版。

褚宏启：《教育现代化的路径》，教育科学出版社 2000 年版。

操太圣、卢乃桂：《伙伴协作与教师赋权——教师专业发展新视角》，教育科学出版社 2007 年版。

丛小平：《师范学校与中国的现代化：民族国家的形成与社会转型》，商务印书馆 2014 年版。

陈学恂主编：《中国近代教育史教学参考资料》（上、中、下册），人民教育出版社 1987 年版。

陈永明主编：《国际师范教育改革比较研究》，人民教育出版社 1999 年版。

陈永明主编：《教师教育研究》，华东师范大学出版社 2003 年版。

陈启天：《近代中国教育史》，台北中华书局 1969 年版。

陈青之主编：《中国教育史》，上海商务印书馆 1936 年版。

陈玉琨主编：《教育评价学》，人民教育出版社 1999 年版。

陈翊林编：《最近三十年中国教育史》，上海太平洋书店 1930 年版。

董宝良、周洪宇主编：《中国近现代教育思潮与流派》，人民教育出版社

1997年版。

杜成宪、崔运武、王伦信：《中国教育史学九十年》，华东师范大学出版社1998年版。

杜成宪、丁钢主编：《20世纪中国教育的现代化研究》，上海教育出版社2004年版。

丁钢主编：《历史与现实之间：中国教育传统的理论探索》，广西师范大学出版社2009年版。

丁钢主编：《全球化视野中的中国教育传统研究》，广西师范大学出版社2009年版。

董静：《课程变革视域下的教师专业发展》，中央编译出版社2013年版。

杜晓利：《教师政策》，上海教育出版社2012年版。

傅道春主编：《教师的成长与发展》，教育科学出版社2001年版。

范国睿主编：《教育政策观察》，华东师范大学出版社2013年版。

[美]费正清编：《剑桥中华民国史》（上、下），中国社会科学出版社1994年版。

郭秉文：《中国教育制度沿革史》，福建教育出版社2007年版。

国家教育委员会师范教育司编：《师范教育工作资料汇编（1988—1995年）》，东北师范大学出版社1996年版。

郭景扬主编：《教师继续教育研究》，中国矿业大学出版社2001年版。

高奇主编：《中国教育史研究·现代分卷》，华东师范大学出版社2009年版。

关文信：《实践取向小学教师职前培养研究》，首都师范大学出版社2009年版。

何东昌主编：《中华人民共和国重要教育文献（1949—1997）》，海南出版社1998年版。

黄甫全编：《新课程中的教师角色与教师培训》，人民教育出版社2003年版。

黄书光主编：《中国基础教育的历史反思与前瞻》，天津教育出版社2006年版。

黄葳：《教师教育体制：国际比较研究》，广东高等教育出版社2003年版。

金长泽：《师范教育改革与师资队伍建设》，东北师范大学出版社1998

年版。

金长泽主编：《师范教育史》，海南出版社2002年版。

靳希斌主编：《教师教育模式研究》，北京师范大学出版社2009年版。

教育部发展规划司编：《全国教育事业"十五"计划重点课题研究报告选编》，人民教育出版社2002年版。

教育部师范教育司编：《师范教育工作资料汇编（1996—2000年）》，东北师范大学出版社2001年版。

康永久：《教育制度的生成与变革：新制度教育学论纲》，教育科学出版社2003年版。

［英］罗博·麦克布莱德：《教师教育政策：来自研究和实践的反思》，洪成文等译，北京师范大学出版社2009年版。

林崇德：《教育的智慧——写给中小学教师》，北京师范大学出版社2005年版。

刘复兴：《教育政策的价值分析》，教育科学出版社2003年版。

李国钧、王炳照主编：《中国教育制度通史》，山东教育出版社2000年版。

李桂林：《中国现代教育史》，吉林教育出版社1991年版。

刘国艳：《制度分析视野中的学校变革》，吉林大学出版社2010年版。

柳海民主编：《现代教育学原理导论》，高等教育出版社2013年版。

柳海民主编：《教育学概论》，北京师范大学出版社2015年版。

刘婕、谢维和：《栅栏内外：中国高等师范教育百年省思》，北京师范大学出版社2002年版。

刘婕：《专业化：挑战21世纪的教师》，教育科学出版社2002年版。

连榕主编：《教师职业生涯发展》，中国轻工业出版社2008年版。

楼世洲：《教师继续教育的理论与实践》，浙江大学出版社2004年版。

刘文岫主编：《中国师范教育简史》，人民教育出版社1984年版。

李兴华主编：《民国教育史》，上海教育出版社1997年版。

李友芝、李春年、柳传欣等编：《中国近现代师范教育史资料》（第二、四册），北京师范学院内部资料1983年版。

李友芝主编：《中外师范教育词典》，中国广播电视出版社1994年版。

林樟杰主编：《教师教育体制机制问题研究》，中国人民大学出版社2009

年版。

梅新林主编：《聚焦中国教师教育》，中国社会科学出版社 2008 年版。

梅新林主编：《中国教师教育 30 年》，中国社会科学出版社 2008 年版。

马啸风主编：《中国师范教育史（1897—2000）》，首都师范大学出版社 2003 年版。

马小泉等：《强权与民声——民初十年社会透视》，河南教育出版社 1991 年版。

曲铁华、梁清：《日本侵华教育全史》（第一卷），人民教育出版社 2005 年版。

曲铁华主编：《新编中国教育史》，东北师范大学出版社 2011 年版。

绕从满、杨秀玉、邓涛主编：《教师专业发展》，东北师范大学出版社 2005 年版。

容中逵：《传统与现代的交锋——百年中国乡村教育变迁的实践表达》，浙江大学出版社 2010 年版。

桑兵：《晚清学堂学生与社会变迁》，学林出版社 1995 年版。

孙邦华：《西学东渐与中国近代教育变迁》，中国社会科学出版社 2012 年版。

邵宝祥、王金保主编：《中小学教师继续教育基本模式的理论与实践》，北京教育出版社 1999 年版。

司宏昌：《嵌入乡村的学校：仁村教育的历史人类学探究》，教育科学出版社 2010 年版。

申继亮主编：《新世纪教师角色重塑——教师发展之本》，北京师范大学出版社 2006 年版。

苏林、张贵新主编：《中国师范教育十五年》，东北师范大学出版社 1996 年版。

商丽浩：《政府与社会：近代公共教育经费配置研究》，河北教育出版社 2001 年版。

宋嗣廉、韩力学主编：《中国师范教育通览》（上、中卷），东北师范大学出版社 1998 年版。

孙霄冰主编：《推进教育优先发展政策与制度建设研究》，教育科学出版社

2010年版。

舒新城编:《中国近代教育史资料》(上、中、下册),人民教育出版社1981年版。

单中惠主编:《教师专业发展的国际比较》,教育科学出版社2010年版。

单中惠等著:《西方师范教育机构转型》,山东教育出版社2012年版。

苏云峰:《中国新教育的萌芽与成长(1860—1928)》,北京大学出版社2007年版。

孙晓莉:《中国现代化进程中的国家与社会》,中国社会科学出版社2001年版。

申晓云主编:《动荡转型中的民国教育》,河南人民出版社1994年版。

田正平主编:《中国教育史研究·近代分卷》,华东师范大学出版社2009年版。

田正平主编:《中国教育思想通史》(第六卷),湖南教育出版社1994年版。

王炳照、阎国华主编:《中国教育思想通史》(第六、七卷),湖南教育出版社1996年版。

吴定初主编:《中国师范教育简论》,四川教育出版社1990年版。

吴洪成主编:《中国小学教育史》,山西教育出版社2006年版。

吴洪成:《晚清教师史研究》,河北大学出版社2012年版。

王建军:《课程变革与教师专业发展》,四川教育出版社2004年版。

王雷:《中国近代社会教育史》,人民教育出版社2003年版。

王伦信:《清末民国时期中学教育研究》,华东师范大学出版社2002年版。

王铭铭:《走在乡土上:历史人类学札记》,中国人民大学出版社2003年版。

魏姝:《政策中的制度逻辑:美国高等教育政策的制度逻辑》,南京大学出版社2007年版。

王少非主编:《新课程背景下的教师专业发展》,华东师范大学出版社2005年版。

吴文胜:《教师发展与政治文化研究——基于教师政策演变的分析》,浙江大学出版社2013年版。

王卫东：《现代化进程中的教育价值体系：西方之鉴与本土之路》，中国社会科学出版社 2002 年版。

王维新、陈金林、戴建国：《中国百年师范教育图志》，上海辞书出版社 2009 年版。

徐莉莉：《城乡教育一体化视域下农村新教师入职培养研究》，浙江大学出版社 2014 年版。

熊明安：《中华民国教育史》，重庆出版社 1997 年版。

熊贤君：《近现代中国科教兴国启思录》，社会科学文献出版社 2005 年版。

杨东平：《艰难的日出：中国现代教育的 20 世纪》，文汇出版社 2003 年版。

杨光斌：《制度变迁与国家治理——中国政治发展研究》，人民出版社 2006 年版。

叶澜、白益民：《教师角色与教师发展新探》，教育科学出版社 2001 年版。

颜庆祥：《中国大陆教育研究：政策与制度》，台北五南图书出版社 2004 年版。

于述胜主编：《中国教育制度通史》，山东教育出版社 2000 年版。

鱼霞：《反思型教师的成长机制探新》，教育科学出版社 2007 年版。

余秀兰：《中国教育的城乡差异：一种文化再生产现象的分析》，教育科学出版社 2004 年版。

袁小平：《从对峙到融通——教师管理范式的现代转向》，湖南师范大学出版社 2004 年版。

袁振国主编：《教育政策学》，江苏教育出版社 2001 年版。

杨之岭：《中国师范教育》，北京师范大学出版社 1989 年版。

钟秉林主编：《教师教育转型研究》，北京师范大学出版社 2009 年版。

中国第二历史档案馆主编：《中华民国史档案资料汇编》（第一、二、三、四、五辑），凤凰出版社（原江苏古籍出版社）1991 年版。

周光礼：《教育与法律——中国教育关系的变革》，社会科学文献出版社 2005 年版。

祝怀新编著：《封闭与开放教师教育政策研究》，浙江教育出版社 2007 年版。

张家祥：《跨世纪中国沿海发达地区中学教师继续教育研究》，浙江大学出版社 2001 年版。
张敏：《教师学习的理论与实证研究》，浙江大学出版社 2008 年版。
钟任琴：《教师专业权能之研究——理论建构与实证分析》，台北五南图书出版公司 2000 年版。
朱旭东主编：《中国教育改革 30 年（教师教育卷）》，北京师范大学出版社 2009 年版。
朱旭东、李琼主编：《教师教育标准体系研究》，北京师范大学出版社 2011 年版。
朱旭东主编：《教师专业发展理论研究》，北京师范大学出版社 2011 年版。
朱小蔓：《教育的问题与挑战——思想的回应》，南京师范大学出版社 2000 年版。
张宪文主编：《中华民国史纲》，河南人民出版社 1985 年版。
庄俞、贺圣鼐：《最近三十五年之中国教育》，上海商务印书馆 1930 年版。
朱有瓛主编：《中国近代学制史料》（第三辑上、下册），华东师范大学出版社 1990 年版。
张燕镜主编：《师范教育学》，福建教育出版社 1995 年版。
中央教育科学研究所教育史研究室主编：《中华民国教育法规选编（1912—1949）》，江苏教育出版社 1990 年版。
张振改：《教育政策的限度研究》，人民出版社 2014 年版。
张达善：《师范教育的理论与实际》，上海商务印书馆 1947 年版。
李之鸥编：《各国师范教育概观》，上海商务印书馆 1927 年版。
罗廷光编：《师范教育》，南京正中书局 1940 年版。
李超英编：《中国师范教育论》，上海商务印书馆 1939 年版。
罗中权编：《非常时期之师范教育》，上海商务印书馆 1936 年版。
常道直编：《师范教育论》，北平立达书局 1933 年版。
郭鹤鸣编：《师范教育》，天津百城书局 1935 年版。
王昌编：《新师范教育史》，上海中华书局 1932 年版。

[中文论文]

艾小平、董泽芳:《"四元多维"教师教育模式的理论建构与运行策略》,《教育科学》2014年第2期。

安云波:《我国高校"4+2"教师教育人才培养模式比较研究》,《内蒙古师范大学学报》(教育科学版)2007年7期。

北京师范大学教务处:《创新教师教育模式,构建中国特色教师教育体系》,《教师教育研究》2005年第5期。

薄艳玲、肖起清:《论"U-G-S"合作模式下农村教师专业学习的变革》,《教育理论与实践》2015年第8期。

曹成刚:《问题和出路——从国外教师教育发展趋势看我国高等师范教育》,《教育理论与实践》2004年第2期。

陈飞、李广:《"同课异构"的范式建构与实践探索——基于教师教育创新东北试验区"有效教学"现场会的思考》,《教学研究》2014年第2期。

蔡华健、曹慧英:《高等教育新常态下的教师教育挑战、机遇和发展路径》,《河北师范大学学报》(教育科学版)2015年第6期。

陈桂生等:《中国师范教育1981—1996》,《华东师范大学学报》(教育科学版)1996年第3期。

陈兴华:《教师驻校培养模式在我国的建构——教师教育的第三条路》,《中国教育学刊》2015年第3期。

丁钢:《中国高等师范院校师范生培养状况调查与政策分析报告》,《教育研究》2014年第11期。

窦坤、龙宝新:《论当代我国教师教育改革的动力、主题与走向》,《教育理论与实践》2010年第3期。

董裕华:《教师专业发展的障碍与破解策略》,《天津师范大学学报》(基础教育版)2015年第1期。

董玉琦、刘益春、高夯:《"U-G-S":教师教育新模式的设计与实施》,《东北师大学报》(哲学社会科学版)2012年第6期。

付光槐、刘义兵：《论教师教育一体化发展保障机制的创建》，《教育理论与实践》2015 年第 9 期。

方洪锦、严燕：《我国综合性大学师范教育办学模式探析》，《高等教育研究》1998 年第 6 期。

刘义兵、付光槐：《教师教育一体化发展的体制机制创新》，《教育研究》2014 年第 1 期。

冯增俊：《中国师范教育世纪走向的政策分析》，《教育发展研究》2001 年第 11 期。

顾明远：《谈谈我国教师教育的改革和走向》，《求是》（科教天地）2008 年第 7 期。

顾明远：《师范教育的传统与变迁》，《高等师范教育研究》2003 年第 5 期。

管培俊：《关于教师教育改革发展的十个观点》，《教师教育研究》2004 年第 4 期。

管培俊：《我国教师教育改革开放三十年的历程、成就与基本经验》，《中国高教研究》2009 年第 2 期。

韩晋、王存宽：《对"3+1"教师教育培养模式的若干思考》，《宁波大学学报》（教育科学版）2004 年第 2 期。

侯蓉：《我国小学教师职前能力培养政策研究》，《黑龙江教育学院学报》2009 年第 1 期。

黄葳：《新世纪教师教育改革路径探索》，《陕西师范大学学报》（哲学社会科学版）2001 年第 9 期。

郝文武：《师范教育向教师教育转变的必然性和科学性》，《教育研究》2014 年第 3 期。

韩延明：《综合化进程中地方高师院校教师教育模式改革探议》，《教师教育研究》2011 年第 1 期。

胡艳：《论证中国近代师范教育的改革》，《高等师范教育研究》2007 年第 3 期。

霍益萍：《中国近代高等师范教育发展史略 1902—1949》，《高等师范教育研究》1989 年第 3 期。

韩玉亭、王庭照：《近年来我国特殊教师教育研究的热点——基于 CSSCI 学术期刊 1998—2013 年文献的计量分析》，《教师教育学报》2015 年第 2 期。

黄正平：《"5+2"：培养本科学历小学教师的有效模式》，《教师教育研究》2008 年第 1 期。

江波：《我国近三年教育研究热点与趋势》，《苏州大学学报》（教育科学版）2014 年第 1 期。

贾国锋：《教师教育实践范式转换研究——基于美国教师专业发展学校与中国"U-G-S"模式分析》，《现代中小学教育》2013 年第 12 期。

教师教育课程标准专家组：《关于我国教师教育课程现状的研究》，《全球教育展望》2008 年第 9 期。

靳玉乐、肖磊：《教师教育课程改革的价值诉求》，《教育研究》2014 年第 5 期。

康晓伟：《教师教育者：内涵、身份认同及其角色研究》，《教师教育研究》2012 年第 1 期。

康晓伟：《我国教师教育领域中的一些重要概念厘定》，《当代教师教育》2013 年第 3 期。

陆道坤：《否定之否定：中国近现代教师教育思想的严谨逻辑》，《江苏高教》2013 年第 5 期。

刘福才、刘复兴：《教师教育政策顶层设计之省思》，《济南大学学报》（社会科学版）2013 年第 3 期。

柳海民、王澍：《合理发展：提升中国基础教育质量的新思路》，《东北师大学报》（哲学社会科学版）2014 年第 6 期。

柳海民、谢贵新：《质量工程框架下的卓越教师培养与课程设计》，《课程·教材·教法》2011 年第 11 期。

柳海民、史宁中：《专业化教师教育课程的理论样态与基本结构》，《课程·教材·教法》2004 年第 10 期。

柳海民、娜仁高娃：《基础教育改革 30 年：理论创新与实践突破》，《东北师大学报》（哲学社会科学版）2008 年第 5 期。

柳海民、孙士杰：《教师专业化及其专业化培养》，《东北师大学报》（哲学社会科学版）2003 年第 5 期。

柳海民：《新世纪中国师范教育改革与发展构想》，《东北师大学报》（哲学社会科学版）2000 年第 2 期。

罗红艳：《和谐社会视野下教师教育政策的伦理诉求》，《现代教育管理》2011 年第 1 期。

栗洪武：《"教师教育"不能取代"师范教育"》，《教育研究》2009 年第 5 期。

李江源：《教育制度：概念的厘定》，《河北师范大学学报》（教育科学版）2003 年第 1 期。

李江源：《也谈教育制度》，《湖南师范大学教育科学学报》2004 年第 3 期。

刘建：《主体、智慧与道德：教师教育课程时间的反思与建构》，《教师发展研究》2014 年第 24 期。

刘建银：《转型后卓越中小学教师职前培养模式改革的政策思考》，《黑龙江高教研究》2013 年第 5 期。

刘径言：《高校教师教育者的专业成长：特征、困境与路径》，《教师教育研究》2015 年第 3 期。

李拉：《我国师范教育制度发展的历史与现状研究》，《当代教育科学》2015 年第 15 期。

罗明东：《教师教育模式改革新方向——"整合连贯型"教师教育模式改革的探索》，《教师教育研究》2010 年第 6 期。

李明华、黄自敏：《信息时代教师教育评价思想、方法和制度的变革》，《开放教育研究》2008 年第 4 期。

李泮泮、于晓敏：《我国教师教育研究的文献计量分析（2000—2012）》，《教师教育研究》2014 年第 3 期。

李帅军：《教师教育政策公平的现实困境与有效路径》，《东北师大学报》（哲学社会科学版）2012 年第 2 期。

李铁绳、党怀兴、赵彬：《师范院校教师教育人才培养模式改革的探索与实践——以山西师范大学为例》，《当代教师教育》2012 年第 2 期。

鲁武霞、黄正、陈颖、席绢：《基于现代教育评价理念的教师评价体系构建》，《高校教育管理》2009 年第 2 期。

李文霞：《建构主义评价观对教师教育评价的影响》，《课程教育研究》2014年第7期。

刘巍巍、郅鸿博：《三十年来我国教育政策研究相关论文的统一与分析》，《辽宁师范大学学报》（社会科学版）2011年第3期。

黎婉琴：《三十多年来我国教师教育发展的特点与趋势——基于政策文本的视角》，《河北师范大学学报》（教育科学版）2015年第3期。

梁文鑫等：《面向信息化的教师专业发展阶段描述与促进策略研究》，《教师教育研究》2008年第1期。

刘小强、蒋喜锋：《关于教师教育改革的反思与建议》，《教育理论与实践》2015年第2期。

刘尧：《"卓越教师培养计划"旨在教师教育革故鼎新——从我国高校培养小学"全科教师"谈起》，《高校教育管理》2016年第1期。

刘益春：《协同创新培养卓越教师》，《中国高等教育》2012年第23期。

李中国、辛丽春、赵家春：《U-G-S教师教育协同创新模式实践探索——以山东省教师教育改革为例》，《教育研究》2013年第12期。

孟卫青：《教育政策分析：价值、内容与过程》，《现代教育论丛》2008年第5期。

孟卫青：《教育政策分析的三维模式》，《教育研究》2002年第4期。

庞颖、吴锦程：《近五年教师专业发展文献的比较研究——基于〈教师教育研究〉与 Teaching and Teacher Education 的对比》，《集美大学学报》2015年第6期。

曲铁华、崔红洁：《我国教师教育政策价值取向变迁的路径与特点》，《现代大学教育》2014年第3期。

曲铁华、苏刚：《民国时期乡村师范教育制度变迁的内在逻辑与当代启示》，《教育科学》2015年第6期。

曲铁华：《基于自我反思的教师缄默知识的显性化》，《四川师范大学学报》（社会科学版）2013年第1期。

曲铁华：《专业化语境下我国教师教育的困境与破解路径》，《湖南师范大学教育科学学报》2012年第4期。

曲铁华、王美：《民国时期高等教育政策的历史演进及特点探析》，《现代大学教育》2013年第4期。

曲铁华、袁媛:《我国师范生免费教育政策的百年历史考察》,《社会科学战线》2010年第1期。

曲铁华、崔红洁:《我国教师教育政策的演进历程及特点分析——基于1978—2013年政策文本的分析》,《国家教育行政学院学报》2014年第12期。

曲铁华、李娟:《教师职前教育的理念创新与战略实现研究》,《东北师大学报》(哲学社会科学版)2009年第3期。

祁占勇:《中国教师教育政策的价值取向分析》,《当代教师教育》2012年第2期。

邵金荣:《中国师范教育的政策法规研究》,《南京师大学报》(社会科学版)1996年第3期。

沈有禄:《试论我国教师教育模式变革的路径与政策》,《黑龙江高教研究》2007年第1期。

石中英:《缄默知识与师范教育》,《高等师范教育研究》2001年第5期。

田爱丽:《教师教育评价的道德诉求与伦理规范》,《教师教育研究》2010年第2期。

檀慧玲、王晶晶:《近十年我国教师教育政策的调整及未来发展趋势》,《湖南社会科学》2012年第12期。

涂三广:《我国职业教师队伍建设的三条路径》,《教师教育研究》2015年第3期。

王爱玲:《终身教育理念下的教师教育变革》,《内蒙古师范大学学报》(教育科学版)2015年第10期。

王炳照:《中国师资培养与师范教育——纪念中国师范教育100周年》,《高等师范教育研究》1997年第6期。

王桂:《日本师范教育的历史与现状》,《教育研究》2013年第5期。

吴洪成、李占萍:《清末新政年鉴教育政策推行评述》,《浙江大学学报》(人文社会科学版)2011年第3期。

王加强:《教师准入职教育:含义、价值、代价与改造》,《江苏教育研究》2015年第11期。

武军会:《基础教育教师一体化教育模式构建》,《河南师范大学学报》(哲学社会科学版) 2014 年第 3 期。

王利敏:《从完善走向优化:德国教师教育评价制度述评》,《现代教育论丛》2009 年第 4 期。

吴萍萍:《国内近十年教育实习模式研究述评》,《高教论坛》2015 年第 7 期。

王鑫、张卫国:《教育生态学视域下的教师发展研究》,《教育理论与实践》2015 年第 19 期。

王小红:《关涉教师幸福:教师教育政策的伦理诉求》,《现代教育论丛》2008 年第 1 期。

徐红:《"1+2+X"专家型教师职前培养模式研究》,《高校教育管理》2013 年第 11 期。

徐红:《中小学教师职前培养模式的现状及其存在的问题》,《教师教育论坛》2014 年第 10 期。

熊建辉、陈德云:《从教育国际化看教师专业化——访国际教育专家周南照教授》,《世界教育信息》2011 年第 4 期。

谢攀峰:《美、俄、日三国教师职前培养模式的发展及对我国的启示》,《广西师范学院学报》(哲学社会科学版) 2009 年第 3 期。

荀渊:《1949 年以来我国教师教育的制度变迁》,《教育研究》2013 年第 9 期。

荀渊:《教师教育变革的基本逻辑与未来走向》,《教育研究》2014 年第 10 期。

肖正德:《生态取向教师学习方式变革:时代境遇与实践路径》,《全球教育展望》2010 年第 11 期。

仰丙灿:《农村学校布局调整对教师的影响与对策——以 H 市为例》,《教师教育研究》2014 年第 3 期。

袁柏福:《改革开放以来我国教师教育政策的变迁及其启示研究》,《黑龙江教育学院学报》2010 年第 12 期。

袁贵仁:《认清形势把握全局创新师范院校发展思路》,《中国高等教育》2005 年第 18 期。

于海洪：《生态哲学视野中的教师教育创新》，《大学教育科学》2014年第3期。

闫建章、郭赟嘉、赵英：《教师资格定期认定制度研究——基于教师专业化的视角》，《教育理论与实践》2014年第4期。

叶澜：《跨世纪中国教师教育发展的若干问题》，《教学与教材》1998年第4期。

杨远来、余孟辉：《近20年来我国农村义务教育政策的缺陷分析与改革创新》，《河北师范大学学报》（教育科学版）2007年第11期。

杨润勇：《我国十年农村教育政策进展与分析》，《国家教育行政学院学报》2013年第12期。

殷世东：《生态取向教师专业发展的阻隔与运作》，《教师教育研究》2014年第9期。

杨天平：《当前我国教师教育制度改革的几个问题》，《中国教师》2008年第10期。

于兴国：《转型期中国师范教育政策研究》，《教师教育研究》2010年第6期。

杨跃：《从"师范专业"到"教师教育项目"教师专业人才培养模式改造》，《教师教育发展》2015年第18期。

余应鸿、张翔、胡霞：《基于前景理论的中小学教师职后培训激励研究》，《现代中小学教育》2014年第2期。

于喆、曲铁华：《德国职前教师教育质量保障体系改革新举措——基于莱比锡大学的分析》，《教育研究》2015年第7期。

于喆、曲铁华：《可持续发展教育背景下德国职前教师教育改革的新动向及启示》，《教师教育研究》2014年第1期。

赵传兵：《从唯量化走向多维优化——发展性评价观对教师教育评价的影响》，《黑龙江高教研究》2014年第7期。

赵东臣、马云鹏：《从教师专业知识状况看教师教育课程改革》，《课程·教材·教法》2011年第10期。

赵夫辰：《U-G-S（大学、政府、中学）理念下的教师教育》，《河北师范大学学报》（教育科学版）2015年第5期。

周海玲：《论教师专业伦理的服务性》，《教师教育研究》2015年第3期。

周钧、唐义燕、龚爱芊：《我国本科层次教师教育课程设置研究》，《教师教育研究》2011年第4期。

周利明、鲁瑶：《从利益最大化的视角看教师教育政策激励作用的实现》，《外国教育研究》2008年第7期。

张乐天：《论现阶段我国农村教育政策变革与创新》，《南京师大学报》（社会科学版）2006年第5期。

赵萍：《我国农村中小学教师培养机构与培养过程研究——基于文献的考察》，《教师教育研究》2015年第1期。

张倩：《国际教师教育研究的范式》，《教育研究》2013年第5期。

钟启泉：《从"师范教育"走向"教师教育"》，《全球教育展望》2012年第6期。

周然毅：《中国师范教育的历史、现状和未来》，《清华大学教育研究》2000年第3期。

周文叶：《职前教师教育课程评价：范式、理念与方法》，《教师教育研究》2014年第2期。

张翔：《基于教师专业发展的教师教育课程选择——兼论〈教师教育课程标准（试行）〉》，《教师教育学报》2014年第8期。

周晓燕、聂丽霞：《国际教师教育评价经验及其对我国的启示》，《教育理论与实践》2012年第8期。

朱旭东：《试论师范教育体制改革的国际趋势》，《比较教育研究》2000年第4期。

朱旭东：《国外教师教育模式的转型研究》，《外国教育研究》2001年第5期。

朱旭东：《师范教育向教师教育转变的思考——从话语转变到制度转变》，《教育理论与实践》2001年第9期。

朱旭东：《教师教育专业化与质量保障体系》，《中国高等教育》（半月刊）2001年第18期。

朱旭东：《试论教师教育的公益性——政府在教师教育中的作用》，《教育理论与实践》2002年第1期。

朱旭东：《试论建立教师教育认可和质量评估制度》，《高等师范教育》2002年第5期。

朱旭东：《教师专业发展研究述评》，《中国教育学刊》2007年第1期。

朱旭东：《教师资格制度相关问题研究》，《河南大学学报》（社会科学版）2009年第7期。

朱旭东：《论"国培计划"的价值》，《教师教育研究》2010年第6期。

朱旭东：《教师教育标准体系的建立：未来教师教育的方向》，《教育研究》2010年第6期。

朱旭东：《论我国农村教师培训系统的重建》，《教师教育研究》2011年第6期。

朱旭东：《论当前我国教师教育存在的十大问题及其解决途径》，《当代教师教育》2012年第9期。

朱旭东：《论我国教师教育新体系的六个特征》，《课程·教材·教法》2012年第12期。

朱旭东：《论教师培训的核心要素》，《教师教育研究》2013年第3期。

朱旭东：《论教师培训核心要素的"对象变量"》，《教师教育研究》2014年第1期。

朱旭东、李琼：《论我国教师教育的二次转型》，《教育学报》2014年第5期。

朱旭东：《论教师专业发展的理论模型建构》，《教育研究》2014年第6期。

周小虎：《教育政策分析的范式特征及其研究路径》，《教育理论与实践》2010年第4期。

张元龙：《对教师教育有关概念的认识》，《教师教育研究》2011年第23期。

曾煜：《南京国民政府时期中小学教师培训研究》，《教师教育研究》2014年第6期。

张烨：《教育政策的制度分析：必要、框架及限度》，《复旦教育论坛》2006年第4期。

张烨：《教育政策分析的制度伦理视角》，《清华大学教育研究》2005年第6期。

张旸：《中国百年教师教育政策的演变及特点》，《河北师范大学学报》（教育科学版）2011年第4期。

钟祖荣、张莉娜：《教师专业发展阶段的调查研究及其对职后教师教育的启示》，《教师教育研究》2012年第11期。

钟勇为、程思慧、蔡朝辉：《卓越教师培养背景下专业课程设置调查与建议》，《高校教育管理》2016年第1期。

后　记

　　每个人心中都有一座高峰，无论如何，你都会向它跨出那一步，或被生活推迟，或被现实搁置，但你都会想要接近它、实现它、完成它。勇气和时间都不是问题，问题是越过山峰并不是终点，步履不停才是真正的意义。对"师范教育"的研究，便是我心中的高峰。

　　师范教育是一个包罗万象的宏观研究领域，每一个研究者都仿佛置身于其洪流之中。将历史的镜头缓缓推远，纵览整个师范教育发展的百年历程，与其说是一种学术史梳理，不如说是一种体味与感受。体味中国师范教育百年发展历程中的每一种甜苦滋味，感受中国师范教育百年征途中鲜活跳动的每一次历史抉择。这便是笔者初入教育史学殿堂学习的真情感悟。

　　师范教育是一个与社会发展有着千丝万缕关系的庞杂研究领域，每一次对论文的翻阅和修改，都怀着何其有幸和惴惴不安的矛盾情感。有幸执笔记录这百年兴衰，惶恐尚有遗漏和偏颇。在写作的过程中，虽参考和引用了大量的教育史资料、政策法规、学者观点，但所涉内容众多，深知有许多的不足与待完善之处，在此恳请各位专家、学者海涵。

　　回首来路，纵有千言万语，但唯有感谢最表心意。首先，要感谢引领我走入"师范教育"研究领域恩师东北师范大学教育学部曲铁华教授。2009年，本科的学士论文撰写，我便遇到了曲铁华教授。2014年，博士论文开题、框架构思到具体内容的写作，那红色圆珠笔细细勾出的错别字、病句、标点，无不饱含着老师的期许。2018年工作后，围绕着"师范教育制度"，我又进行了教师教育政策、高等师范教育、教师德育等方向的学术论文撰写和课题申报，每每遇到学术瓶颈，我都会重新翻看这篇承载着

后　记

我学术研究初心的博士论文，为不辜负恩师的期许而不轻言放弃。

其次，感谢吉林师范大学教育科学学院的各位领导和同事，每一次暖心地鼓励，每一次默默地支持，都督促着我在教育教学的路上扎实走好每一步。此次学术论文的出版，也得到吉林师范大学学术著作出版基金项目的大力支持，唯有砥砺前行，才能共赴山海，希望教科院这个大家庭越来越好。

最后，要感谢我的父母、爱人和挚友。短短数言，道不尽我对亲人、友人的感激之情。十年青春，十年求学，我把最美的年华和最执着的坚持都留给了我的东师，但我深知这任性、自由的背后是你们无限的信任、包容与爱。唯愿日后长长久久地陪伴在你们身边，回报这绵延的爱。

得以有机会将博士论文出版，更是要感谢中国社会科学出版社的各位同仁。"何以不待其末年，执十字路口，痛与百捆，方为快意。"站在而立与不惑的路口，怀着忐忑的心情，我将《中国百年师范教育制度研究》交付出版。虽羞赧于论文的诸多不足，然不嗇微芒，造炬成阳，愿此书能成为为中国师范教育事业的发展添砖加瓦之作。

霍东娇
2023 年 2 月